Dieter Grimm

Europa ja – aber welches?

Dieter Grimm

Europa ja – aber welches?

Zur Verfassung
der europäischen Demokratie

C.H.Beck

© Verlag C.H.Beck oHG, München 2016
Satz: Jauß GmbH, Pfungstadt
Druck und Bindung: CPI – Ebner & Spiegel, Ulm
Umschlagentwurf: Kunst oder Reklame, München
Gedruckt auf säurefreiem, alterungsbeständigem Papier
(hergestellt aus chlorfrei gebleichtem Zellstoff)
Printed in Germany
ISBN 978 3 406 68869 0

www.chbeck.de

Inhalt

Vorwort

Wie der Titel dieses Buches zu erkennen gibt, liegt den darin enthaltenen Beiträgen ein Zwiespalt zugrunde. Einerseits sind sie von der tiefen Überzeugung getragen, dass die europäische Integration eine Notwendigkeit ist. Andererseits sind sie von der nicht weniger tiefen Sorge erfüllt, dass die Integration auf dem falschen Weg ist. Die EU zahlt dafür mit einer Entfremdung von ihren Bürgern. Ohne deren Akzeptanz ist das Integrationsprojekt aber zum Scheitern verurteilt. Im Vordergrund dieses Bandes steht daher die Kritik am derzeitigen Zustand der Union, jedoch nicht in der Absicht, auf weniger Europa zu dringen, sondern auf ein besseres Europa. Dazu werden in dem Band Wege aufgezeigt.

Allen Beiträgen sind einige grundlegende Feststellungen gemeinsam. Dazu gehört, dass die EU von einer wirtschaftlichen zu einer politischen Gemeinschaft geworden ist, das aber in ihren Entscheidungsstrukturen noch nicht nachvollzogen hat. Entscheidungen von hohem politischen Gewicht werden in einem unpolitischen Modus getroffen. Dazu konnte es kommen, weil die exekutiven und judikativen Institutionen der EU sich von den demokratischen Prozessen in den Mitgliedstaaten wie in der EU selbst weitgehend entkoppelt haben. Die Möglichkeit dazu verdanken sie der «Konstitutionalisierung» der Verträge, der am wenigsten bemerkten Quelle des europäischen Legitimationsdefizits. Die demokratische Legitimation wird sich daher nur durch eine Repolitisierung der europäischen Entscheidungsprozesse wiedergewinnen lassen.

Zu den grundlegenden Feststellungen gehört ferner, dass die EU nicht über genügend eigene Legitimationsressourcen verfügt, um sich selbst tragen zu können. Sie zehrt vielmehr nach wie vor von der Legitimation, die von den ihrerseits demokratischen Mitgliedstaaten ausgeht. Deswegen führt der am häufigsten gemachte Vorschlag zur Lösung des Demokratieproblems, nämlich die Umwandlung der EU in ein parlamentarisches Regierungssystem, nicht zum Ziel. Eine Parlamentarisierung nach staatlichem Muster würde den Legitimationsfluss aus den Mitgliedstaatenkappen, ohne die Lücke durch eine ausreichende Eigenlegitimation ersetzen zu können. Der Abstand von den Unionsbürgern würde sich vergrößern statt verkleinern. Deswegen tut sich die EU keinen Gefallen, wenn sie die mitgliedstaatliche Demokratie durch schleichende Kompetenzaushöhlung immer weiter schwächt.

Diese Feststellungen ziehen sich durch die verschiedenen Beiträge hindurch. Überschneidungen sind deswegen nicht zu vermeiden. Jeder der Artikel wurde für sich publiziert, konnte die Prämissen also nicht als bekannt voraussetzen. Allerdings stehen sie jedesmal in einem anderen Zusammenhang und werden auf einen anderen Aspekt des Integrationsprozesses bezogen. Nur die beiden ersten Beiträge ähneln einander sehr. Der erste leiht dem Buch seinen Titel. Ich habe mich trotzdem entschlossen, auch den zweiten aufzunehmen, weil er die Gelegenheit bot, dem Wunsch nach genauerer Erläuterung meiner Lösungsansätze nachzukommen. Damit soll aber nicht behauptet werden, dass die hier benannten Ursachen der Legitimationsschwäche der EU die einzigen seien. Nichts anderes gilt für die Lösungsmöglichkeiten.

Meine Disziplin ist die Rechtswissenschaft. Daher steht in diesem Buch der Anteil des Rechts im Vordergrund, und zwar sowohl was die Diagnose wie auch was die Therapie betrifft. Was ökonomisch vernünftig ist, müssen andere aufgrund ihrer Kompetenz entscheiden. Da die EU aber als Rechtsgemeinschaft ins Leben getreten ist und auch nur als solche fortbesteht, ohne dass sie auf die vorrechtlichen Bindungskräfte zurückgreifen könnte, die Staaten zur Verfügung stehen, sind auch die ökonomischen Entscheidungen auf die Rechtsform angewiesen. Von der sinnvollen rechtlichen Ausgestaltung hängt eben in der EU besonders viel ab.

Dieter Grimm

I.
Europa ja – aber welches?

Die europäische Integration ist eine Folge des Zweiten Weltkriegs, aber der Zweite war eine Folge des Ersten und begründete die Bereitschaft, in dem Bemühen um Kriegsverhütung weiter zu gehen, als man nach dem Ersten Weltkrieg mit dem Völkerbund gewagt hatte, auf Weltebene, aber besonders in Europa. Es ist das größte Verdienst der europäischen Integration, dass ein erneuter Krieg zwischen den Staaten, die sich in der Europäischen Union (EU) zusammengeschlossen haben, unwahrscheinlich geworden ist. Wenn man auf die Frage «Warum Europa?» antworten soll, kommt den Generationen, die noch Erinnerungen an den Weltkrieg haben, zuallererst diese Leistung in den Sinn. Innerhalb der EU droht kein Krieg. Ein leidvoller Teil der europäischen Geschichte scheint abgeschlossen.

Doch wenn es um die aktuelle Akzeptanz des europäischen Einigungsprozesses geht, spielt diese Leistung keine wesentliche Rolle mehr. Sie verknüpft sich nicht symbolträchtig mit der EU. Dafür ist der Abstand zwischen ihrer Gründung und dem Kriegsende zu groß und der Beginn mit einer Zollunion zu prosaisch. Die Erfahrung der heutigen Generationen ist ein unkriegerisches Europa, und auch wenn man sich die EU wegdenkt, droht kein Krieg zwischen den europäischen Staaten. Der Krieg ist anderen Bedrohungen gewichen, dem Terrorismus zum Beispiel. Der Friede ist dagegen von der Errungenschaft zur Gegebenheit geworden. Sie begeistert nicht für die europäische Sache. Für mehr Europa mit einer Leistung werben, die ein halbes Jahrhundert zurückliegt, hat keine größere Attraktivität als ein Schwarz-Weiß-Fernseher, schrieb kürzlich der englische Politologe Richard Rose.

Der Krieg ist freilich nicht verschwunden. Aber er findet anderswo statt. Wer ihm ausgesetzt ist, beneidet Europa, und viele machen sich auf den Weg dorthin. Die angrenzenden Staaten drängen in die EU hinein, während in der EU die Skepsis überwiegt und schnell auch in den Beitrittsländern um sich greift, deren sehnlichster Wunsch die Zugehörigkeit noch vor kurzem gewesen war. Mit seinem eigenen Staat mag man hadern, die aktuellen Machthaber verabscheuen, aber die Existenzberechtigung des Staates und sein Sinn bleiben davon unberührt. Mit der EU verhält es sich anders. Auf sie glaubt man verzichten zu können. Der Politik gelingt es nicht, die Bürger in ihrer Mehrheit für das Projekt einzunehmen. Auch das Europäische Parlament, die Vertretung der Unionsbürger, bringt diesen die EU nicht näher. Je mehr Kompetenzen es erlangte, desto weniger Unionsbürger gingen zur Wahl.

So war es nicht immer. Es gab in der Vergangenheit sehr wohl eine Europa-Begeisterung und, auch nachdem sie abgeflaut war, noch lange eine breite Zustimmung. Worauf gründete diese Einstellung damals? Wie ist sie abhandengekommen? Nach 1945 waren der Überdruss am Krieg der Nationalstaaten und die Not, welche er hervorgerufen hatte, bei Besiegten und Siegern, so groß, dass alle Hoffnungen auf der europäischen Einigung ruhten. Für Deutschland stand noch mehr auf dem Spiel. Nach dem nationalsozialistischen Herrschaftsanspruch über Europa führte der Rückweg in den Kreis der zivilisierten Völker nur über die Eingliederung in Europa. Der wachsende Ost-West-Gegensatz und der Koreakrieg ebneten diesen Weg. Die Demontage der westdeutschen Industrie wurde abgebrochen, ein westdeutscher Staat errichtet, seine Wiederaufrüstung betrieben.

Frankreich war dies alles nicht geheuer. Europäisierung war Frankreichs Antwort auf eine Entwicklung, die zu verhindern es nicht stark genug gewesen war. Die Europäische Gemeinschaft für Kohle und Stahl (EGKS) sollte die kriegswichtige Industrie der deutschen Verfügung entziehen, die Europäische Verteidigungsgemeinschaft (EVG) das deutsche Militär unter europäische Kontrolle stellen und die Europäische Politische Gemeinschaft (EPG) die deutsche Souveränität zügeln. Adenauer hingegen begriff die Europäisierung als Tor zur Gleichberechtigung. Indes gelang nur die Gründung der EGKS, die zum Vorbild der Europäischen Wirtschaftsgemeinschaft (EWG) wurde. Diese bildete den Ersatz für EVG und EPG, die nach einem Regierungswechsel in Frankreich keine Mehrheit mehr fanden. Frankreich schaltete nun auf wirtschaftliche Integration um, ohne die politische aus den Augen zu verlieren. Früher oder später würde sie diese unweigerlich nach sich ziehen.

Wenn man die anfängliche Europa-Euphorie und die heutige Europa-Lethargie vergleicht, muss man das in Erinnerung behalten. Die situationsbedingten Gründe für Europa verblassten mit der allmählichen Rückkehr zur Normalität. Die wirtschaftliche Integration, die übrig blieb von den großen Plänen, war kein geeignetes Objekt für Begeisterung, aber ebenso wenig für Protest. Sie bewahrte Europa einen breiten Zuspruch, weil sie unauffällig vor sich ging, sich unpolitisch gab und zum Wohlstand beitrug. Das lag durchaus in der Absicht der Gründer. Ein gemeinsamer Markt war nicht auf demokratische Legitimation angewiesen. Er legitimierte sich durch seinen Nutzen. Die Politik blieb Sache der Staaten. Was in Europa geschah, war technischer Art. So jedenfalls konnte es scheinen.

Dem entsprach auch die Konstruktion der EWG. Ihre Rechtsgrundlage war ein völkerrechtlicher Vertrag souveräner Staaten, ihr Leitungsorgan und Gesetzgeber der Rat, in dem die Regierungen dieser Staaten saßen. Ratsentscheidungen verlangten Einstimmigkeit. Niemand konnte übergangen werden. Die Kommission wurde von den Mitgliedstaaten gebildet, war in ihrer Tätigkeit aber von ihnen unabhängig und nur dem Integrationsprogramm verpflichtet, das sie nach den rechtlichen Vorgaben der Staaten vorantreiben sollte. Eine Volksbeteiligung war nicht vorgesehen. Es gab nur eine kompetenzlose Parlamentarische Versammlung, die aus Abgeordneten der nationalen Parlamente bestand. Die demokratische Legitimation der EU kam allein von den ihrerseits demokratischen Mitgliedstaaten.

Dass sich hinter der institutionellen Fassade mehr ereignete, blieb lange verborgen. Das hing damit zusammen, dass die Fortschritte der Integration hauptsächlich von demjenigen europäischen Organ ausgingen, von dem sie seiner Aufgabe nach am wenigsten zu erwarten waren: dem Europäischen Gerichtshof (EuGH). Er sollte Streitigkeiten europarechtlicher Art, besonders Streitigkeiten zwischen der Gemeinschaft und den Mitgliedstaaten, schlichten und den Sinn gemeinschaftsrechtlicher Normen im Zweifelsfall verbindlich klären. Er war es jedoch, der die Integration juristisch vorantrieb, als sie politisch stagnierte, weil Frankreich, jetzt unter de Gaulle, auf ein Europa der Vaterländer, also ein intergouvernementales statt eines integrierten, setzte.

Wie konnte es dazu kommen? Der EuGH verstand seine Aufgabe von Anfang an darin, die wirtschaftliche Integration gegen die oft eigensinnigen Mitgliedstaaten durchzusetzen. Mit dieser Zielsetzung interpretierte er die Verträge. Die Grundlage dafür bildete eine methodologische Vorentscheidung. Für die Auslegung völkerrechtlicher Verträge war nach allgemeiner Übung der Wille der vertragschließenden Staaten maßgeblich. Souveränitätsbeschränkende Normen mussten eng ausgelegt werden. Der EuGH brach mit diesem Prinzip und legte die Verträge wie eine staatliche Verfassung aus, orientiert an einem objektivierten Zweck statt an den Absichten der Gründer. Er verstand sich mithin weder als Wahrer der Rechte der vertragschließenden Staaten noch als neutrale Schiedsinstanz zwischen den Staaten und der Gemeinschaft, sondern als treibende Kraft des Integrationsprogramms. Er war ein Gericht mit einer Agenda.

In zwei umwälzenden Urteilen entschied er zunächst 1963, dass Gemeinschaftsrecht in den Mitgliedstaaten unmittelbar anwendbar war, mit der Folge, dass die Wirtschaftssubjekte es vor den nationalen Gerichten einklagen konnten, während die ursprüngliche Vorstellung gewesen war, dass sich das Gemeinschaftsrecht an die Mitgliedstaaten richtete und sie verpflichtete, nationales Recht in Übereinstimmung mit dem Gemeinschaftsrecht zu bringen. Ein Jahr später erklärte er, dass Gemeinschaftsrecht nicht nur unmittelbar, sondern auch mit Vorrang vor dem nationalen Recht anzuwenden war, sogar mit Vorrang vor den

Verfassungen der Mitgliedstaaten. Die nationalen Gerichte wurden verpflichtet, nationales Recht, das mit Gemeinschaftsrecht unvereinbar war, außer Anwendung zu lassen, ohne vorher ihre nationalen Verfassungsgerichte anzurufen. Art. 100 GG, der gerade das verlangt, steht zwar immer noch im Grundgesetz, stimmt seitdem aber nicht mehr.

Die Urteile waren umwälzend, weil das so in den Verträgen nicht vereinbart worden war, auch wohl kaum vereinbart worden wäre. Der Vorgang ist nicht ohne Grund als «Konstitutionalisierung» der Verträge gedeutet worden. Zwar blieb die Rechtsgrundlage der EU ihrer Rechtsnatur nach ein völkerrechtlicher Vertrag. Die Mitgliedstaaten behielten ihre Stellung als «Herren der Verträge». Nur sie bestimmen über die Rechtsgrundlage der EU. Sie wirkte aber aufgrund dieser Rechtsprechung wie eine Verfassung. Es gab nun neben der politischen Integration durch Vertragsschluss und Setzung sekundären europäischen Rechts einen alternativen, judikativen Integrationspfad durch Überwindung der nationalen Rechtsvielfalt mittels Vertragsinterpretation. Erst dadurch ist die EWG/EG/EU zu dem geworden, was sie heute ist: eine singuläre supranationale Einheit irgendwo zwischen internationaler Organisation und Bundesstaat.

Alles hing unter diesen Umständen davon ab, wie der EuGH die Verträge verstand. Ansatzpunkt waren die vier wirtschaftlichen Grundfreiheiten (freier Verkehr von Waren, Dienstleistungen, Arbeitskräften und Kapital) und ihre nähere Ausformung in den Verträgen. Auch sie waren ursprünglich als Maßgaben für den Gesetzgeber bei der Herstellung des Gemeinsamen Markts gedacht. Nationales Recht, das ausländische Wettbewerber zugunsten der einheimischen Wirtschaft benachteiligte, sollte abgebaut werden. Die Rechtsprechung des EuGH machte sie zu Grundrechten der Wirtschaftssubjekte. So bekam die Justiz die Sache in die Hand. Der Gesetzgeber wurde zur Verwirklichung des Gemeinsamen Marktes nicht mehr benötigt.

Der EuGH wirkte dafür umso entschlossener. So erweiterte er die Diskriminierungsverbote zu Regulierungsverboten. Jede Ware, die in einem Mitgliedstaat legal hergestellt worden war, durfte in jedem anderen Mitgliedstaat ohne Rücksicht auf das dort geltende Recht in Verkehr gebracht werden. Mehr noch: Jede staatliche Norm, die sich als Hemmnis für den grenzüberschreitenden Handel erwies, verfiel potentiell dem Verdikt. Die europarechtliche Vorschrift, die nur «mengenmäßige Einfuhrbeschränkungen und Maßnahmen gleicher Wirkung» verboten hatte, war damit entgrenzt. Unter den Verdacht der Europarechtswidrigkeit gerieten auch Normen, die kein diskriminierendes Motiv hatten, nicht einmal ein wirtschaftliches Motiv, sondern dem Schutz anderer Rechtsgüter dienten, Gesundheitsschutz, Umweltschutz, Arbeitsschutz usw.

Dem nationalen Gesetzgeber war damit die Möglichkeit genommen, diejenigen Schutzstandards festzulegen, die ihm politisch notwendig erschienen. Das begründete die Gefahr, dass sich der niedrigste Schutzstandard europaweit durchsetzte. Dieser Gefahr konnte allein durch europäische Rechtsetzung begegnet werden. Die weite Interpretation der wirtschaftlichen Grundfreiheiten weitete also automatisch auch die Rechtsetzungsbefugnis der EU aus. Es war freilich leichter, nationales Recht zu beseitigen, als europäisches Recht zu erzeugen. Für die Unanwendbarkeit nationalen Rechts genügte ein Bescheid der Kommission oder ein Richterspruch. Für die Setzung europäischen Rechts war ein einstimmiger Ratsbeschluss nötig. Das gelang manchmal, oft aber auch nicht. Die Folge war die bekannte Asymmetrie zwischen negativer (normvernichtender) und positiver (normerzeugender) Integration und ihr wirtschaftsliberaler Effekt.

Eine ähnliche Ausweitung erfuhr das in den Verträgen enthaltene Verbot staatlicher Beihilfen an Unternehmen, falls die Beihilfen marktverzerrende Wirkungen hatten. Der EuGH wandte diese Vorschrift nicht nur auf privatwirtschaftliche Unternehmen an, sondern auch auf öffentliche Einrichtungen der Daseinsvorsorge. Sofern es für die betreffenden Leistungen private Wettbewerber gab, gleich ob inländische oder ausländische, wurde die staatliche Finanzierung der öffentlichen Einrichtungen zur Beihilfe und war potentiell marktverzerrend. Infolgedessen konnten die Mitgliedstaaten nicht mehr frei entscheiden, welche Bereiche sie der Steuerung durch den Markt überlassen, welche sie in eigene Regie nehmen wollten. Die Gemeinwohlgründe, aus denen bestimmte Leistungen dem Markt entzogen waren, spielten dabei keine Rolle. Ein Teil der Privatisierungswelle der letzten Jahre hat hier ihren Grund.

Es gibt also neben der ausdrücklichen Kompetenzübertragung auf die EU durch die Mitgliedstaaten auch einen schleichenden Kompetenzverlust durch die extensive Interpretation der Verträge seitens des EuGH. Die Kompetenzübertragung setzt einen Willensentschluss der Mitgliedstaaten voraus, der mit den nationalen Verfassungen vereinbar sein muss. Den Kompetenzverlust erleiden die Mitgliedstaaten. Was die nationalen Verfassungen dazu sagen, ist für den EuGH unerheblich. Ein fundamentaler Grundsatz der Verträge, das Prinzip der begrenzten Einzelermächtigung, ist damit unterhöhlt. Klagen waren vor dem Gericht mit Agenda wenig aussichtsreich. Strengte die Kommission ein Vertragsverletzungsverfahren gegen einen Mitgliedstaat an, der sein Recht nicht aufgeben oder eine öffentliche Einrichtung nicht abschaffen wollte, konnte sie mit einem Sieg beim EuGH rechnen. Ein Mitgliedstaat, der Nichtigkeitsklage gegen die Kommission wegen Kompetenzüberschreitung erhob, musste sich dagegen auf eine Niederlage gefasst machen.

Der frühere Bundespräsident Herzog hat deswegen vor einiger Zeit dazu aufgerufen, den EuGH zu stoppen. Doch es ist nicht so leicht, ein Gericht zu stoppen. Gerichte wirken funktionsbedingt im Schutz der richterlichen Unabhängigkeit. Sie sind unabhängig von politischen Weisungen und unabhängig von Wahlen und der durch Wahlen vermittelten Rückbindung an die Vorstellungen der Gesellschaft, für die sie Recht sprechen. Das ist demokratisch erträglich, weil sie einer anderen Bindung unterliegen, nämlich der Bindung an das Recht, das aus einem demokratischen Verfahren hervorgeht und von ihnen lediglich angewandt werden soll.

Allerdings zeigt nichts besser als die Rechtsprechung des EuGH, dass die Bindungskraft von Rechtsnormen begrenzt ist. Sie sind notwendig generell und abstrakt formuliert, werden aber auf individuelle und konkrete Fälle angewandt. Diese Kluft muss durch Interpretation überbrückt werden. Interpretation ist ein methodengeleiteter Vorgang, aber es wäre ein Missverständnis, die Interpretationsmethode für ein neutrales Werkzeug zur Ermittlung eines im Normtext bereits abschließend deponierten Sinns zu halten. Im Vorgang der Rechtsanwendung wird immer zwischen Interpretationsalternativen gewählt und Sinn generiert. Dabei hat sich der EuGH durch die von ihm gewählte Methode (nicht völkerrechtlich, sondern staatsrechtlich) und die Art, sie zu praktizieren, als außerordentlich schöpferisch erwiesen.

Politikwissenschaftler sind schnell geneigt, den gerichtlichen Aktivismus mit dem institutionellen Eigeninteresse der Justiz zu erklären. Sie sehen darin eine Selbstermächtigung, die der Stärkung der eigenen Machtposition dient. Doch findet dabei die juristische Eigenlogik nicht genügend Beachtung. Vielmehr muss zwischen Intention und Effekt unterschieden werden. Gerichte haben in der Regel die Intention, dem ihnen zur Durchsetzung anvertrauten Recht zu größtmöglicher Wirksamkeit zu verhelfen. Für ein Gericht mit einer Agenda wie den EuGH gilt das besonders. Der Effekt ist freilich gleichzeitig ein Ausbau der Befugnisse des Gerichts zu Lasten anderer Organe, für die die Rechtsdurchsetzung jedoch nicht Vorwand, sondern Beweggrund ist.

Damit ist freilich die Frage noch nicht beantwortet, warum die Mitgliedstaaten dem keinen Einhalt geboten haben, denn wenn schon ihre Klagen nicht aussichtsreich waren, so bildeten ihre Regierungen doch im Rat den Gesetzgeber der Union, ursprünglich sogar den Alleingesetzgeber, heute immer noch den Hauptgesetzgeber. Dafür lassen sich mehrere Gründe nennen. Häufig sind die Entscheidungen nicht in ihrer vollen Tragweite überschaut worden. Gerichte entscheiden einzelne Streitfälle nach einem vorgegebenen Programm und begründen die Entscheidungen so, dass die Ableitung aus dem vorgegebenen Programm als zwingend erscheint, zudem in einer professionellen Sprache, die nicht ohne weiteres durchschaubar ist und wenig Ansatzpunkte für außerjuristische Kritik bietet. Die fallübergreifende Wirkung eines Urteils wird häufig erst sichtbar, wenn es sich zur «ständigen Rechtsprechung» verdichtet hat.

Aber auch wenn die Mitgliedstaaten bemerkten, was geschah, waren sie in ihren Reaktionsmöglichkeiten beschränkt. Das Steuerungsmittel, das die Politik gegenüber Gerichten hat, ist die Gesetzgebung. Wenn die Politik ihre Intentionen in der Interpretation der Gesetze nicht wiedererkennt oder die Folgen für schädlich hält oder die Richtung ändern will, etwa nach einer Wahl, kann sie das Entscheidungsprogramm für die Zukunft reformulieren. Sie kann allerdings nicht die Notwendigkeit der Interpretation beseitigen, und sie kann den Gerichten nicht die Methode diktieren, die sie ihrer Interpretation zugrunde legen. Das heißt freilich nicht, dass Umprogrammierung durch Gesetzesänderung aussichtslos wäre. Warum wurde sie dann so selten benutzt?

Ein Grund liegt darin, dass der Rat kein ausreichendes Gegengewicht gegen den EuGH bildet. Der Rat vertritt zwar die Interessen der Mitgliedstaaten, aber diese haben kein einheitliches Interesse. Das Entscheidungsverfahren folgt deswegen dem Aushandlungsmuster. Die Entscheidungsform ist hier nicht, wie in den nationalen Parlamenten, die Deliberation, sondern, wie auf internationalen Konferenzen, die Negotiation. Einstimmigkeit, wie sie viele Jahre im Rat üblich war, aber selbst qualifizierte Mehrheiten, wie sie heute ausreichen, lassen sich gerade für den Zweck der Korrektur von Rechtsprechung nur schwer zustande bringen, ganz abgesehen von dem Umstand, dass der Rat bei der Setzung von Sekundärrecht auf eine Initiative der Kommission angewiesen ist, die an einer Korrektur der Rechtsprechung in der Regel kein Interesse hat.

Es kommt aber ein weiterer Grund hinzu, der bisher kaum bemerkt worden ist. Er hat mit der Eigentümlichkeit der europäischen Verträge zu tun. Obwohl ihrer Rechtsnatur nach völkerrechtliche Verträge, sind sie dank der Rechtsprechung des EuGH konstitutionalisiert. Sie entfalten die Wirkung von Verfassungen, sind aber nicht nach Art einer Verfassung gestaltet. Verfassungen regeln den politischen Entscheidungsprozess formell und materiell, aber sie überlassen die politischen Entscheidungen selbst der Politik und machen dadurch erst die Wahl folgenreich. Die siegreiche Partei verwirklicht ihr Regierungsprogramm durch Gesetzgebung, freilich im Rahmen der Verfassung. Je stärker die Verfassung inhaltlich aufgeladen ist, desto kleiner wird der Spielraum für Politik. Was in der Verfassung geregelt ist, ist der politischen Entscheidung entzogen. Es ist nicht mehr Thema, sondern Prämisse der Politik. Es kann auch durch den Wahlausgang nicht beeinflusst werden.

Die Unterscheidung zwischen Bedingungen für politische Entscheidungen und diesen Entscheidungen selbst ist für den Konstitutionalismus konstitutiv. In der EU werden die beiden Ebenen aber vermischt. Die Verträge sind voll von Vorschriften, die im Staat dem sogenannten einfachen Recht zugehören würden. Ihre Auslegung und Anwendung durch die Kommission und den EuGH ist daher Verfassungsvollzug. Infolgedessen werden der Rat und die Parlamente nicht nur nicht für die Herstellung des Gemeinsamen Marktes benötigt. Sie können die Entscheidungen der exekutiven und judikativen Organe auch nicht durch Gesetzgebung ändern. Eine Möglichkeit, die im Staat stets besteht, nämlich die Umsteuerung der Gerichte durch Gesetzesänderung, fällt in der EU weitgehend aus. Der EuGH ist freier als jedes nationale Gericht. Eine Änderung der Rechtsprechung könnte nur durch Änderung der Verträge herbeigeführt werden, von der jeder weiß, dass sie so gut wie ausgeschlossen ist.

In unserem Zusammenhang, wo es um die Akzeptanz der europäischen Integration durch die Bürger geht, ist es von Bedeutung, dass die gewichtigen Integrationsfortschritte in einem unpolitischen Modus vor sich gingen und entsprechend wenig öffentliche Aufmerksamkeit erregten. Die nationale Politik schenkte ihnen kaum Beachtung. Die Medien bemerkten nicht, was sich abspielte. Selbst die Rechtswissenschaft versagte. Die Vertreter des nationalen Rechts ignorierten das Europarecht. Dieses wurde von Spezialisten betrieben, die sich überwiegend mit ihrem Gegenstand identifizierten und ihre Disziplin als Teil des europäischen Projekts betrachteten. Die Entwicklung fand auf diese Weise in der zugehörigen Wissenschaft keinen kritischen Begleiter. Es galt ein unausgesprochenes Kritikverbot, damit das europäische Projekt nicht gefährdet würde.

Als die lange Phase der politischen Eurosklerose 1987 mit der Einheitlichen Europäischen Akte (EEA) ihr Ende fand, indem das Einstimmigkeitsprinzip im Rat aufgegeben wurde, fand das allgemeinen Beifall, weil im Einstimmigkeitsprinzip nur der Grund der Stagnation, nicht die Sicherung demokratischer Legitimation gesehen wurde, während die Bewegung, welche gleichzeitig vom EuGH in Gang gesetzt worden war, unbemerkt blieb. So fiel es auch zunächst nicht auf, dass das Ende der Einstimmigkeit der Beginn des europäischen Demokratieproblems war. Solange politische Entscheidungen nur einvernehmlich im Rat zustande kommen konnten, reichte die demokratische Legitimation aus, die der EU durch die ihrerseits demokratisch legitimierten und kontrollierten Regierungen der Mitgliedstaaten zugeführt wurde.

Für das europäische Primärrecht, die Verträge, blieb das auch so. Was das Sekundärrecht und seine Anwendung betraf, wurde die durchgängige Legitimationskette von den Staatsvölkern über ihre Parlamente und Regierungen zum Rat und den weiteren europäischen Organen aber nun unterbrochen. Jetzt war es möglich, dass auf dem Territorium eines Mitgliedstaats Recht Geltung beanspruchte, das er in seinem nationalen Willensbildungsprozess nicht gebilligt, womöglich sogar ausdrücklich abgelehnt hatte. Damit tat sich eine Legitimationslücke auf, die national nicht geschlossen werden konnte. Seitdem besteht in Europa Reformbedarf.

Diesen Bedarf sollte der 1992 geschlossene Vertrag von Maastricht decken, indem er dem mittlerweile direkt gewählten Europäischen Parlament Mitentscheidungsrechte zubilligte und so von der monistischen zur dualistischen Legitimation überging. Zugleich wollte er Europa auf eine «neue Stufe bei der Verwirklichung einer immer engeren Union der Völker Europas» heben. Aus der EG wurde die EU, die Währungsunion wurde beschlossen. Wie sich zeigte, waren die Völker Europas darauf aber nicht vorbereitet. Die Zustimmung, auf die sich die Politik noch glaubte stützen zu können, war Zustimmung für eine Wirtschaftsgemeinschaft gewesen, die längst überschritten war. Die lange Phase der verborgenen, auf unpolitischen Pfaden voranschreitenden Integration war eine Bedingung des Fortschritts gewesen. Als der Schleier durch den Maastricht-Vertrag weggezogen wurde, fiel die Zustimmungsrate. Der Maastricht-Vertrag, der institutionell einen Fortschritt brachte, leitete bezüglich der Akzeptanz in der Bevölkerung den Rückschritt ein.

Die Antwort auf die Krise und den erneuten Reformbedarf durch die Erweiterung der EU war der Verfassungsvertrag. Die institutionellen Reformen wären nicht auf die Verfassungsform angewiesen gewesen. Alles, was an Reformen für nötig erachtet wurde, hätte durch Änderungen der Verträge erreicht werden können. Dass es dennoch eine Verfassung sein sollte, erklärt sich nur aus der Erwartung, auf diese Weise das Akzeptanzproblem zu lösen: Integration durch Verfassung. Im Staat gelingt das manchmal, wenn auch selten. Für gewöhnlich ist es bereits zufriedenstellend, wenn Verfassungen ihren juristischen Dienst tun, nämlich die Politik in bestimmte Bahnen lenken und in gewissen Grenzen halten. Wenn eine Verfassung zusätzlich integrative Wirkung entfaltet, müssen zusätzliche Bedingungen vorliegen. In Europa fehlten sie.

Das mit dem Maastricht-Vertrag offenkundig gewordene Problem bestand darin, dass großen Teilen der Bevölkerung die Integration zu weit vorangeschritten war. Die Verfassung sah nicht nach weniger, sondern nach mehr Europa aus. Das war einer der Gründe für die Ablehnung in den Referenden Frankreichs und der Niederlande. Der Vertrag von Lissabon, der jetzt die Rechtsgrundlage der EU bildet, verzichtete daher auf alle Anklänge an eine Verfassung. Er weitete auch die Befugnisse des Europäischen Parlaments beträchtlich aus, das jetzt nicht mehr die Vertretung der Völker der Mitgliedstaaten, sondern der Unionsbürger sein sollte, und führte eine Bürgerinitiative ein. Das Akzeptanzproblem ist dadurch nicht gelöst. Die Finanzkrise hat es erhöht.

Der Umstand, dass Entscheidungen von hohem politischen Gewicht in einem unpolitischen Modus fallen, besteht auch unter dem gegenwärtigen Vertrag weiter. Kommission und EuGH bleiben bei vielen politischen Entscheidungen unter sich. Die Auf-

wertung des Europäischen Parlaments hat auch nichts daran geändert, dass die Kommission für ihre Entscheidungen, wie sie das
Integrationsprogramm verwirklichen will, von dem Ausgang der
Parlamentswahlen unabhängig ist. In der Verselbständigung der
exekutiven und judikativen Organe von den politischen Organen
der EU und von dem Willen der Mitgliedstaaten liegt das eigentliche Demokratieproblem der EU.

Verschärft wird es durch eine Schere, die sich zwischen Entscheidungsbefugnis und Verantwortlichkeit auftut. Sie ergibt sich
daraus, dass die EU ihre Entscheidungen mangels eines eigenen
Verwaltungsunterbaus nicht selbst umsetzen kann, sondern dafür
auf die mitgliedstaatlichen Regierungen angewiesen ist. Während
die entscheidungsbefugte Kommission nicht demokratisch verantwortlich gemacht werden kann, können die nationalen Regierungen innerstaatlich zur Verantwortung gezogen werden, haben
aber gar nicht entschieden. Dennoch werden sie demokratisch in
Haft genommen, während bei der gegen Bürgerproteste immu-
nisierten Kommission nur ein diffuser Unmut ankommt. Der
EuGH fällt als Gericht aus dem demokratischen Verantwortungszusammenhang ohnehin heraus.

Die Integration im unpolitischen Modus der Vertragsinterpretation wird gern als Erfolgsgeschichte erzählt. Und in der Tat ist
sie eine Erfolgsgeschichte. Ohne den Beitrag des EuGH wäre die
EU heute womöglich noch immer eine internationale Organisation unter vielen, mit mehr Kompetenzen zwar und dichterer
Organisation als andere, aber doch nicht das singuläre Novum,
welches sie heute ist. Doch die Erfolgsstory blendet verschiedene
Aspekte aus. Viele können sich mit dem Ergebnis nicht identifi-
zieren. Denn hinter der judiziell herbeigeführten Entwicklung
stand kein politischer Wille der Betroffenen. Sie waren nicht gefragt worden und antworten mit Legitimationsentzug. Die Frage
«Warum Europa?» ist die Frage nach einleuchtenden Gründen für
die Integration.

Gibt es also die große Erzählung von Europa, die den Verstand überzeugt und das Gemüt ergreift und in der sich das Gros
der Unionsbürger wiederfindet? Die erste Bedingung lässt sich

leichter erfüllen als die zweite. Es gibt eine Begründung für Europa, die hohe Plausibilität besitzt, weil die Vorteile, welche eine Europäisierung verspricht, auf andere Weise nicht zu haben sind. Der Grund ist die wachsende Zahl grenzüberschreitender Probleme, deren Lösung von der Politik erwartet wird, aber im engen Rahmen der europäischen Nationalstaaten nicht mehr möglich ist. Zwischen dem Aktionsradius machtvoller, global wirkender privater Akteure und dem Aktionsradius der staatlichen Politik öffnet sich eine Kluft, die allein durch die Internationalisierung öffentlicher Gewalt geschlossen werden kann.

Diesen Weg gehen die Staaten seit 1945, teils weltumspannend mit der UN, der WTO, internationalen Gerichten, teils regional. Nirgendwo ist bisher aber ein ähnlich ambitionierter und erfolgreicher Versuch, die Problemlösungskapazität der öffentlichen Gewalt durch Internationalisierung zu erhöhen, unternommen worden wie in Europa. Man kann die Frage stellen, ob die Vergemeinschaftung zu weit oder zu kurz gegriffen hat. Aber es macht wenig Sinn, die Vergemeinschaftung an sich in Frage zu stellen. Denn die Alternative wäre der Versuch, für jedes einzelne regelungsbedürftige Problem eine Vereinbarung zwischen Staaten zu finden. Effizienz und Kohärenz würden dadurch nicht wachsen.

Das ist eine pragmatische Rechtfertigung der Integration, freilich eine starke. Aber sie appelliert an die Vernunft, nicht an Emotionen. Deswegen ist die zweite Frage umso wichtiger, wie die europäische Integration beschaffen sein muss, damit sie mit vermehrter Akzeptanz rechnen kann. Wie sich gezeigt hat, trug die Effizienz die EU nur so lange, wie sie für eine Wirtschaftsgemeinschaft ohne politische Implikationen gehalten wurde. Eine Rückkehr zu diesem Zustand ließe sich aber nur auf Kosten der Problemlösungskapazität erreichen. Es geht bei der Vergemeinschaftung darum, die Macht transnationaler Akteure im Gemeinwohlinteresse Regeln zu unterwerfen, und das ist eine politische Aufgabe. Die Rückbildung der EU zum Gemeinsamen Markt wäre also mit dem Legitimationsgrund nicht vereinbar.

Andererseits kann es aber auch nicht dabei bleiben, dass politische Entscheidungen in dem unpolitischen Modus getroffen werden, der die Europapolitik bisher gekennzeichnet hat. Politische Entscheidungen verlangen einen politischen Modus, der in Europa nur ein demokratischer sein kann. Die Demokratiefähigkeit der EU ist daher von ausschlaggebender Bedeutung. Da die EU immer ein föderales Gebilde sein wird und die Bindung der Bürger an ihren Staat noch auf längere Sicht diejenige an Europa übertreffen wird, muss es schließlich um einen angemessenen Ausgleich zwischen den Funktionen gehen, die von der Gemeinschaft wahrgenommen werden, und denen, die den Staaten und ihren jeweiligen Präferenzen überlassen werden. Es muss Grenzen für den unstillbaren Kompetenzhunger der EU geben.

Die bisher unternommenen Versuche sind entweder gescheitert oder nicht ausreichend gewesen. Gescheitert ist der Versuch, der EU die nötige Akzeptanz durch eine Umwandlung der völkerrechtlichen Verträge in einer Verfassung zu verschaffen. Als gescheitert kann ebenfalls der Versuch einer Eingrenzung des ständigen Kompetenzgewinns der EU durch das Subsidiaritätsprinzip gelten. Es ist seit 1992 in Geltung, aber ohne Wirkung geblieben, weil es nicht gelungen ist, ihm einen justiziablen Inhalt abzugewinnen. Es taugt als rechtspolitische Maxime für die Gestaltung einer föderalen Ordnung, jedoch nicht als Entscheidungsmaßstab für die Beurteilung konkreter Kompetenzstreitigkeiten. Das Klagerecht für die nationalen Parlamente, das seit dem Lissabon-Vertrag existiert, kann die inhaltliche Vagheit nicht ausgleichen.

Der Versuch, der jetzt in der Diskussion steht, setzt auf eine Aufwertung der Repräsentation der Unionsbürger, also des Europäischen Parlaments. Es soll mit derselben Kompetenzfülle ausgestattet werden, die nationale Parlamente üblicherweise haben, so dass die EU zu einem parlamentarischen System würde. Das könnte allerdings nicht ohne Rückwirkung auf die anderen Organe der EU geschehen. Die Kommission würde dann zur europäischen Regierung aufgewertet. Der große Verlierer wäre der Europäische Rat, der nur noch für die Revision der Verträge gebraucht würde, aber die Befugnis verlöre, die Richtlinien der Europapolitik zu bestimmen, und der Ministerrat, der nicht mehr die zentrale Gesetzgebungsinstanz wäre, sondern zu einer Zweiten Kammer des Europäischen Parlaments degradiert würde.

Das ist ersichtlich das Muster des Bundesstaats, und in der Tat würde eine derartige institutionelle Reform die EU einem Bundesstaat weitgehend annähern. Ob die Bundesrepublik dieses Ziel verfolgen dürfte, ist nach der Rechtsprechung des Bundesverfassungsgerichts zu den Grenzen der Integration höchst fraglich. Aber unabhängig von diesem Hindernis muss das Lösungsmuster auf seine Tauglichkeit befragt werden, die Legitimationsschwäche der EU zu beheben. Wenn die Lösung der Probleme die Aufwertung des Parlaments ist, wird ja vorausgesetzt, dass die EU legitimationsschwach ist, weil das zentrale legitimationsvermittelnde Organ nicht das von den Unionsbürgern gewählte Parlament, sondern der von den nationalen Regierungen beschickte Rat ist. Nur dann wäre die Umstellung von Fremd- auf Eigenlegitimation das geeignete Mittel.

Nun ist die legitimationsspendende Funktion des Parlaments aber nicht schon damit gesichert, dass es alle fünf Jahre von den Unionsbürgern gewählt wird. Das wäre ein rein formales Demokratieverständnis. Es kommt zusätzlich darauf an, wie die Wahl ausgestaltet ist, und noch mehr darauf, dass das Parlament auch zwischen den Wahlen in einen ununterbrochenen Prozess der gesellschaftlichen Meinungsbildung und Interessenartikulation eingebettet ist, der sich nicht in der Wahl erschöpft, sondern in ihr gipfelt. Es muss eine dauerhafte Wechselbeziehung zwischen der Wählerschaft und den politischen Organen geben, damit die Vorstellungen und Bedürfnisse des Publikums im Parlament Ausdruck finden und in den politischen Willensbildungsprozess der Organe eingehen.

Beides ist zur Zeit nicht gesichert. Die Europawahlen schöpfen das Legitimationspotential, das sie haben könnten, nicht aus. Gewählt wird nach nationalem Wahlrecht; in jedem Mitgliedstaat konkurrieren die nationalen Parteien und machen mit nationalen Themen Wahlkampf. Zwischen den Parteien, die zur Wahl stehen, und denen, welche im Parlament wirken, besteht aber keine Kongruenz. Dort agieren vielmehr europäische Fraktionen, in denen sich zahlreiche nationale Parteien zusammenfinden und die andere Fragen zu entscheiden haben als die im Wahlkampf aufgeworfenen und sich dabei auf eine Linie verständigen müssen, die nicht mit derjenigen identisch ist, für die die nationalen Parteien stehen. Der Wähler, der nur nationale Parteien wählen kann, hat also keine Aussicht darauf, dass ihr Handlungsprogramm im Europäischen Parlament zum Tragen kommt.

Noch schlechter ist es mit der Einbettung des Parlaments in einen fortlaufenden gesellschaftlichen Meinungsbildungs- und Interessenartikulationsprozess bestellt. Dieser lässt schon in den Mitgliedstaaten viel zu wünschen übrig, weil die Großtendenzen der Verwissenschaftlichung und Internationalisierung der Politik dem Parlamentarismus entgegenwirken. Davor bliebe auch ein aufgewertetes Europäisches Parlament nicht verschont. In Europa kommt aber hinzu, dass das gesellschaftliche Substrat einer lebendigen Demokratie unterentwickelt ist. Soweit es bereits europäische Parteien gibt, treten sie in der Gesellschaft nicht in Erscheinung, sondern überlassen das Feld den nationalen Parteien. Interessenartikulation und bürgerschaftliches Engagement beschränken sich im Wesentlichen auf den nationalen Rahmen. Vor allem fehlt es aber an europäischen Kommunikationsmedien, die einen europäischen öffentlichen Diskurs und nicht nur 28 nationale Diskurse über Europafragen in Gang halten können. Während sich aber die Defizite der europäischen Wahlen durch die Einführung eines europäischen Wahlsystems mit europäischen Parteien zumindest teilweise beheben ließen, wird es zu einer europäischen Öffentlichkeit, die der staatlichen auch nur annähernd gliche, noch lange nicht kommen.

Das Europäische Parlament ist also von einer gesellschaftlichen Basis weiter entfernt als die nationalen Parlamente und hat Schwierigkeiten, eine europaweite Meinungsbildung zu generieren und in den Entscheidungsprozess der anderen Organe hineinzuvermitteln. Man darf die Diagnose jedoch nicht beim Europäischen Parlament abbrechen. Ins Kalkül müssen auch die anderen Organe einbezogen werden, auf deren Kosten die Vollparlamentarisierung ginge. Das sind diejenigen Organe, welche der EU demokratische Legitimation aus den Mitgliedstaaten zuführen, der Europäische Rat und der (Minister-)Rat. Die Verselbständigung der EU von den Mitgliedstaaten schritte also fort, ohne dass ihre Eigenlegitimation zunähme. Daraus muss man den Schluss ziehen, dass die EU nach einer Vollparlamentarisierung demokratisch nicht gestärkt, sondern geschwächt wäre.

Daraus darf man jedoch nicht umgekehrt den Schluss ziehen, die Kompetenzen des Europäischen Parlaments müssten wieder beschnitten werden. Als Gegengewicht gegen die nationalen Egoismen im Rat und die technokratischen Tendenzen in der Kommission ist es vielmehr unersetzlich. Nur kann es die Legitimationslast nicht allein tragen. Noch ruht sie auf zwei Pfeilern, einem, der aus den ihrerseits demokratisch gewählten und verantwortlichen Regierungen der Mitgliedstaaten besteht, und einem, der aus dem von den Unionsbürgern gewählten Europäischen Parlament besteht. Die beiden Pfeiler sind aber nicht gleichmäßig tragfähig. Der Legitimationsstrang aus den Mitgliedstaaten ist erheblich stärker, zum einen weil der Rat über die bedeutenderen Kompetenzen verfügt, zum anderen weil die Bedingungen für eine lebendige und nicht bloß formale Demokratie in den Mitgliedstaaten erheblich günstiger sind als in der EU.

Die derzeitigen Reformüberlegungen richten sich auf die Stärkung der Eigenlegitimation. Würde die EU zu diesem Zweck in ein parlamentarisches System überführt, würde der Legitimationsstrang, der von den Mitgliedstaaten kommt, abgeschnitten oder zumindest eingeschnürt werden, ohne dass die Eigenlegitimation der EU dadurch wüchse. Fremdlegitimation und Eigenlegitimation verhalten sich zueinander nicht wie kommunizierende Röhren. Die Schwächung des nationalen Legitimationsstroms führt nicht zu einer Stärkung des europäischen, ganz abgesehen davon, dass das Problem des unpolitischen Entscheidungsmodus, das aus der Aufladung der konstitutionalisierten Verträge mit einfachem Recht resultiert, von einer Parlamentarisierung gar nicht erreicht würde.

Was muss dann geschehen, um die Akzeptanz der EU zu erhöhen? Wenn das Legitimationsproblem der EU darin besteht, dass sich ihre exekutiven und judikativen Instanzen vom Willen der sie tragenden Mitgliedstaaten stark verselbständigt haben und Entscheidungen von hohem politischen Gewicht in einem un-politischen Modus fällen, dann muss dafür Sorge getragen werden, dass die Verselbständigung begrenzt wird und politische Entschei-dungen in einem politischen Modus getroffen werden. Und wenn es zutrifft, dass die EU für ihre demokratische Legitimation noch auf lange Sicht von den Mitgliedstaaten abhängt, dann muss ver-hindert werden, dass dieser Legitimationsstrom durch eine staats-analoge Ausgestaltung der EU abgeschnitten wird.

Da die Verträge nun einmal konstitutionalisiert sind, wäre es konsequent, alle nicht verfassungsartigen Bestimmungen auf ein-faches Recht hinabzustufen, also im Wesentlichen den gesamten AEUV. Unerwünschte Interpretationsergebnisse können dann durch Gesetzesänderungen korrigiert werden, wie es in jedem de-mokratischen Staat der Fall ist. Aber in Europa wird über diese Möglichkeit nicht einmal gesprochen. Da die Kompetenzgewinne im Weg der Interpretation ihren Grund unter anderem darin ha-ben, dass die EU, von den ausschließlichen Befugnissen wie im Zollwesen abgesehen, keine Aufteilung nach Gesetzgebungsmate-rien kennt, sondern einem Finalkriterium folgt – alles, was zur Herstellung und Aufrechterhaltung des Gemeinsamen Marktes dient, darf die EU regeln –, muss es einen gegenständlich formu-lierten Katalog geben, der gewisse Materien den Staaten vorbe-hält, selbst wenn sie unter bestimmten Umständen einen Bezug zum Gemeinsamen Markt haben.

Auch wenn diese Maßnahmen ergriffen würden, wären wei-tere Kompetenzverschiebungen zugunsten der EU zu erwarten, weil die Zahl der grenzüberschreitenden Probleme stetig zunimmt und jede transnationale Krise zu mehr Europäisierung drängt, wie die Finanzkrise gerade wieder gezeigt hat. Die Tendenz zur Unabgeschlossenheit und Unumkehrbarkeit der Terraingewinne wird sich also fortsetzen. Umso wichtiger ist, dass dafür Kriterien bestehen, die nicht von der Krise diktiert werden, sondern in der Krise die Wahl der Maßnahmen leiten. Das bedeutet aber nichts anderes, als dass eine Zieldiskussion geführt werden muss.

Die EU ist über eine Wirtschaftsgemeinschaft längst hinaus gewachsen. Was sie am Ende sein soll, ist dagegen ungeklärt. Ist das Ziel ein europäischer Staat, die USE, oder eine Zweckgemeinschaft der Mitgliedstaaten für Angelegenheiten, die sich gemeinsam besser lösen lassen als getrennt? Wie soll das Verhältnis von Einheit und Vielfalt aussehen, wie dasjenige von Exklusion und Inklusion, wie das von Markt und Sozialstaatlichkeit? Je nach Antwort auf diese Fragen wird sich die Problemlösung unterscheiden. Die Politik scheut die Finalitätsdiskussion jedoch und reagiert auf Forderungen nach prinzipieller Klärung mit Vertröstungen: die Fragen würden erörtert, wenn sie zur Entscheidung anstünden.

Der Verweis auf die Zukunft hindert die Politik allerdings nicht daran, unter Ausblendung der Zielfrage heute Entscheidungen zu treffen, die morgen Folgezwänge entfalten und die Antwort auf die Zielfrage präjudizieren. Treten die Folgezwänge zutage, ist es für eine Diskussion der Zielfrage gewöhnlich zu spät. Die Währungsunion hat es erneut gelehrt. Am Ende wiederholt sich das Maastricht-Erlebnis, nur in größerem Stil. Wir erreichen inkremental einen Zustand, der niemals zur Debatte stand und zu dem sich die Unionsbürger keine Meinung bilden konnten. Sie empfinden ihn deswegen als oktroyiert und nicht autorisiert. Wenn sie ihn dann in Frage stellen, erhalten sie die Antwort: zu spät, alternativlos. Legitimität lässt sich auf diese Weise nicht aufbauen.

II.
Auf der Suche nach Akzeptanz
Über Legitimationsdefizite und Legitimations-
ressourcen der Europäischen Union

Dass die Europäische Union an mangelnder Akzeptanz bei den
Unionsbürgern leidet, wird nicht bestritten. Ebenso wenig wird
bestritten, dass die Akzeptanzschwäche das Integrationsprojekt
gefährdet. Weniger klar ist, worin der Grund der Schwäche liegt
und wie sie sich beheben ließe, wenn man annimmt, dass es für
die Integration gute Gründe gibt. In den Anfängen der europäischen Integration bestand daran kein Zweifel. Die Zustimmung
war hoch. Das legt die Frage nahe, warum das so war und wie es
zum Verlust gekommen ist.

Zur Beantwortung des ersten Teils der Frage muss man an
den Zweiten Weltkrieg erinnern. Nach den Leiden dieses Krie-
ges, die Besiegte und Sieger gleichermaßen trafen, war die Bereitschaft, der Kriegsgefahr wirksamer zu begegnen als nach
dem Ersten Weltkrieg, groß. Für diejenigen Generationen, die
noch eine lebhafte Erinnerung an den Krieg haben, besteht die
wichtigste Errungenschaft der europäischen Integration in der
Verhütung eines erneuten Kriegs zwischen den europäischen
Staaten.

Doch scheint diese Leistung im Lauf der Zeit verblasst zu
sein. Der Friede verknüpft sich nicht symbolträchtig mit der
Europäischen Union. Dafür ist der Abstand zwischen dem
Kriegsende und der Gründung der Europäischen Wirtschaftsgemeinschaft zu groß, und dafür sind die Anfänge mit einer Zollunion zu prosaisch. Die Erfahrung der heutigen Generationen ist
ein unkriegerisches Europa, und auch wenn man die EU weg-

denkt, droht kein Krieg zwischen ihren Mitgliedstaaten. Der Friede ist von einer Errungenschaft zu einer Gegebenheit geworden.

Für Deutschland gab es noch einen speziellen Grund, die Integration zu bejahen. Nach dem tiefen Fall durch die nationalsozialistische Herrschaft führte die Rückkehr in den Kreis der zivilisierten Völker nur über die europäische Integration, während diese für Frankreich ein Mittel bildete, ein wiedererstarkendes Deutschland unter Kontrolle zu bringen, wirtschaftlich durch die Vergemeinschaftung der kriegswichtigen Kohle- und Stahlindustrie in der Europäischen Gemeinschaft für Kohle und Stahl (EGKS), militärisch durch die Europäische Verteidigungsgemeinschaft (EVG), politisch durch die Europäische Politische Gemeinschaft (EPG). Davon kam nur die wirtschaftliche Vereinigung zustande, während die militärische und politische auf der Strecke blieb, weil es in Frankreich dafür keine Mehrheit mehr gab.

Auch diese Anfangsgründe sind aber mittlerweile verblasst. Die Gründungsmotive haben sich für Deutschland wie für seine Kriegsgegner erschöpft. Deutschland ist wieder ein geachtetes Mitglied der Staatengemeinschaft und zugleich eng in diese eingegliedert. Es wird nicht mehr als friedensbedrohend wahrgenommen. Die EU hat sich erweitert. Zweiundzwanzig europäische Staaten sind mittlerweile aus ganz anderen Gründen der EU beigetreten.

Wenn man die anfängliche Europa-Euphorie mit der heutigen Europa-Lethargie vergleicht, muss dies in Erinnerung behalten werden. Die anfängliche Begeisterung war zum erheblichen Teil situationsbedingt, aber die Situation ist nicht mehr dieselbe. Was von den großen Plänen übrig blieb, war der Gemeinsame Markt, kein geeignetes Objekt für Begeisterung, aber auch nicht für Ablehnung, weil die wirtschaftliche Integration sich unpolitisch gab und zum Wohlstand beitrug. Der Gemeinsame Markt legitimierte sich durch seinen Nutzen.

Dies ist die eine Seite des Entfremdungsprozesses zwischen der Europäischen Gemeinschaft und den Bürgern. Sie gewann

aber erst durch eine andere, von der Europäischen Gemeinschaft selbst aufgeschlagene Seite Bedeutung. Unter dem Deckmantel der wirtschaftlichen Integration vollzogen sich Veränderungen, die die Herstellung und Sicherung des Gemeinsamen
Marktes überschritten, aber öffentlich nicht wahrgenommen,
geschweige denn zum Gegenstand einer politischen Debatte gemacht wurden.

Es war der Maastricht-Vertrag von 1992, der den Deckmantel
von der Entwicklung wegzog und die Bürger der Mitgliedstaaten
mit einem Integrationsgrad konfrontierte, zu dem sie nicht um
ihre Meinung gefragt worden waren. Dasjenige Europa, welches
der Maastricht-Vertrag sichern und fortentwickeln sollte, war
nicht das Europa, auf welches sich die Akzeptanz der Bürger bezogen hatte. Europäische Integration und europäisches Bewusstsein waren außer Tritt geraten.

Was die Integration betrifft, bildete der Maastricht-Vertrag
einen erheblichen Schritt vorwärts, was die Akzeptanz betrifft,
einen Schritt zurück. Er markiert den Wendepunkt in der Einstellung der Öffentlichkeit zum europäischen Projekt. Mit ihm
begann die Akzeptanzschwäche der EU. Auf längere Sicht hat er
zur Ausbreitung antieuropäischer Parteien geführt, die mittlerweile ins Europäische Parlament vorgedrungen sind und derer
sich die proeuropäischen Fraktionen nun durch Bildung einer
großen Koalition erwehren müssen.

Reaktionen darauf gibt es seit langem. Die EU verwendet viel
Geld für die Erzeugung einer europäischen Identität von oben,
jedoch ohne spürbaren Erfolg. Die Schaffung einer europäischen
Verfassung war ein anderer Anlauf, die EU den Unionsbürgern
näherzubringen. Nur daraus erklärt sich der Versuch. Alle Reformen, die wegen der gewachsenen Zahl der Mitgliedstaaten und
der veränderten Rolle Europas in der Welt nach 1989 nötig erschienen, wären durch Vertragsänderungen erreichbar gewesen.

Dass es diesmal nicht ein verbesserter Vertrag, sondern eine
Verfassung sein sollte, hat in der Legitimationsschwäche der EU
seinen Grund. Von einer Verfassung wurde eine stärkere Bindung
der Unionsbürger an die EU erhofft. Auch das ist fehlgeschlagen.

Die Verfassung sah nach mehr Europa aus, während schon das bestehende vielen zu weit ging. Dort, wo die Annahme des Verfassungsvertrages von Referenden abhing, fiel er durch.

Der Verfassungsgedanke wird in naher Zukunft nicht wieder belebt werden. Heute werden institutionelle Reformen bevorzugt, die auf Stärkung der Repräsentation der Unionsbürger setzen. Zu diesem Zweck soll das Europäische Parlament mit denjenigen Befugnissen ausgestattet werden, die nationale Parlamente üblicherweise haben. Damit verbindet sich die Hoffnung, dass eine Vollparlamentarisierung der EU die Legitimationsschwäche behebt, weil dann statt der Regierungen der Nationalstaaten die gewählten Volksvertreter ins Zentrum der EU rücken.

Die Hoffnung würde sich freilich nur erfüllen, wenn der Kompetenzmangel des Europäischen Parlaments die Ursache des Legitimationsdefizits wäre. Das versteht sich indes keineswegs von selbst. Der Anschein spricht vielmehr dagegen. Je mehr Kompetenzen das Europäische Parlament erlangte, desto geringer wurde die Wahlbeteiligung. Besonders gering ist sie in den neuen Mitgliedstaaten, deren sehnlichster Wunsch die Zugehörigkeit zur EU noch vor kurzem war.

Auch das hat mehrere Gründe. Ein besonders wichtiger liegt in der schwachen Repräsentativität des Europäischen Parlaments. Das hängt wiederum mit dem Wahlsystem zusammen. Die europäischen Wahlen sind nicht europäisiert. Gewählt wird nach nationalem Wahlrecht und für nationale Kontingente, die jedoch nicht der Bevölkerungsstärke der Mitgliedstaaten entsprechen. Es kandidieren nationale Parteien, die mit nationalen Themen Wahlkampf machen. Das Wahlergebnis wird vorwiegend unter nationalen Gesichtspunkten gewürdigt.

Infolgedessen bleibt die Legitimationszufuhr durch Wahlen relativ gering, weil der Zusammenhang zwischen Wahlentscheidung und europäischer Politik gering ist. Zum einen ist das zentrale Organ der EU, der Rat, von den europäischen Wahlen unabhängig. Zum anderen wird der Legitimationsstrom durch das Wahlsystem gewissermaßen abgeknickt. Die Unionsbürger können nur die nationalen Parteien wählen, die als solche im

Europäischen Parlament aber gar nicht in Erscheinung treten, sondern in den europäischen Fraktionen aufgehen, die ihrerseits nicht in der Gesellschaft verwurzelt sind.

Deswegen können die Parteien auch nicht glaubhaft versprechen, dass diejenigen Ziele, für welche sie im Wahlkampf eintreten, später im Europäischen Parlament zur Geltung kommen. Die Parteien, die man wählen kann, bestimmen nicht den Parlamentsbetrieb. Die Parteien, die den Parlamentsbetrieb bestimmen, kann man nicht wählen. Zu einer Europäisierung der nationalen Programme kommt es erst nach der Wahl. Eine bessere Kompetenzausstattung des Europäischen Parlaments würde daran nichts ändern.

Aber gesetzt den Fall, die Europawahl würde europäisiert und die EU in ein parlamentarisches Regierungssystem umgewandelt: Wäre damit das Legitimationsproblem behoben? Auch daran bestehen Zweifel. Trotz ihrer Kompetenzfülle und Funktion als Schaltstelle zwischen Gesellschaft und politischem System stehen die Parlamente allenthalben unter Druck. Die zunehmende Verwissenschaftlichung und Internationalisierung der Politik spielt den Regierungen in die Hände, während die Parlamente an Gunst im Publikum verlieren. Es ist unwahrscheinlich, dass gerade das Europäische Parlament davon verschont bliebe.

Es gibt aber auch einen europaspezifischen Grund. Er liegt in der wachsenden Verselbständigung der exekutiven und judikativen Unionsorgane von den demokratischen Prozessen, sowohl in der EU wie in den Mitgliedstaaten. Die Ursache dafür wird vielfach nicht durchschaut. Deswegen soll an diesem Punkt etwas ausführlicher argumentiert werden, und zwar mittels eines Vergleichs der ursprünglichen Struktur der Europäischen Gemeinschaft mit der jetzigen nach den inzwischen eingetretenen Veränderungen.

Ursprünglich erhielt die Europäische Gemeinschaft ihre demokratische Legitimation ausschließlich von den ihrerseits demokratischen Mitgliedstaaten. Sie vereinbarten die Rechtsgrundlage der Gemeinschaft in den europäischen Verträgen. Sie waren auch die europäischen Gesetzgeber, und zwar im Rat, in dem die Vertreter der Regierungen der Mitgliedstaaten saßen und der nur einstimmig entscheiden konnte.

Kein Mitgliedstaat war so einem Recht unterworfen, dem er nicht zuvor zugestimmt hatte, entweder beim Vertragsschluss oder bei der Schaffung europäischen Sekundärrechts, also von Verordnungen und Richtlinien durch den Rat, wofür man die nationale Regierung in der Wahl wiederum zur Verantwortung ziehen konnte. Kommission und Europäischer Gerichtshof (EuGH) waren nur zur Durchsetzung des von den Mitgliedstaaten beschlossenen Rechts befugt und so an deren politischen Willen gebunden. Ein «Versammlung» genanntes Parlament gab es, aber es war nicht gewählt und hatte nur konsultative Funktionen.

Darin sind im Lauf der Zeit Änderungen eingetreten, von denen zwei besonders gewichtig erscheinen, eine offenkundige, eine weniger bemerkte. Die offenkundige besteht in dem Inkrafttreten der von den Mitgliedstaaten beschlossenen Einheitlichen Europäischen Akte im Jahr 1987, deren wichtigste Neuerung die teilweise Aufhebung des Einstimmigkeitserfordernisses für Ratsentscheidungen war.

Das wurde damals weithin begrüßt, weil es der als Obstruktion empfundenen Haltung eines Mitgliedstaats ein Ende bereitete. Es hatte aber Konsequenzen für die Legitimation. Es war nun möglich, dass Staaten einem Recht unterworfen waren, dem sie nicht zugestimmt, das sie vielleicht sogar im nationalen demokratischen Prozess ausdrücklich abgelehnt hatten. Dadurch entstand eine Legitimationslücke. Der Legitimationsstrom von den Staatsbürgern über die nationalen Parlamente und Regierungen zu den EU-Organen war zumindest für den überstimmten Staat unterbrochen.

Diese Lücke ließ sich nicht auf der nationalen Ebene schließen, sondern nur auf der europäischen. Dafür kam allein das Europäische Parlament infrage, das seit 1976 direkt gewählt wurde. Zu der nicht mehr ausreichenden Fremdlegitimation durch die Mitgliedstaaten trat deswegen eine begrenzte Eigenlegitimation durch das Europäische Parlament. Seine Befugnisse sind seitdem mit jeder Vertragsänderung ausgeweitet worden, ohne dass es aber bisher mit dem Rat gleichgezogen hätte.

Die weniger bemerkte Veränderung war schon viel früher eingetreten, aber auf leisen Sohlen, nicht durch Vertragsänderung, sondern durch Vertragsinterpretation. Gemeint sind die beiden umwälzenden Urteile des EuGH von 1963 und 1964. Im ersten Urteil wurde das Gemeinschaftsrecht für in den Mitgliedstaaten unmittelbar anwendbar erklärt. Seine Bedeutung lag nicht darin, dass keine Transformation in nationales Recht mehr erforderlich war wie sonst bei internationalem Recht, das ergab sich bereits aus dem Text der Verträge. Vielmehr verpflichtete das Gemeinschaftsrecht in der Sicht dieser Urteile nicht wie gewohnt allein die Mitgliedstaaten, sondern berechtigte zugleich deren Bürger.

Gemeinschaftsrechtliche Verpflichtungen konnten nun von den Bürgern vor nationalen Gerichten gegen ihren eigenen Staat eingeklagt werden. Das kam vor allem den vier wirtschaftlichen Grundfreiheiten (freier Verkehr von Waren, Dienstleistungen, Kapital, Arbeitskräften) und ihren Konkretisierungen in den Verträgen zugute. Die Urteile verwandelten sie von objektivrechtlichen Pflichten der Staaten, ihre Rechtsordnung den gemeinschaftsrechtlichen Vorgaben anzupassen, in subjektive Rechte der Wirtschaftsakteure.

Offen blieb nach dem ersten Urteil, was bei einer Kollision zwischen Gemeinschaftsrecht und nationalem Recht zu geschehen hätte. Diese Frage beantwortete das zweite Urteil, indem es für das Gemeinschaftsrecht Vorrang vor dem nationalen Recht beanspruchte, selbst vor dem höchsten nationalen Recht, der Verfassung. Ob eine Kollision vorlag oder nicht, entschied der EuGH, an den die nationalen Gerichte Vereinbarkeitsfragen überweisen mussten und an dessen Spruch sie dann gebunden waren. Fortan konnte der EuGH die Integration in die eigene Hand nehmen.

Man muss sich klarmachen, dass das keine alternativlosen Schlussfolgerungen aus den Verträgen waren. Wie jedes Recht ist auch das Europarecht interpretationsbedürftig, ehe es auf konkrete Fälle angewendet werden kann. Interpretation bedeu-

35

tet aber zugleich, dass es Spielräume gibt, nicht in dem Sinne, dass die Ergebnisse beliebig wären, aber doch in dem Sinn, dass der Normtext das Ergebnis nicht vollständig determiniert. Man kann Normen eng oder weit auslegen.

Der EuGH hatte sich das Tor zu seinem Verständnis der Verträge selbst geöffnet, und zwar durch eine methodologische Vorentscheidung, nämlich die Verträge nicht so auszulegen wie damals bei internationalem Recht üblich, also orientiert am Willen der vertragschließenden Parteien und eng, sofern damit Souveränitätseinbußen verbunden waren, sondern wie nationale Verfassungen, also vom historischen Willen der Autoren weitgehend gelöst und an einem objektivierten Zweck orientiert.

Es geht hier nicht um die Frage, ob diese Urteile richtig oder falsch waren. So wie der EuGH vor fünfzig Jahren entschieden hat, verhält es sich heute, und gestritten wird nur noch darum, ob es äußerste Grenzen für den Vorrang gibt, vor allem in Gestalt des Identitätskerns der nationalen Verfassungen, wie viele nationale Verfassungsgerichte annehmen, und ob die Feststellung von Kompetenzüberschreitungen der EU allein dem EuGH zusteht oder auch den nationalen Verfassungsgerichten.

Hier soll es vielmehr darum gehen, die Folgen dieser Rechtsprechung für die Legitimation der EU ins Bewusstsein zu heben. Dafür ist es wichtig zu sehen, wie die Verträge durch diese, zu Recht als revolutionär bezeichnete, Rechtsprechung ihren Charakter verändert haben. Auf eine kurze Formel gebracht, sind sie konstitutionalisiert worden. Es waren amerikanische Beobachter des Europarechts, die dies als Folge der Urteile zuerst konstatiert haben.

Wenn im nationalen Recht von Konstitutionalisierung die Rede ist, geht es meistens um die Überformung und Durchdringung von Gesetzesrecht durch Verfassungsrecht. In Europa bedeutet Konstitutionalisierung, dass die Verträge in den Rang einer Verfassung erhoben werden und daraus Rückschlüsse für die Geltung unterverfassungsrechtlichen Rechts gezogen werden, des europäischen Sekundärrechts, aber auch des nationalen Rechts einschließlich des nationalen Verfassungsrechts. Nationales Recht, das Europarecht widerspricht, darf nicht mehr angewandt werden.

Die beiden Urteile wurden zum Ausgangspunkt für einen enormen Integrationsschub, und zwar gerade in Zeiten, in denen die Integration politisch stagnierte. Es gab von nun an zwei Integrationswege, einen politischen durch Vertragsänderungen, den nur die Mitgliedstaaten begehen konnten, und einen rechtlichen durch Vertragsinterpretation, der vom EuGH beschritten werden konnte. Im ersten Fall geben die Mitgliedstaaten Kompetenzen an die Europäische Union ab, im zweiten werden sie ihnen von der Europäischen Union entzogen.

Der zweite Weg wurde vom EuGH mit missionarischem Eifer beschritten. *Rainer Wahl* hat den EuGH deswegen als Gericht mit einer Agenda bezeichnet. Allerdings handelte es sich um einen Weg, der weithin unter der Aufmerksamkeitsschwelle der Politik und des Publikums verlief. Die Beantwortung von Rechtsfragen, die nationale Gerichte an den EuGH richten, findet weder bei den Medien noch beim Publikum großes Interesse. Ihre Folgen werden oft erst bemerkt, wenn sich die Einzelfälle zur ständigen Rechtsprechung verdichten.

Die Geschichte der Rechtsprechung des EuGH, wie sie durch die beiden Urteile von 1963 und 1964 eingeleitet wurde, wird im Rückblick gewöhnlich als Erfolgsgeschichte erzählt. Und sie ist in der Tat eine Erfolgsgeschichte, wenn man nur die wirtschaftliche Integration in den Blick nimmt. Das ist jedoch eine verengte Perspektive. Die wirtschaftliche Erfolgsgeschichte hat eine legitimatorische Kehrseite, die noch immer nicht voll erkannt ist.

In ihren Wirkungen reicht die Rechtsprechung über das Nahziel der Herstellung des Binnenmarkts weit hinaus. Der EuGH nutzte die selbst geschaffene Macht vielmehr dazu, den nationalen Regelungsraum immer weiter zu verengen und im Wege extensiver Interpretation der Verträge auch in Kompetenzbereiche vorzudringen, welche sich die Mitgliedstaaten vorbehalten hatten. Das ist von *Anna Katharina Mangold* ausführlich beschrieben worden (Gemeinschaftsrecht und deutsches Recht, 2011).

So hat der EuGH nicht nur den nationalen Protektionismus

unterbunden, wie es die Verträge von den Mitgliedstaaten ausdrücklich verlangten, sondern in extensiver Interpretation die Protektionsverbote zu Regulierungsverboten ausgeweitet. Die Mitgliedstaaten sind seitdem nicht mehr in der Lage, ihre eigenen Schutzstandards, etwa für den Konsumentenschutz, den Arbeitsschutz, den Gesundheitsschutz etc., aufrechtzuerhalten, und zwar unabhängig davon, ob mit dem nationalen Recht protektionistische Ziele verfolgt werden.

Ebenso wenig können die Mitgliedstaaten noch frei darüber entscheiden, welche Leistungen sie dem Markt überlassen und welche sie in staatliche Regie nehmen wollen, weil das Verbot staatlicher Beihilfen nicht nur auf erwerbswirtschaftliche Unternehmen, sondern auch auf öffentliche Dienstleistungsinstitutionen angewendet wird. Das hat zur Privatisierung zahlreicher öffentlicher Einrichtungen der Daseinsvorsorge geführt, oft ohne Rücksicht darauf, ob der Markt gleichwertige Leistungen erbringen kann.

Das wäre nun nicht des Aufhebens wert, wenn an Stelle der nationalen Regelungen und Institutionen adäquate europäische Regelungen und Institutionen träten. Hier kommt aber der von *Fritz Scharpf* aufgedeckten Asymmetrie zwischen positiver und negativer Integration Bedeutung zu. Negative Integration bedeutet den Geltungsverlust nationalen Rechts, positive Integration die Füllung des dadurch entstandenen Regelungsvakuums durch europäisches Recht.

Infolge der Konstitutionalisierung der Verträge geht die negative Integration mit einem Federstrich der exekutiven und judikativen Organe der EU vonstatten, während die positive Integration einen politischen Akt erfordert, nämlich europäische Gesetzgebung, die bis 1987 Einstimmigkeit verlangte und auch heute noch auf hohe Hürden trifft. Die durch negative Integration gerissenen Lücken sind manchmal geschlossen worden wie beispielsweise im Umweltrecht, manchmal aber auch nicht.

Die auf der Konstitutionalisierung der Verträge beruhende Asymmetrie ist zugleich verantwortlich für den liberalisierenden Grundzug der europäischen Rechtsprechung, nicht in dem Sinn, als betriebe der EuGH eine aktive Liberalisierungspolitik, sondern in dem Sinn, dass es als Folge seiner Rechtsprechung zu einer Liberalisierung kommt. Mittelbar wirkt sich das auch nachteilig auf die verfassungsrechtlichen Verpflichtungen der Mitgliedstaaten zur Sozialstaatlichkeit aus. Sie kommen in dem liberalisierten Umfeld unter Druck, weil ein hohes Sozialstaatsniveau zum Wettbewerbsnachteil für die eigene Wirtschaft zu werden droht. Wirtschaftspolitik und Sozialpolitik sind in der EU entkoppelt.

Das jüngste Beispiel für die expansive Interpretation der Verträge ist die Zurückdrängung der nationalen Grundrechte zugunsten der europäischen Grundrechtecharta. Zum Schutz der nationalen Grundrechte ist in der europäischen Grundrechtecharta bestimmt worden, dass die europäischen Grundrechte für die Institutionen der EU gelten, für die Mitgliedstaaten dagegen «ausschließlich», soweit sie europäisches Recht anwenden. Als Anwendung europäischen Rechts versteht der EuGH aber auch die Anwendung nationalen Rechts, sofern es nur irgendeinen Bezug zum Europarecht hat.

Auch das wäre nicht weiter des Aufhebens wert, wenn europäische und nationale Grundrechte sich im Wesentlichen deckten. Auf der Textebene ist das so. Die Charta enthält zwar mehr Grundrechte als die meisten nationalen Verfassungen, vermeidet aber Widersprüche. Auf der Auslegungsebene treten jedoch erhebliche Unterschiede auf. Der EuGH gibt tendenziell den wirtschaftlichen Grundrechten Vorrang vor den personalen, kommunikativen und sozialen Grundrechten. In den Mitgliedstaaten ist das umgekehrt.

Die Frage ist, warum die Mitgliedstaaten sich nicht dagegen gewehrt haben. Sie bestimmen schließlich im Europäischen Rat die Richtlinien, das Ausmaß und das Tempo der Integration und sind im Ministerrat der Hauptgesetzgeber der EU. Sie sollten also in der Lage sein, Rechtsprechung, in der sie ihre Intentionen beim Vertragsschluss nicht wiedererkennen oder von der sie schädliche Folgen befürchten, für die Zukunft durch Gesetzgebung zu korrigieren.

Es ist die Konstitutionalisierung der Verträge, die dies verhindert. Verfassungen entziehen bestimmte Fragen der politischen Entscheidung. Was in der Verfassung steht, ist nicht mehr Thema, sondern Prämisse politischer Entscheidungen. Was in der Verfassung geregelt ist, ist auch vom Wahlausgang und den jeweiligen Mehrheitsverhältnissen unabhängig. Es kann, wo es Verfassungsgerichte gibt, gegen den Willen der aktuellen Mehrheit durchgesetzt werden.

Das ist durchaus der Sinn der Verfassung. Sie soll politische Macht kanalisieren und begrenzen. Sie soll aber nicht Politik überflüssig machen. Das setzt jedoch voraus, dass die Verfassung auf wenige Regelungen von grundsätzlicher Bedeutung beschränkt bleibt. Je mehr sie mit Gegenständen der Gesetzgebung angefüllt wird, desto weniger Demokratie ist möglich. Deswegen ist die Differenz zwischen Verfassung und Gesetz fundamental für den Konstitutionalismus.

Mit anderen Worten regeln Verfassungen die Herstellung politischer Entscheidungen, treffen diese Entscheidungen aber nicht selbst. Sie überlassen sie vielmehr den politischen Organen, die sie aufgrund der Präferenzen treffen, die in der Wahl eine Mehrheit gefunden haben. Nur durch die Ebenendifferenzierung zwischen Verfassungsrecht und Gesetzesrecht behält die Wahl als demokratischer Urakt ihren Sinn.

Es spräche nun wenig gegen die Konstitutionalisierung der europäischen Verträge, wenn diese nur Bestimmungen enthielten, wie sie Verfassungen üblicherweise enthalten, also Festlegungen der Ziele der Vergemeinschaftung, der Organe der politischen Einheit und ihrer Kompetenzen und Verfahren sowie Grundrechte, die der öffentlichen Gewalt inhaltliche Grenzen ziehen.

So verhält es sich aber mit den europäischen Verträgen nicht. Sie sind voll von Regelungen, die im Staat auf der Ebene des einfachen Rechts geregelt wären. Viele sehen darin nur den Grund für den Umfang der Verträge. Das ist jedoch eine Äußerlichkeit. Das eigentliche Problem kommt erst in den Blick, wenn man die Folgen der Konstitutionalisierung für das Verhältnis von Recht und Politik in die Betrachtung einbezieht.

Aufgrund der Konstitutionalisierung der Verträge wird ihre Anwendung durch den EuGH quasi Verfassungsvollzug. Die politischen Instanzen der EU, der Rat, in dem die ihrerseits demokratisch legitimierten Regierungen der Mitgliedstaaten vertreten sind, und das Europäische Parlament, werden im Vertragsbereich nicht nur von jeder Mitwirkung ausgeschlossen. Sie können die Vertragsauslegung und -anwendung des Gerichtshofs auch nicht durch Gesetzesänderung beeinflussen.

In Europa ergehen folglich Entscheidungen von hohem politischen Gewicht, tiefe Eingriffe in lang gewachsene mitgliedstaatliche Strukturen auf administrativen und judikativen Pfaden, also in einem unpolitischen Modus und daher außerhalb der demokratischen Prozesse. Soweit die Verträge in der Auslegung durch den EuGH reichen, ist den Bürgern die Möglichkeit entzogen, durch Wahlen etwas zu ändern, und zwar weder durch die nationalen noch die europäischen Wahlen.

Die einzige Möglichkeit zur Korrektur besteht in Vertragsänderungen. Es ist aber bekannt, wie hoch die Hürden dafür sind. Alle 28 Mitgliedstaaten müssen zustimmen und sie in ihren Parlamenten oder durch Volksabstimmung ratifizieren. Für Zwecke der Umprogrammierung der Rechtsprechung ist das so gut wie unerreichbar. Im Vertragsbereich sind Kommission und EuGH aufgrund der Konstitutionalisierung gegen die Politik immunisiert. Die EU ist überkonstitutionalisiert, ihr Gerichtshof freier als jedes nationale Gericht.

Es ist leicht erkennbar, dass eine Parlamentarisierung der EU, wie sie vielfach als Heilmittel für die europäische Legitimationsschwäche betrachtet wird, an diesem Problem völlig vorbeiginge, denn selbstverständlich steht auch das Europäische Parlament unter der Verfassung und nicht darüber. Die Ausweitung seiner Befugnisse würde an den Folgen der Überkonstitutionalisierung nicht das Mindeste ändern.

In anderer Hinsicht wäre die Aufwertung des Parlaments freilich folgenreich. Man kann ja Parlamentsbefugnisse nicht ausweiten, ohne die Befugnisse der anderen Organe einzuengen. In der Tat ist die Forderung nach einer Parlamentarisierung der EU auch nur Teil eines umfassenderen Reformprojekts. Das Parlament soll ins Zentrum der europäischen Politik rücken. Die Kommission soll zu einer parlamentarischen Regierung aufgewertet, der Rat zu einer Zweiten Kammer des Europäischen Parlaments abgewertet werden.

Was würde das für die Legitimation der EU bedeuten? Der Legitimationsstrom, der von den Mitgliedstaaten ausgeht und über den Rat vermittelt wird, würde gedrosselt. Die Europäische Union würde auf Eigenlegitimation umgestellt. Deswegen stellt sich die Frage, ob sie für eine Eigenlegitimation genügend Ressourcen hätte. Das ist schon wegen des bereits beschriebenen Zustands der europäischen Wahlen und des Fehlens europäischer Parteien fraglich.

Noch fraglicher ist es wegen der schwach entwickelten Voraussetzungen für eine europäische Öffentlichkeit. Den demokratischen Gehalt eines politischen Systems prägen ja nicht so sehr seine Institutionen. Er entscheidet sich vielmehr in der den Institutionen vorgelagerten gesellschaftlichen Sphäre. Wichtig ist eine ständige Rückkoppelung zwischen Wählern und Gewählten auch in der Zeit zwischen den Wahlen. Das setzt intermediäre Einrichtungen voraus, allem voran Medien der Massenkommunikation.

Die Voraussetzungen dafür sind in den Mitgliedstaaten, wenn schon nicht durchweg gut, so doch erheblich besser als in der EU. Eine europäische Öffentlichkeit gibt es nur in Ansätzen. Europäisierte Massenmedien, die einen europaweiten politischen Diskurs generieren könnten, fehlen ganz. Eine schnelle Änderung dieser Verhältnisse steht nicht in Aussicht. Es ist daher unwahrscheinlich, dass das Europäische Parlament die Legitimationslast allein oder auch nur vorwiegend tragen könnte.

Das darf allerdings nicht als Aufruf zur Verringerung der Parlamentsbefugnisse verstanden werden. Das Europäische Parlament wird im Gegenteil als Gegengewicht gegen die Dominanz nationaler Interessen im Rat und die Dominanz technokratischer Tendenzen in der Kommission benötigt. Es geht nur darum, dass die EU auf die Legitimationszufuhr aus den Mitgliedstaaten nicht verzichten kann. Sie müsste daher ein Eigeninteresse an einer lebendigen mitgliedstaatlichen Demokratie haben, statt diese durch schleichende Kompetenzverlagerung auszuzehren.

Was ist also zu tun? Die Antwort darauf kann nicht unabhängig davon gegeben werden, welche Vorstellungen man vom Ziel der Integration hat: Vorwärts zu einem europäischen Staat, zurück zum Gemeinsamen Markt oder Beibehaltung einer föderalen, jedoch nicht-staatlichen politischen Einheit wie bisher? Das würde eine prinzipielle Diskussion, abseits von momentanen Problemen, voraussetzen, die dringend notwendig wäre, und zwar unabhängig von Krisen, damit man bei Krisen schon über Prinzipien für ihre Lösung verfügt. Diese Diskussion wird in der Politik jedoch vermieden.

Reformschritte und Krisenmanagement werden auf diese Weise ohne klare Vorstellungen vom Ziel der europäischen Integration unternommen, präjudizieren aber gleichwohl die Zielfrage. Die Finanzkrise hat das bestätigt. Die Warnungen, dass eine Währungsunion ohne eine vergemeinschaftete Wirtschaftspolitik oder den Übergang zu einer Solidargemeinschaft nicht funktionieren werde, lagen beim Abschluss des Maastricht-Vertrags auf dem Tisch. Sie wurden unterdrückt, weil klar war, dass es unter diesen Umständen nicht zu einer Währungsunion gekommen wäre. Was damals eine Option war, ereilt uns heute als Sachzwang.

Meines Erachtens ist unter den drei genannten Möglichkeiten nur der Mittelweg sinnvoll. Ein europäischer Staat würde den Reichtum des europäischen Pluralismus gefährden. Vor allem aber wäre er legitimatorisch überfordert. Es ist zu befürchten, dass er den Unionsbürgern noch ferner stünde als das gegenwärtige Gebilde. Eine reine Wirtschaftsgemeinschaft würde den Umstand ignorieren, dass Wirtschaftsentscheidungen politische Implikationen haben und dass viele Aufgaben, die lange Zeit von Staaten wahrgenommen wurden, nicht mehr befriedigend auf der staatlichen Ebene zu lösen sind.

Vielmehr wächst infolge der Globalisierung die Kluft zwischen dem Aktionsradius der global tätigen privaten Akteure und dem der Politik. Diese Kluft kann nur durch Internationalisierung der öffentlichen Gewalt wieder verengt werden. Die Europäische Union ist ein regional begrenzter, aber effektiver und zukunftsträchtiger Schritt dazu. Das ist ein starker Grund für das Festhalten an der Integration, der auch jenseits der Gründungsmotive Überzeugungskraft hat. Die Aufgabe kann also nur darin bestehen, die EU, so wie sie ist, zu verbessern. Dazu werden hier drei Vorschläge unterbreitet, die sich aus dem Gesagten ergeben.

(1) Da die unerlässliche europäische Eigenlegitimation über das Europäische Parlament läuft, muss dieses näher ans Publikum rücken. Das Mittel dazu ist eine Europäisierung der Europawahlen und der politischen Parteien. Europäisierte Parteien können, was nationalen Parteien nicht möglich ist, mit einer europäischen Gesellschaft in Kontakt treten und die nationalen Interessen schon vor der Wahl in sich ausgleichen und zu europäischen Wahlprogrammen verdichten, so dass den Wählern Gelegenheit gegeben wird, über europäische Politik und nicht nur über nationale abzustimmen.

(2) Da die gegenwärtigen Strukturen keinen ausreichenden Schutz gegen die schleichende Auszehrung der mitgliedstaatlichen Kompetenzen bieten und das Subsidiaritätsprinzip sich als wirkungslos erwiesen hat und auch durch Klagerechte der nationalen Parlamente nicht justiziabel wird, muss es klarere Grenzen der Vergemeinschaftung geben. Gegenwärtig bietet das Vertragsziel der Herstellung und Aufrechterhaltung des Gemeinsamen Markts einen Hebel zur Unterhöhlung der mitgliedstaatlichen Kompetenzen, weil in jeder erdenklichen mitgliedstaatlichen Norm ein Markthindernis erblickt werden kann.

Das geeignete Mittel zur Eingrenzung des europäischen Expansionsdrangs ist daher die Ersetzung des finalen Kriteriums durch eine Kompetenzverteilung nach Sachmaterien, die es bisher nur für die ausschließlichen Gesetzgebungskompetenzen der EU gibt. Eine Kompetenzaufteilung nach Sachmaterien, wie in jedem Bundesstaat üblich, würde demgegenüber bestimmte Politikbereiche in der Verantwortung der Mitgliedstaaten belassen, selbst wenn ihre Ausübung Rückwirkungen für den Gemeinsamen Markt hätte.

(3) Da die Legitimationsschwäche der EU zum großen Teil durch die Entpolitisierung politischer Entscheidungen und die Verselbständigung der administrativen und judikativen Instanzen der EU von den demokratischen Prozessen in den Mitgliedstaaten und der EU selbst verursacht ist, muss es um eine Repolitisierung derjenigen Entscheidungen gehen, die beträchtliche politische Implikationen haben. Das Mittel dazu ist die Rückführung der konstitutionalisierten Verträge auf das verfassungsfunktional notwendige Maß.

Es geht also wohlgemerkt nicht darum, die Konstitutionalisierung aufzugeben, sondern die Schlussfolgerungen aus der erfolgten Konstitutionalisierung zu ziehen. Wenn schon konstitutionalisiert, sollen die Verträge auch nach Art einer Konstitution ausgestaltet werden. Sie müssen sich auf Bestimmungen der Ziele, Organe, Kompetenzen, Verfahren und Grundrechte beschränken, während alle Bestimmungen über die Politiken auf die Ebene des sekundären Europarechts herabzustufen sind.

Das nimmt dem EuGH nicht die Befugnis, europäisches Recht durchzusetzen. Er würde nur seine durch die Konstitutionalisierung selbst herbeigeführte Unangreifbarkeit verlieren. Die politischen Institutionen der EU, Rat und Parlament, bekämen die Möglichkeit, die rechtsprechende Gewalt durch Gesetzesänderungen für die Zukunft umzuprogrammieren, wenn sie glauben, dass die Auslegung durch den EuGH sich von den Intentionen der Gründer entfernt oder schädliche Auswirkungen hat.

Es ist nicht zu befürchten, dass damit die Integration angehalten oder gar rückgängig gemacht würde. Es wird im Gegenteil weitere Aufgabenverlagerungen auf die EU geben. Das ist zum einen der Fall, weil die notwendige Rücksicht auf die Auswirkungen der nationalen Politik auf andere Mitgliedstaaten auf der nationalen Ebene nicht erfolgversprechend installiert werden kann. Die Externalitäten nationaler Politik für die übrigen Mitgliedstaaten können nur auf der übergeordneten europäischen Ebene bearbeitet werden.

Zum anderen wird es nötig sein, weil Probleme, die sich auf der nationalen Ebene nicht mehr effektiv lösen lassen, nicht abnehmen, sondern zunehmen werden. Das bedeutet allerdings einen steigenden Legitimationsbedarf. Die Versuche der EU, ihn dadurch zu decken, dass sie die Bindung der Bürger an ihre Staaten auf sich selber umleitet, haben wenig Aussicht auf Erfolg. Der vermehrte Legitimationsbedarf lässt sich vielmehr nur durch gleichzeitige Selbstbeschränkung decken.

Wie ist es um die Erfolgsaussichten dieser Vorschläge bestellt? Rechtlich begegnen sie keinen großen Schwierigkeiten. Am leichtesten ist die Europäisierung der Wahlen, weil sie ohne Vertragsänderung erfolgen kann. Nötig wäre der Erlass eines Europawahlgesetzes, wie es der Vertrag von Lissabon schon vorsieht. Dagegen würde die Verwirklichung der Vorschläge (2) und (3) Vertragsänderungen erfordern. Die Vertragsänderung zu (3) wäre jedoch höchst einfach, weil sie, anders als Vorschlag (2), ohne inhaltliche Änderungen auskäme. Sie bestünde in einer einzigen Vorschrift des Inhalts, dass der Vertrag über die Arbeitsweise der Europäischen Union (AEUV) in sekundäres Unionsrecht umgewandelt wird.

Politisch sind die Schwierigkeiten wegen ihres Konfliktpotentials und der hohen Konsenserfordernisse größer. Am wenigsten gilt das noch für den Übergang zu einem europäischen Wahlrecht, denn die Mitgliedstaaten haben das im Grundsatz bereits vertraglich vereinbart. Doch ist die Einigung auf das Wahlsystem alles andere als konfliktfrei. Vorschlag (2) hätte dagegen wohl mit politischen Widerständen zu kämpfen, weil er den Integrationsprozess punktuell begrenzen würde. Allerdings ist auch das Bedürfnis nach einer Begrenzung der Kompetenzverlagerung grundsätzlich bereits von allen Mitgliedstaaten durch das Bekenntnis zur Subsidiarität anerkannt worden.

Obwohl Vorschlag (3) keine Inhaltsveränderung der Verträge nötig macht, dürfte er es politisch am schwersten haben. Im Verfassungskonvent wurde er nicht einmal in Erwägung gezogen.

Ein Bewusstsein für die legitimatorischen Kosten der Konstitutionalisierung der Verträge ist weder im Publikum noch in der Politik vorhanden. Die geringen Erfolgsaussichten sind aber kein Grund zu verschweigen, dass es Wege aus der Legitimationskrise gäbe, wenn man nur den Willen hätte, sie zu beschreiten.

III.
Souveränität in der Europäischen Union

1. Die Relevanz der Souveränitätsfrage

Die Frage, wer in politischen Einheiten, die aus Staaten bestehen, souverän ist, die Glieder oder das Ganze, stellt sich nicht erst, seit es die Europäische Union gibt. Sie wird diskutiert, seit Souveränität im Zuge der Staatenbildung im 16. Jahrhundert zu einem Schlüsselbegriff der politischen und staatsrechtlichen Theorie aufstieg. Sie beschäftigte die Juristen des Heiligen Römischen Reiches, die kaiserlichen wie die landesfürstlichen. Sie war in den USA höchst umstritten, wo es eines Bürgerkriegs bedurfte, um sie endgültig zu entscheiden. Sie spielte im Deutschen Bund von 1815 ebenso eine Rolle wie in der Schweizer Eidgenossenschaft von 1848. Mit besonderer Intensität wurde im Deutschen Kaiserreich um sie gestritten.[1]

Indessen unterscheidet sich die gegenwärtige Diskussion von den historischen Auseinandersetzungen in einem wichtigen Punkt. Sie beschränkt sich nicht auf die Frage, wer Träger der Souveränität ist und welchen Inhalt sie hat. Vielmehr wird die Existenz der Souveränität in Frage gestellt. Für viele Beobachter der gegenwärtigen Lage geht es nicht mehr darum, wer in einem so neuartigen Gebilde wie der Europäischen Union souverän ist, sondern darum, ob es überhaupt noch Sinn hat, dieses Gebilde unter Souveränitätsgesichtspunkten zu betrachten. Eine Anzahl von Autoren nimmt an, dass der Souveränitätsbegriff seine Beziehung zur Realität verloren hat und sich deswegen auch nicht eignet, die politischen Verhältnisse im 21. Jahrhundert zu erklären.[2] Wenn das zuträfe, hielten politische Einheiten, die

49

souverän zu sein beanspruchen, nur noch eine leere Hülse in Händen.

Wie man daraus schon ersehen kann, müssen in der Souveränitätsdiskussion zwei Ebenen unterschieden werden, die begriffliche und die gegenständliche. Beide sind weder deckungsgleich noch unverbunden. Sie können sich ungleichzeitig entwickeln, wobei einmal der Begriff und ein andermal die Wirklichkeit vorangeht, bleiben aber aufeinander bezogen. Bodins Souveränitätsbegriff ging der tatsächlichen Entwicklung voran und bestimmte diese für längere Zeit. Heute lautet die Frage dagegen, ob der Begriff durch die Realität überholt worden ist. Doch auch wenn das der Fall wäre, bliebe die Inkongruenz nicht ohne Auswirkung auf die Realität. Für den Gegenstand ist es nicht gleichgültig, ob die Wirklichkeit in Souveränitätskategorien begriffen und interpretiert wird oder nicht.

Deswegen erscheint es auch nach wie vor sinnvoll, nach dem Ort der Souveränität zu fragen. Selbst wenn man mit den Souveränitätsskeptikern annimmt, dass ein Gegenstand, der die Bezeichnung «Souverän» verdient, nicht mehr existiert, würde das nichts daran ändern, dass man dem Souveränitätsbegriff ständig begegnet. Im akademischen Bereich gibt es geradezu einen Boom an Souveränitätsliteratur. Außerhalb der Wissenschaft findet sich der Begriff in zahlreichen politischen und rechtlichen Dokumenten. Nach der Charta der UN gründet sich die UN auf die gleiche Souveränität der Mitgliedstaaten, während die Charta für die UN keine Souveränität in Anspruch nimmt. Die europäischen Verträge vermeiden den Begriff, aber die Verfassungen der meisten Mitgliedstaaten enthalten Bestimmungen über die Souveränität. Gerichtsentscheidungen gehen von ihrer Existenz aus und ziehen daraus Schlussfolgerungen, so wie jüngst das Bundesverfassungsgericht im Lissabon-Urteil.[3]

Was folgt daraus? Ungeachtet der wissenschaftlichen Zweifel an dem Fortbestand der Souveränität und ungeachtet der Diskussion über ihren Inhalt verhalten sich die Staaten in ihren internationalen Beziehungen so, als wären sie souverän. Sie führen die Souveränität ins Feld, um Rechte und Befugnisse zu beanspruchen oder zu verteidigen. Internationale Organisationen behandeln die Staaten als souverän. Der Begriff der Souveränität beeinflusst weiterhin das politische und juristische Denken und Handeln. Selbst wenn sich der Gegenstand der Souveränität verflüchtigt hätte, wäre der Begriff wenigstens als soziales Faktum weiterhin präsent, selbst in der EU. Deswegen wäre es voreilig, die Frage, wer in der EU souverän ist, für irrelevant zu erklären. Die künftige Entwicklung der europäischen Integration hängt von der Antwort ab. Häufiger als die Frage nach der Existenz der Souveränität wird deswegen die Frage nach dem Souveränitätsbegriff gestellt. Welcher Souveränitätsbegriff eignet sich am besten, die EU zu erklären und zu verstehen?[4]

2. Souveränität in der EU

a) Die Entwicklung des Souveränitätsbegriffs

Wird das akzeptiert, kann die Frage nach der Bedeutung des Souveränitätsbegriffs nicht offenbleiben. Für Bodin, den Vater des modernen Souveränitätsbegriffs, bedeutete «Souveränität» die Akkumulation sämtlicher Herrschaftsrechte, die bis dahin auf zahlreiche voneinander unabhängige Träger verteilt gewesen waren, in einer Hand, vorzugsweise der des Monarchen, und ihre Verdichtung zur öffentlichen Gewalt im Singular. Darin eingeschlossen war die Befugnis des Inhabers der Souveränität, Recht zu setzen, ohne dabei selber an Recht gebunden zu sein. Die so verstandene Souveränität war unteilbar. Hobbes fügte dem einerseits den absoluten Charakter der öffentlichen Gewalt hinzu: Der Souverän war rechtlich omnipotent. Andererseits gründete er die Herrschaft aber auf die Zustimmung des Volkes statt auf Gottes-Gnadentum, ließ im Prinzip also auch andere Ausgestaltungen zu.

Die Idee der Souveränität fand sofort großes Interesse, und zwar nicht nur in der akademischen, sondern auch in der politischen Welt. Die Herrscher vieler Länder versuchten, ihre Herrschaft nach dem neuen Modell auszubauen. Wenn sie dabei Erfolg hatten, entstand eine neue Form der politischen Einheit: der moderne Territorialstaat. Souveränität war sein Charakteristikum, das ihn von den älteren Formen politischer Vereinigung unterschied. Der Souverän im Territorialstaat teilte seine Macht mit niemandem. Intern besaß er das Selbstbestimmungsrecht, extern war er unabhängig von jeder fremden Gewalt. Oberhalb der Staaten gab es weder einen Gesetzgeber noch eine Instanz zur Rechtsdurchsetzung. Verpflichtungen zwischen Staaten konnten sich unter diesen Umständen nur aus Selbstbeschränkungen ergeben, typischerweise frei geschlossenen völkerrechtlichen Verträgen.

Dieser starke Begriff von Souveränität wird verständlich, wenn man berücksichtigt, dass Bodin und Hobbes ihre Vorstellungen unter dem Eindruck der religiösen Bürgerkriege im Anschluss an die Reformation entwickelten. Beide betrachteten die Bildung einer souveränen Macht als einzige Möglichkeit, den inneren Frieden wiederherzustellen. In den von Bürgerkriegen durchzogenen Ländern erschien die Einrichtung einer souveränen Gewalt deswegen als Gebot der Vernunft. Die damit verbundenen Risiken mussten als unvermeidlicher Preis für Frieden und Sicherheit von Leib, Leben und Eigentum in Kauf genommen werden. Je besser der moderne Staat allerdings seine historische Mission der Befriedung der Gesellschaft erfüllte, desto unplausibler erschien die Absolutheit der Herrschaft. Die Idee des Gesellschaftsvertrages, die anfänglich den Absolutismus gerechtfertigt hatte, stützte nun die Begrenzung der öffentlichen Gewalt.

Als die öffentliche Gewalt in den großen Revolutionen des späten 18. Jahrhunderts vom Monarchen auf das Volk überging und ihre Ausübung durch Verfassungen begrenzt wurde, berührte das die Souveränität nicht. Es wurde lediglich der traditionelle Träger der Souveränität durch einen anderen ersetzt. Verfassungen galten als Produkt einer souveränen Entscheidung des Volkes, nicht als Negation der Souveränität. Gewaltenteilung und Begrenzung der Staatsgewalt durch Grundrechte vollzogen sich unterhalb der Souveränität. In den externen Beziehungen änderte sich ohnehin nichts. Gleich ob konstitutionell oder nicht, waren die Staaten in ihren Außenbeziehungen genauso souverän wie zuvor. Das Völkerrecht beruhte weiterhin auf Kooperation, nicht auf Subordination.

Dabei blieb es dreihundert Jahre lang. Die sogenannte westfälische Epoche endete erst nach dem Zweiten Weltkrieg. Wendepunkt war die Gründung der Vereinten Nationen 1945. Zwar stützte sich die UN auf die Souveränität der Mitgliedstaaten. Gleichzeitig versetzte sie der staatlichen Souveränität aber einen Schlag. Keine der älteren Allianzen hatte die Befugnis besessen, den Staaten Verpflichtungen aufzuerlegen und ihre Einhaltung zu gewährleisten. Der UN wurde dagegen eine solche Befugnis zugestanden. Um den Gewaltverzicht, den die Mitgliedstaaten beim Beitritt erklärt hatten, durchzusetzen, darf die Union in das Selbstbestimmungsrecht der Staaten eingreifen, notfalls mittels militärischer Gewalt.

Zwar reichen die Herrschaftsbefugnisse der UN bei weitem nicht an diejenigen der Staaten heran. Sie besitzt nur vereinzelte Rechte, während die große Mehrzahl der Herrschaftsrechte bei den Staaten verblieben ist. Sie verfügen über eine umfassende Kompetenz, während die UN für ihr Tätigwerden eine spezielle Ermächtigung benötigt. Sie hat keine originäre, sondern nur eine von den Staaten abgeleitete Herrschaftsgewalt. Die Staaten sprechen bei der Ausübung der Machtbefugnisse der UN mit. Namentlich gilt das für die Mitglieder des UN-Sicherheitsrats. Aber die Machtbefugnisse der UN können sich gegen Staaten richten, und wenn das geschieht, ist ihre Gewalt derjenigen der Staaten rechtlich übergeordnet. Insoweit gibt es nun eine Herrschaftsgewalt über den Staaten, der gegenüber sie sich nicht auf ihre Souveränität berufen können.

Die supranationale Gewalt hat im Lauf der Zeit erheblich zugenommen.[5] Die großen Veränderungen der Jahre 1989/90 haben den Wandel beschleunigt. Neue supranationale Einrichtungen sind entstanden, so die WTO und verschiedene internationale Gerichte. Innerhalb des Völkerrechts entwickelt sich ein *ius cogens*, das für die Staaten unabhängig von ihrer Zustimmung verbindlich ist. Das Völkerrecht beschränkt sich nicht mehr darauf, die Beziehungen der Staaten untereinander zu regeln. Es durchdringt vielmehr die Staatsgrenzen und erstreckt sich auch auf die Individuen. Humanitäre Intervention ist im Grundsatz akzeptiert und eine Schutzpflicht für existenziell bedrohte Bevölkerungsgruppen bildet sich heraus. All das relativiert das Verbot der Einmischung in die inneren Angelegenheiten der Staaten. Eine ähnliche Entwicklung lässt sich auf der regionalen Ebene beobachten.

Für die Bedeutung des Souveränitätsbegriffs kann man daraus erste Schlüsse ziehen. Jeder, der ungeachtet der beschriebenen Veränderungen an der Existenz der Souveränität festhält, muss die Vorstellung aufgeben, dass die Staaten die alleinigen Träger der öffentlichen Gewalt auf ihrem Territorium sind und keine andere Gewalt über sich haben. Sie müssen ferner die Vorstellung aufgeben, dass die Souveränität ihrem Träger ein unbegrenztes Recht zur Selbstbestimmung verleiht. Diese Vorstellung wird von den Verhältnissen widerlegt. Umgekehrt muss jeder, der die Souveränität weiterhin mit dem Verständnis von Bodin und Hobbes identifiziert, schließen, dass die Souveränität sich aufgelöst hat. Entweder ist die Souveränität nicht länger absolut oder nicht länger existent. Dazwischen gibt es keinen dritten Weg.

Man sollte aber sogleich hinzufügen, dass das ursprüngliche Verständnis von Souveränität nie unumstritten war. Die große Anziehungskraft des Begriffs führte zu zahlreichen Versuchen, selbst politische Systeme, denen die Kennzeichen eines Staates fehlten, in Souveränitätskategorien zu beschreiben. Ohne eine Anpassung des Begriffs an die jeweiligen Bedingungen war das nicht möglich. Insbesondere war Bodins und Hobbes' Annahme von der Unteilbarkeit der Souveränität zu keiner Zeit allgemein anerkannt. Viele Autoren gingen vielmehr davon aus, dass man von Souveränität schon dann sprechen konnte, wenn eine politische Einheit oder ein Herrscher zuhöchst in seinem Kompetenzbereich war. Sie bestanden nicht darauf, dass er das Monopol der öffentlichen Gewalt besaß oder in einem bestimmten Territorium omnipotent war.

Erst als der Nationalstaat im 19. Jahrhundert auf seinem Höhepunkt angelangt war, wurde die Idee von der Unteilbarkeit der Souveränität wieder herrschend. Eine Teilung der Souveränität wurde nun mit einer Negation der nationalen Einheit gleichgesetzt. Viele hielten geteilte Souveränität sogar für logisch unmöglich. Zwei Souveräne auf ein und demselben Territorium schlössen einander aus. «Es gibt keine halbe, geteilte, verminderte, abhängige, relative Souveränität, sondern nur Souveränität oder Nichtsouveränität», schrieb Paul Laband, die unbestrittene Autorität unter den deutschen Staatsrechtlern des Kaiserreichs[6], und diese Auffassung war keineswegs auf Deutschland beschränkt.

b) Souveränität und Souveränitätsrechte

Indessen tauchen gerade diejenigen Merkmale, welche Laband für unvereinbar mit der Souveränität hielt, in der europäischen Souveränitätsdiskussion wieder auf.[7] Ohne Zweifel ist die EU die am weitesten fortgeschrittene supranationale Einheit. Obwohl sie, anders als die UN, nicht über Zwangsmittel gegenüber den Mitgliedstaaten verfügt, übt sie doch permanent öffentliche Gewalt aus, und zwar mit unmittelbarer Wirkung in den Mitgliedstaaten und mit Vorrang vor deren Recht. Das nationale Recht ist zu einem erheblichen Teil von europäischem Recht verdrängt oder modifiziert. Was die Menge der Kompetenzen und die Dichte der Organisationsstruktur angeht, unterscheidet sich die EU nicht fundamental von dem Zentralstaat in einem Bundesstaat. Gleichwohl ist sie kein Staat, sondern eine politische Einheit irgendwo zwischen einer supranationalen Organisation und einem Bundesstaat, für die es noch immer an einem überzeugenden Begriff fehlt.

So unklar die Rechtsnatur der EU ist, so unklar ist auch die Frage der Souveränität in der Union. Fünf Konstellationen erscheinen denkbar: (1) Die Souveränität ist auf die EU übergegangen. (2) Die Souveränität ist bei den Mitgliedstaaten verblieben.

(3) Die Souveränität ist in dieser oder jener Weise zwischen der EU und den Mitgliedstaaten geteilt. (4) Die Mitgliedstaaten haben ihre Souveränität gepoolt und üben sie gemeinschaftlich mittels der Organe der EU aus. (5) In der EU hat sich die Souveränität aufgelöst. Welche Alternative immer man wählt, muss jedenfalls die Beziehung zwischen der Souveränität und den verschiedenen Hoheitsrechten bestimmt werden, denn das Faktum, dass die Letzteren geteilt sind, ist unbestreitbar. Das Ende der Identität von öffentlicher Gewalt und Staatsgewalt ist der Ausgangspunkt aller Souveränitätsdiskurse nach 1945.

Da Hoheitsrechte die Substanz der Souveränität bilden und da diese Substanz zwischen der EU und den Mitgliedstaaten geteilt ist, liegt die Frage nahe, ob dann nicht auch die Souveränität selbst geteilt ist. Viele sind dieser Auffassung. Wie die Geschichte des Souveränitätsbegriffs zeigt, würde das der Souveränität nicht von vornherein widersprechen. Teilung ist unvereinbar mit dem absoluten Souveränitätsbegriff. Aber dieser lässt sich unter den heutigen Bedingungen nicht mehr aufrechterhalten. Wenn es irgendeine Form von Souveränität in der Europäischen Union gibt, gleich wo sie liegt, ist es unbestreitbar nicht die Souveränität im Sinn von Bodin und Hobbes. Autoren, welche die Existenz der Souveränität leugnen, tun dies oft auf der Grundlage des absoluten Souveränitätsbegriffs. Autoren, die ein Festhalten an der Souveränität auch in der Europäischen Union für möglich halten, gehen von einem relativen Souveränitätsbegriff aus.

Die Befürworter einer geteilten Souveränität nehmen an, dass eine Teilung der Hoheitsrechte zu einer geteilten Souveränität führe. Die Teilung von Hoheitsrechten ist jedoch keine Besonderheit der EU. Jeder Bundesstaat muss die Gesamtheit der Hoheitsrechte in der einen oder anderen Weise aufteilen. Das ist ein notwendiger Bestandteil des Föderalismus. Auch Laband konnte dies nicht ignorieren, als er seine Theorie von der Unteilbarkeit der Souveränität formulierte. Angesichts des föderalen Charakters des Kaiserreichs konnte Unteilbarkeit der Souveränität nicht Unteilbarkeit der Hoheitsrechte heißen. Das bedeutete nichts anderes, als dass Souveränität mehr war als ein Bündel von Hoheitsrechten, welches aufgeschnürt werden konnte. Zwischen Souveränität und Hoheitsrechten muss unterschieden werden.

Diese Haltung hat auch das Bundesverfassungsgericht im Lissabon-Urteil und allen früheren Entscheidungen zu Fragen der europäischen Integration eingenommen. Das Gericht besteht darauf, dass das Grundgesetz die Bundesrepublik Deutschland nur zur Übertragung von Hoheitsrechten, nicht zur Übertragung der Souveränität ermächtigt.[8] Auch als Mitgliedstaat der EU behalten die Staaten ihre Souveränität. Die EU hat dies zu respektieren. Mehr noch: Die nationale Souveränität ist die Grenze, die die Bundesrepublik im Prozess der europäischen Einigung nicht überschreiten darf. Diese Grenze ließe sich nicht einmal durch eine Verfassungsänderung beseitigen. Eine Übertragung der Souveränität ist für das Bundesverfassungsgericht durch die Ewigkeitsklausel von Artikel 79 Absatz 3 GG ausgeschlossen.[9]

Die Frage lautet dann: Worin besteht der Unterschied zwischen Souveränität und Hoheitsrechten? Wovon hängt es ab, dass in einem föderalen System ein Träger von Hoheitsrechten souverän ist, der andere nicht? Diese Frage war im deutschen Kaiserreich ausgiebig diskutiert worden. Die Auseinandersetzung wurde am Ende durch die Antwort beigelegt, welche Georg Jellinek gab: Souverän ist diejenige Einheit, die über die Aufteilung der Hoheitsrechte zwischen Zentralstaat und Gliedstaaten entscheidet. Ausschlaggebend ist folglich die Kompetenz-Kompetenz. In einem föderalen System zieht sich die Souveränität in die Kompetenz-Kompetenz zurück. Souverän ist, wer die Kompetenz-Kompetenz hat.[10]

Das ist auch die Antwort, welche das Bundesverfassungsgericht in Bezug auf die EU gibt. In der EU liegt die Souveränität bei den Mitgliedstaaten, weil sie die Herren der Verträge sind und die Kompetenz-Kompetenz innehaben.[11] In der Tat ist dies die Differenz zwischen einem Bundesstaat und anderen föderalen Gebilden. Die EU besitzt nicht das Recht der Selbstbestimmung über ihre Existenz, ihre Rechtsgrundlage und ihre Kompetenzen. Die Entscheidung darüber liegt in der Hand der Mitgliedstaaten. Sie entscheiden im Weg des völkerrechtlichen Vertragsschlusses, also einstimmig. Sind jedoch die Kompetenzen übertragen, ist ihre Ausübung eine Angelegenheit der EU. Selbst wenn die Mitgliedstaaten Anteil an der Kompetenzausübung haben, so haben sie sie als Mitglieder eines EU-Organs, nämlich des Rates. Hier endet die Selbstbestimmung der Staaten und diejenige der EU beginnt.

Ist der Grad an Selbstbestimmung, den die EU aufgrund der Kompetenz zur Setzung und Durchsetzung von europäischem Sekundärrecht hat, ausreichend, ihr Souveränität zu verleihen? Zwar trifft es zu, dass es keine Souveränität ohne Selbstbestimmung gibt. Der Umkehrschluss gilt jedoch nicht. Nicht jedes Recht zur Selbstbestimmung macht seinen Träger souverän. Diejenige Form der Selbstbestimmung, welche ein Ausdruck von Souveränität ist, bezieht sich gerade auf den Bestand und die Form einer politischen Einheit, also auf die konstituierende Ebene, in europäischer Terminologie das Primärrecht. Souverän ist diejenige Einheit, welche diese Befugnis hat, während es schwerfällt, eine politische Einheit souverän zu nennen, die nicht selbständig über ihre Existenz, ihren Zweck, ihre Form und ihre Kompetenzen bestimmen kann. So verhält es sich aber mit der EU. Sie besitzt nicht die verfassunggebende Gewalt. Hinsichtlich ihrer eigenen Rechtsgrundlage ist sie fremdbestimmt und folglich nicht souverän.

c) Habermas' Theorie dualer Souveränität

Diesen Schluss leugnet jedoch Habermas in seinem Buch zur Verfassung Europas.[17] Deswegen soll die endgültige Klärung der Souveränitätsfrage aufgeschoben werden, bis Habermas Gehör gefunden hat. Er räumt ein, dass die verfassunggebende Gewalt bezüglich der EU in den Händen der Mitgliedstaaten liegt. Er fügt jedoch hinzu: nicht allein. Der Lissabon-Vertrag hat seiner Ansicht nach die verfassunggebende Gewalt zwischen den Mitgliedstaaten und den Unionsbürgern aufgeteilt. Er nimmt an, dass sie am Prozess der Vertragsänderung beteiligt sind. Aus dem

Text des Lissabon-Vertrags geht indes klar hervor, dass die Unionsbürger als solche im Vertragsänderungsverfahren kein Mitbestimmungsrecht besitzen. Habermas meint jedoch, dass ihre gewählte Vertretung im Europäischen Parlament Anteil an der verfassunggebenden Gewalt habe. Daher sei die verfassunggebende Gewalt zwischen den Mitgliedstaaten und den im Europäischen Parlament repräsentierten Unionsbürgern geteilt.

Habermas geht aber noch einen Schritt weiter. Er fragt, ob es auf Seiten der Mitgliedstaaten wirklich die Staaten sind, die verfassunggebende Gewalt ausüben. Da alle Mitgliedstaaten repräsentative Demokratien seien, stehe die Befugnis zum Vertragsschluss oder zur Vertragsänderung letztlich ihren Völkern zu, das heißt den einzelnen Bürgern. Die Bürger sind auf diese Weise das eigentliche Subjekt der europäischen öffentlichen Gewalt. Was auf den ersten Blick so aussieht wie ein Subjekt, das aus Mitgliedstaaten und EU zusammengesetzt ist, ist in der Tat ein identitäres Subjekt, ganz wie im Nationalstaat. Es besteht aus den einzelnen Bürgern, mit der Besonderheit, dass sie ihr Recht in doppelter Eigenschaft und einem doppelten Verfahren ausüben, als Staatsbürger der Mitgliedstaaten und als Unionsbürger.[13]

Das versteht Habermas als geteilte Souveränität. Die Teilung findet nicht zwischen verschiedenen Subjekten statt, sondern zwischen den Eigenschaften oder Rollen ein und desselben Subjekts. Das bedeutet gleichzeitig, dass die Teilung an der Quelle der Einheit, die zu konstituieren ist, stattfindet, nicht erst an der Quelle der Kompetenzen der bereits konstituierten Einheit. Diese Unterscheidung ist für Habermas wichtig, weil sie ihm erlaubt, die Auffassung zurückzuweisen, souverän sei, wer die Kompetenz-Kompetenz habe. Die Existenz eines originären demokratischen Souveräns schließt die Existenz der Kompetenz-Kompetenz aus. Jellineks Lösung passt nicht für die Europäische Union.

Zwar ist Habermas nicht in erster Linie an der Frage interessiert, die hier diskutiert wird, nämlich, wer im Verhältnis von EU und Mitgliedstaaten souverän ist. Ihn interessiert vielmehr die Möglichkeit einer transnationalen Demokratie.[14] Europa dient dafür nur als wichtiger Testfall. Habermas nimmt die Europäische Union als Modell einer kosmopolitischen Einheit. Seit den großen Revolutionen des späten 18. Jahrhunderts ist Volkssouveränität die Antwort auf die Frage, wer Träger der Souveränität im Staat ist. Die Existenz der Souveränität war dabei vorausgesetzt. Die Volkssouveränität als neues Paradigma findet ihren Ausdruck in der verfassunggebenden Gewalt. Wenn gezeigt werden kann, dass eine solche Gewalt des Volkes in Europa existiert, dann ist die Grundlage einer genuin europäischen Demokratie gelegt und die Einwände, dass die EU nicht souverän sei, weil ihr die verfassunggebende Gewalt fehle, werden hinfällig.

d) Das Verfahren der Vertragsänderung nach dem Lissabon-Vertrag

Es ist ohne Zweifel eine ambitionierte Konstruktion. Hier geht es jedoch nur darum, ob sie im Lissabon-Vertrag verwirklicht ist. Dazu müssen die Regeln für Vertragsänderungen untersucht werden. Das Änderungsverfahren ist nunmehr in Artikel 48 EUV geregelt. Die Vorschrift sieht drei Arten der Vertragsänderung anstatt einer unter dem alten Regime vor. Für jede Art gilt ein eigenes Verfahren mit verschiedenen Ebenen, einer Vorbereitungsebene und einer Entscheidungsebene, sowie verschiedenen Akteuren. Der Lissabon-Vertrag selbst wurde noch nach dem klassischen völkerrechtlichen Muster geschlossen. Die Staats- und Regierungschefs der Mitgliedstaaten handelten den Text aus. Die Mitgliedstaaten ratifizierten ihn gemäß den Vorschriften ihrer Verfassungen, meistens durch Abstimmung im Parlament.

Wenn die nationalen Parlamente einen völkerrechtlichen Vertrag ratifizieren, handeln sie als Repräsentanten ihrer Völker. Das Ergebnis wird den Völkern zugerechnet. Daher kann der Lissabon-Vertrag als Ausdruck des Willens der Völker der Mitgliedstaaten gelten. Organe der EU waren nicht beteiligt und folglich waren auch die Individuen in ihrer Eigenschaft als Unionsbürger nicht beteiligt, weder direkt noch indirekt. In Zukunft wird das anders sein. Es gibt ein reguläres Verfahren und zusätzlich zwei vereinfachte Verfahren. Der Kürze halber wird hier nur das Entscheidungsstadium betrachtet, nicht das Vorbereitungsstadium, das für die Entscheidung nicht bindend ist.

Das reguläre Verfahren, das bei Änderungen des EUV ausnahmslos und bei Änderungen des AEUV größtenteils zur Anwendung kommt, unterscheidet sich von dem ursprünglichen Verfahren nur in der Vorbereitung, nicht in der Entscheidung selbst. Die Staats- und Regierungschefs der Mitgliedstaaten handeln den Text der Vertragsänderung aus und nehmen ihn wie jeden sonstigen völkerrechtlichen Vertrag an. Die Mitgliedstaaten ratifizieren ihn gemäß ihren Verfassungen, entweder durch Parlamentsbeschluss oder durch Referendum. Die Mitgliedstaaten bleiben also die «Herren der Verträge». Auch nach dem Lissabon-Vertrag bleibt es dabei, dass nicht die EU über ihre Rechtsgrundlage entscheidet, sondern das tun allein die Mitgliedstaaten in ihrer Eigenschaft als Völkerrechtssubjekte.

Bei den beiden vereinfachten Verfahren verhält sich das anders. Sie haben allerdings nur ein enges Anwendungsfeld. Das erste vereinfachte Verfahren betrifft Teil III des AEUV und kann nicht für die Übertragung von Kompetenzen genützt werden. Die Kompetenz-Kompetenz bleibt folglich unberührt. Die Entscheidung fällt im Europäischen Rat, also einem Organ der EU, jedoch demjenigen, das von den Staats- und Regierungschefs der Mitgliedstaaten gebildet wird. Die Entscheidung setzt Einstimmigkeit unter den 28 Mitgliedstaaten voraus. Das Europäische Parlament und die Kommission werden vor der Entscheidung angehört, haben aber kein Mitspracherecht. Vertragsänderungen, die auf diesem Weg beschlossen werden, treten nur nach Ratifikation in den Mitgliedstaaten in Kraft.

Das zweite vereinfachte Verfahren bezieht sich auf zwei Einzelheiten, die im AEUV geregelt sind. Zum einen kann in diesem Verfahren der Entscheidungsmodus im Rat von der Einstimmigkeitsregel auf Mehrheitsentscheidungen umgestellt werden. Zum anderen geht es um die Rolle des Europäischen Parlaments bei der Gesetzgebung. Bestimmte Gesetzesmaterien können vom besonderen in das reguläre Verfahren übergeleitet werden, so dass an die Stelle des suspensiven Vetos die volle Mitentscheidung des Europäischen Parlaments tritt. Hier wird die Entscheidung vom Rat einstimmig getroffen. Das Europäische Parlament muss zustimmen. Jedes nationale Parlament hat ein Vetorecht.

Was bedeutet das für das Legitimationssubjekt der EU in Habermas' Verständnis, also für die Beteiligung der Individuen in ihrer doppelten Rolle als Staatsbürger und Unionsbürger? In ihrer Eigenschaft als *Staatsbürger* sind sie an den ersten beiden Entscheidungen aufgrund des Erfordernisses der Ratifikation beteiligt, im Fall eines Referendums direkt, im Fall der parlamentarischen Ratifikation indirekt. In der dritten Verfahrensart sind sie indirekt über das Vetorecht der nationalen Parlamente beteiligt. In ihrer Eigenschaft als *Unionsbürger* sind sie an den ersten beiden Verfahrensarten gar nicht beteiligt, da weder ein Referendum noch eine Beteiligung des Europäischen Parlaments vorgesehen ist. In der dritten Verfahrensart sind sie durch das Vetorecht des Europäischen Parlaments indirekt beteiligt.

Die verfassunggebende Gewalt bleibt also in allen wesentlichen Fragen in den Händen der Mitgliedstaaten. Es gibt aber Abstufungen. Im ersten Verfahren liegt die verfassunggebende Gewalt allein bei den Mitgliedstaaten. Sie behalten die Kompetenz-Kompetenz. Im ersten der vereinfachten Verfahren ist die verfassunggebende Gewalt einem Organ der EU übertragen, allerdings demjenigen Organ, in dem die Staats- und Regierungschefs der Mitgliedstaaten vertreten sind und nur einstimmig entscheiden können. In diesem Sinn bleiben die Mitgliedstaaten auch hier die «Herren der Verträge». Im zweiten vereinfachten Verfahren ist der Rat auf die Zustimmung des Europäischen Parlaments angewiesen. Insofern sind hier, aber auch nur hier, die Unionsbürger mittelbar beteiligt.

Was die Souveränität betrifft, fehlt der EU also weiterhin das wichtigste Element: Sie kann nicht selbst über ihre Rechtsgrundlage, die Verträge, und alles, was in diesen geregelt ist, entscheiden. Der Bereich der verfassunggebenden Gewalt, den sich die Mitgliedstaaten mit der Europäischen Union teilen, ist äußerst geringfügig und jedenfalls nicht ausreichend, die EU souverän zu machen. Habermas' Konstruktion bleibt diskussionswürdig, jedoch nicht als Beschreibung der geltenden Rechtslage nach dem Lissabon-Vertrag, sondern als theoretisches Modell zur Konstruktion der Souveränität in einer politischen Einheit, die sich aus Staaten zusammensetzt.

e) Geteilte, gepoolte oder abwesende Souveränität?

Wenn es zutrifft, dass sich die EU (und damit die Individuen in ihrer Eigenschaft als Unionsbürger) die verfassunggebende Gewalt nicht mit den Mitgliedstaaten teilt, dann folgt daraus, dass die Rede von der geteilten Souveränität nicht richtig ist. Die EU besitzt nicht einen Teil der Souveränität. Sie hat nur einen Teil der Hoheitsrechte. Ist es dann wenigstens richtig zu sagen, dass die Mitgliedstaaten ihre Souveränität gepoolt haben und sie gemeinsam durch die Organe der EU ausüben? Vielleicht konnte das so scheinen, solange Entscheidungen im Rat Einstimmigkeit verlangten, so dass kein Mitgliedstaat Recht akzeptieren musste, mit dem er nicht einverstanden war. Aber das ist vorbei. Es kann nun sein, dass ein Staat Entscheidungen unterworfen ist, die er im nationalen demokratischen Prozess ausdrücklich abgelehnt hat.

Wenn das geschieht, ist der Staat nicht dem Willen anderer Staaten, sondern dem Willen der EU unterworfen. Das gilt erst recht, wenn nicht der Rat entscheidet, der sich aus den Regierungen der Mitgliedstaaten zusammensetzt, sondern die Kommission oder der EuGH. Diese Unionsorgane sind von den Mitgliedstaaten in ihrer Willensbildung unabhängig und repräsentieren nicht notwendig den gemeinsamen Willen der Mitgliedstaaten. Es kann vorkommen, und kommt in der Tat oft vor, dass europäische Rechtsakte im Widerspruch zum Willen der Mitgliedstaaten stehen. Auf der Ebene der Wahrnehmung übertragener Kompetenzen hat sich die EU daher in erheblichem Maß von den Mitgliedstaaten emanzipiert. Aus diesem Grund ist es ebenfalls unrichtig, von gepoolter Souveränität zu sprechen.

Andererseits lässt sich aber aus dem Umstand, dass die EU

nicht souverän geworden ist, nicht der Schluss ziehen, dass die Mitgliedstaaten souverän geblieben sind. Es ist nicht undenkbar, dass in einem föderalen Gebilde kein Teil souverän ist. Carl Schmitt hielt es sogar für das Charakteristikum eines «Bundes» (im Unterschied zum Bundesstaat und zum Staatenbund), dass die Souveränitätsfrage offenbleibt. Homogenität der Teile macht das möglich. Sobald in einer solchen Einheit die Souveränitätsfrage gestellt und beantwortet wird, ist das für ihn das Ende des Bundes. Entweder verwandelt er sich in einen Bundesstaat, wo der Zentralstaat souverän ist, oder er entwickelt sich zu einem Staatenbund zurück, wo die Mitgliedstaaten souverän sind.[15]

Die Mitgliedstaaten der EU können ihre Souveränität auf verschiedenen Wegen aufgeben oder verlieren. Ein Weg ist der Verlust der Autonomie hinsichtlich ihrer eigenen Rechtsgrundlage. Tatsächlich sind die Mitgliedstaaten der EU nicht mehr völlig frei, ihre nationale Verfassung selbst zu bestimmen. Unionsrecht beansprucht Vorrang, sogar vor den nationalen Verfassungen. Allerdings wird das nicht von allen Verfassungsgerichten der Mitgliedstaaten anerkannt. Sie machen Vorbehalte für den Fall, dass Unionsrecht den Identitätskern der nationalen Verfassung berührt. Aber trotz dieses Vorbehalts gibt es einen beträchtlichen Teil der nationalen Verfassungen, dessen Geltung von der Vereinbarkeit mit Unionsrecht abhängt. Insofern besitzen die Mitgliedstaaten kein unbegrenztes Selbstbestimmungsrecht über ihre Verfassung mehr. Das volle Selbstbestimmungsrecht könnte nur durch Austritt aus der EU wiedergewonnen werden.

Gleichwohl befinden sich Mitgliedstaaten und EU nicht in der gleichen Lage hinsichtlich ihrer Rechtsgrundlage. Die EU verfügt nicht über die verfassunggebende Gewalt. Sie verdankt ihre Existenz und ihre Rechtsgrundlage den Mitgliedstaaten. Die verfassunggebende Gewalt für die EU liegt in ihren Händen. Dagegen konstituieren die Mitgliedstaaten sich selbst. Sie besitzen die verfassunggebende Gewalt auf ihrem Territorium. In der Ausübung dieser Gewalt sind sie in einigen Hinsichten beschränkt. Die Schranken folgen aus den europäischen Verträgen, die sie selbst abgeschlossen haben. Insoweit sind sie selbstauferlegte Beschränkungen. Nationales Verfassungsrecht, das mit Unionsrecht unvereinbar ist, verliert nicht seine Geltung, sondern nur seine Anwendbarkeit, solange Unionsrecht entgegensteht. Die EU kann den Vorrang der Verträge nicht mit Zwangsgewalt durchsetzen. Diese Unterschiede sind so erheblich, dass man immer noch von einem Selbstbestimmungsrecht der Mitgliedstaaten ausgehen kann.

Zu einem Verlust der nationalen Souveränität kann es aber auch kommen, wenn der Umfang staatlicher Hoheitsrechte sich derart verringert, dass man zögern würde, die Mitgliedstaaten noch souverän zu nennen. Dazu könnte es aufgrund einer weitreichenden Übertragung von Hoheitsrechten an die EU kommen. Das Bundesverfassungsgericht versucht dem durch die Festlegung von Grenzen der Übertragung von Hoheitsrechten vorzubeugen.[16] Dem Gericht fällt es allerdings nicht leicht, diese Grenze eindeutig zu ziehen. Wenn, wie das Bundesverfassungsgericht zugesteht, es keine Gesetzgebungsmaterie gibt, die in keinem Fall übertragen werden darf, geht es nur noch um Fragen des Umfangs. Da Kompetenzübertragungen aber Schritt für Schritt eintreten, wird es für das Gericht schwer, den kritischen Moment zu bestimmen. Möglicherweise kommt der geeignete Moment zum Einschreiten nie.

Ein Souveränitätsverlust kann aber auch das Ergebnis einer schleichenden Kompetenzaushöhlung durch Handeln der EU sein. Es sind dann nicht die Mitgliedstaaten, die zu viele Kompetenzen übertragen, sondern es ist die EU, welche die förmlich übertragenen Kompetenzen nutzt, um sie informell durch Vertragsinterpretation, die einer Vertragsänderung gleichkommt, zu erweitern. Eine derartige Interpretation würde eine Vertragsverletzung bedeuten, aber wenn diese Verletzung von dem Hüter der Verträge gebilligt oder gar selbst begangen wird, haben die Mitgliedstaaten kein Mittel, dagegen vorzugehen. Wenn es leicht ist, die Kompetenzverteilung zu umgehen, verliert die Kompetenz-Kompetenz als Hort der nationalen Souveränität ihre Funktion als Schutz der mitgliedstaatlichen Souveränität.

Das ist keineswegs nur eine theoretische Möglichkeit, sondern eine reale Gefahr für die nationale Souveränität. Sie ist mit der sogenannten Konstitutionalisierung der Verträge durch den EuGH eingetreten. Die Verträge sind seitdem höherrangiges Recht, und zwar nicht allein gegenüber europäischem Sekundärrecht, sondern auch gegenüber dem gesamten nationalen Recht. Im Fall eines Konflikts verliert dieses automatisch seine Anwendbarkeit. Die Auslegung und Anwendung der Verträge ist daher ihrer Funktion nach Verfassungsvollzug. Infolgedessen haben die Mitgliedstaaten, auch wenn sie die Vertragsinterpretation für rechtlich fehlerhaft oder politisch schädlich halten, keine Chance, sie durch Gesetzesänderung zu korrigieren. Das einzige Hilfsmittel besteht in der Vertragsänderung, die Einstimmigkeit unter den 28 Mitgliedstaaten voraussetzt und für die Zwecke einer Korrektur der Vertragsinterpretation kaum zu mobilisieren ist.

Die Möglichkeit, die nationale Souveränität durch Vertragsinterpretation zu untergraben, erklärt den Anspruch mehrerer Verfassungsgerichte der Mitgliedstaaten, europäische Rechtsakte einschließlich von Urteilen des EuGH auf ihre Vereinbarkeit mit dem Prinzip der begrenzten Einzelermächtigung zu prüfen. Der EuGH bestreitet nicht, dass ultra vires-Akte der EU ungültig sind. Aber er nimmt für sich die alleinige Zuständigkeit für die Überprüfung solcher Akte in Anspruch. Fälle, in denen der EuGH zu dem Ergebnis gekommen ist, dass die EU ihre Kompetenzen überschritten habe, sind allerdings äußerst selten, während Entscheidungen, in denen Handlungen der Mitgliedstaaten für unvereinbar mit den Verträgen erklärt wurden, häufig vorkommen. Der EuGH versteht sich immer noch als treibende Kraft der Integration, nicht als neutraler Schiedsrichter zwischen der Union und den Mitgliedstaaten.

Unter diesen Umständen kommt die Aufgabe des Hüters der nationalstaatlichen Rechte, insbesondere des Prinzips der begrenzten Einzelermächtigung, in der Tat den nationalen Verfassungsgerichten zu. Allerdings hat das Bundesverfassungsgericht die Schwelle für eine Unvereinbarkeitsfeststellung von Unionsrecht mit nationalem Recht so angehoben, dass eine solche Feststellung sehr unwahrscheinlich geworden ist.[17] Nach dieser Entscheidung reicht eine klare Kompetenzverletzung nicht aus, einen europäischen Rechtsakt für unanwendbar in Deutschland zu erklären. Der fragliche Akt muss überdies zu einer strukturellen Machtverschiebung von den Mitgliedstaaten zur EU führen. Strukturelle Machtverschiebungen werden allerdings kaum je das Werk einer einzigen Entscheidung, sondern das Ergebnis einer Kumulation kleinerer Schritte sein, von denen jeder einzelne als Grund eines offenen Konflikts nicht schwerwiegend genug erscheint. Die Kumulation wird dagegen nie zur Prüfung durch das Bundesverfassungsgericht anstehen, das darauf beschränkt ist, Einzelfälle zu beurteilen.

3. Souveränität noch zeitgemäß?

Die Frage, wer in der EU souverän ist, hat damit ihre Antwort gefunden. Trotz einiger Grenzverwischungen können die Mitgliedstaaten noch immer als souverän betrachtet werden, während die EU nicht souverän ist. Da es jedoch Souveränität nicht zwangsläufig geben muss und da es in einer politischen Einheit wie der EU schwierig ist, den Ort der Souveränität eindeutig zu bestimmen, möchte ich zu dem eingangs geschilderten Problem zurückkehren und die Frage nochmals aufgreifen, ob man den Begriff der Souveränität beibehalten oder aber zugestehen soll, dass die Ära der Post-Souveränität angehoben hat, wie viele Autoren meinen.

Eines scheint jedenfalls klar: Die traditionellen Träger der vollen Souveränität, die Staaten, bestehen weiter und sind die Grundeinheiten der sich herausbildenden post-westfälischen internationalen Ordnung. Ihre Grenzen sind zwar durchlässig geworden, aber nicht verschwunden. Die Staaten teilen sich öffentliche Gewalt mit internationalen Organisationen, besitzen aber nach wie vor den größten Teil der Hoheitsrechte. Insbesondere haben sie nicht das Monopol der legitimen Zwangsgewalt abgegeben. Wenn die Anwendung internationalen Rechts physischen Zwang nötig macht, müssen sich alle internationalen Organisationen, die verbindliche Entscheidungen für Staaten treffen dürfen, die Zwangsmittel von den Staaten borgen.

Außerdem sollte man nicht vergessen, dass die EU ein sehr spezieller Fall eines supranationalen Trägers öffentlicher Gewalt ist. Nicht alle Staaten sind so stark in supranationale Einheiten integriert wie die Mitgliedstaaten der EU. Die EU umfasst nicht einmal 15 % aller Staaten der Welt. Souveränität ist außerhalb der EU wesentlich evidenter als innerhalb. Es wäre deswegen falsch, das Souveränitätsproblem allein aus der europäischen Perspektive zu betrachten. Aber selbst innerhalb der EU zeigt sich der Wandel überwiegend in der vertikalen Dimension, der Beziehung zwischen den Mitgliedstaaten und der EU, während in der horizontalen Dimension, in Beziehungen zwischen den Staaten, auch im europäischen Raum das traditionelle Muster noch immer vorherrscht.

Überdies sind die Voraussetzungen für demokratische Herrschaft, Identifikation und Solidarität, im Staat wesentlich besser entwickelt als in supranationalen Organisationen. Das gilt auch für die EU. Das Maß an demokratischer Eigenlegitimation der EU, so wie es durch die europäischen Wahlen vermittelt wird, ist vergleichsweise gering, nicht etwa nur, weil das Europäische Parlament zu wenig Kompetenzen hat, sondern weil die gesellschaftlichen Voraussetzungen einer lebendigen Demokratie hier nach wie vor schwach entwickelt sind. Aus diesem Grund hängt die EU in erheblichem Maß von der Legitimationszufuhr aus den Mitgliedstaaten ab. Sie kann diese Legitimation nicht durch eine Eigenlegitimation ersetzen. Das sollte sie davon abhalten, die Politiksubstanz der Mitgliedstaaten und damit die Bedeutung ihrer demokratischen Strukturen und Prozesse immer weiter auszuzehren.

Habermas ist übrigens bereit, das zuzugestehen. Er knüpft an diese Zustandsanalyse an, um zu begründen, dass die Mitgliedstaaten einen Anteil an der Souveränität behalten müssen. Für ihn sind sie die vorrangigen Garanten von individueller Freiheit, Demokratie und Rechtsstaatlichkeit. In den Zeiten zunehmender

Internationalisierung und Globalisierung ist Souveränität ein Mittel, demokratische Selbstbestimmung denjenigen Einheiten vorzubehalten, in denen sie eine reale Chance hat.[18] Das lässt sich nicht mit dem Einwand bestreiten, dass sich der Schutzmantel der Souveränität auch über undemokratische Staaten breitet. Souveränität ist kein «safe haven» für Unterdrückungsregime mehr, wie einige Autoren, die die Souveränität leugnen, annehmen.

IV.
Zum Stand der demokratischen Legitimation der Europäischen Union nach Lissabon

1.

«Lissabon» gibt zwei juristischen Dokumenten den Namen: dem Vertrag, der seit dem 1. Dezember 2009 die Rechtsgrundlage der Europäischen Union bildet, und dem Urteil des Bundesverfassungsgerichts vom 30. Juni 2009, mit dem das deutsche Zustimmungsgesetz zu diesem Vertrag für vereinbar mit dem Grundgesetz erklärt wurde. Die demokratische Legitimation der EU spielt in beiden Dokumenten eine erhebliche Rolle. Die Stärkung der europäischen Demokratie gehört zu den erklärten Zielen des Vertrages.[1] Nach Art. 1 Abs. 2 EUV stellt er «eine neue Stufe bei der Verwirklichung einer immer engeren Union der Völker Europas dar». Art. 9 ff. konkretisieren die «demokratischen Grundsätze». Gemäß Art. 10 Abs. 1 EUV beruht die Arbeitsweise der Union auf der repräsentativen Demokratie. Im Folgenden werden zwei Repräsentationsformen unterschieden. Nach Abs. 2 sind die Bürgerinnen und Bürger auf Unionsebene unmittelbar im Europäischen Parlament vertreten. Nach Abs. 3 werden die Mitgliedstaaten im Europäischen Rat von ihren Staats- oder Regierungschefs, im Rat von ihren Regierungen vertreten, die ihrerseits den nationalen Parlamenten oder den Staatsbürgern unmittelbar demokratisch verantwortlich sind. Im Weiteren wird Transparenz zugesagt und eine Bürgerinitiative eingeführt. Das Europäische Parlament erhält mehr Rechte.

Von der Billigung des Vertragsinhalts durch das Bundesverfassungsgericht darf aber nicht auf Zufriedenheit mit dem Entwicklungsstand der europäischen Demokratie geschlossen werden. Das Gericht ist keineswegs frei von Bedenken gegen den Vertrag, und gerade was die Demokratie angeht, äußert es sich sehr kritisch. Im Urteil heißt es: «Der Vertrag von Lissabon führt nicht auf eine neue Entwicklungsstufe der Demokratie.»[2] Und weiter: «Das Europäische Parlament ist auch nach der Neuformulierung in Art. 14 Abs. 2 EUV-Lissabon und entgegen dem Anspruch, den Art. 10 Abs. 1 EUV-Lissabon nach seinem Wortlaut zu erheben scheint, kein Repräsentationsorgan eines souveränen europäischen Volkes.»[3] Das – gemessen an staatlichen Demokratieanforderungen – bestehende Demokratiedefizit der europäischen Hoheitsgewalt könne auch durch die auf Beteiligung und Transparenz zielenden Rechte der Bürger nicht aufgewogen werden.[4] Die Struktur der EU bilde vielmehr ein «erhebliches Hindernis bei der personellen und sachlichen Durchsetzung eines repräsentativen parlamentarischen Mehrheitswillens».[5] Das Gericht ringt sich daher nur mühsam zu einem «noch» vereinbar mit dem Grundgesetz durch.[6]

Wenn man vor dem Hintergrund dieser Divergenzen den Zustand der demokratischen Legitimation der EU und der von ihr ausgeübten Hoheitsgewalt untersuchen will, muss man von der rechtlichen Einrichtung und Ausgestaltung der demokratischen Legitimationsströme ausgehen. Dabei ist zwischen den Ebenen der Hervorbringung und Organisation der europäischen öffentlichen Gewalt, in konstitutioneller Terminologie also dem *pouvoir constituant*, und der Ausübung europäischer öffentlicher Gewalt, also dem *pouvoir constitué*, zu unterscheiden. Demokratie erschöpft sich allerdings nicht im Rechtlich-Institutionellen. Dieses bildet lediglich die Grundlage und den Rahmen eines demokratischen Prozesses, der in den verfassten Institutionen und Verfahren gipfelt, aber nicht aufgeht, sondern in der Gesellschaft wurzelt und die Bürger samt ihren Assoziationen und spontanen kollektiven Aktionsformen sowie die intermediären Einrichtungen, namentlich die Medien einer demokratischen Öffentlichkeit, umfasst. Auf dieser dem rechtlichen Rahmen vorgelagerten Ebene der tatsächlichen Voraussetzungen und Entwicklungschancen entscheidet sich die demokratische Substanz einer politischen Einheit. Ihr demokratischer Zustand ergibt sich erst aus der Zusammenschau beider.

2.

a) Konstituierungsebene

Oberster Grundsatz jeder staatlichen Demokratie ist, dass die Staatsgewalt vom Volk ausgeht. Volk meint das Staatsvolk. Dieses ist das Legitimationssubjekt. Es besitzt originäre Gewalt. Es kann sie aber nicht durchgängig selber ausüben, sondern benötigt dafür Organe. Diese leiten ihre Gewalt vom Volk ab. Das Legitimationsprinzip des demokratischen Staates ist die Volkssouveränität. Sie äußert sich im Akt der Verfassungsgebung. In ihm werden Form und Inhalt der politischen Einheit festgelegt. Üblicherweise geschieht das dadurch, dass eine verfassunggebende Versammlung vom Volk eingesetzt wird oder ein Verfassungsentwurf vom Volk in Kraft gesetzt wird. Bedingung ist das nicht. Es erscheint ausreichend, dass die Staatsgewalt dem Volk als Quelle aller öffentlichen Gewalt zugeschrieben und so ausgestaltet wird, dass sich der Volkswille für die Ausübung der Staatsgewalt Geltung verschaffen kann. Das setzt voraus, dass die Staatsorgane die Staatsgewalt im Auftrag des Volkes ausüben und sich für die Ausübung vor dem Volk zu verantworten haben. Das wichtigste Mittel zur Realisierung des Legitimations- und Verantwortungszusammenhangs ist die Wahl, sein Vehikel die Parteienkonkurrenz um Wählerstimmen.

Die Rechtsgrundlage der EU, das Dokument, dem sie Existenz, Form und Inhalt verdankt, sind die europäischen Verträge, aktuell der Vertrag von Lissabon als vorläufig letzter in einer Reihe von Gründungs- und Änderungsverträgen. Er bildet das Äquivalent zur Staatsverfassung. In der Entstehungsweise unterscheidet er sich aber von einer Verfassung. Zustande gekommen ist er auf dieselbe Weise wie alle bisherigen europäischen Verträge. Die Staats- und Regierungschefs der Mitgliedstaaten haben einen völkerrechtlichen Vertrag geschlossen, der dann von den Mitgliedstaaten in dem von ihren nationalen Verfassungen vorgesehenen Verfahren ratifiziert wurde. Die Unionsbürger – von einem Unionsvolk sprechen die Verträge nicht – hatten daran keinen Anteil. Das Legitimationsprinzip der europäischen Verträge ist nicht die Volkssouveränität, sondern die Staatensouveränität.

Das heißt aber nicht, dass der EU die demokratische Legitimation fehle. Der Lissabon-Vertrag verleiht ihr wie schon seine Vorgänger eine demokratische Legitimation insofern, als die Mitgliedstaaten ihm ihrerseits in einem demokratischen Verfahren zugestimmt haben. Die Völker der Mitgliedstaaten waren daran beteiligt, dort, wo ein Referendum stattfand, direkt, dort, wo ein Parlamentsbeschluss genügte, indirekt. Aber sie waren beteiligt als Staatsvölker, die dem Vertragsschluss durch ihre nationalen Regierungen zustimmten, nicht als Unionsvolk. Die demokratische Legitimation des Vertrages rührt also ausschließlich von den Mitgliedstaaten her. Die EU war Objekt des Vertragsschlusses, nicht Subjekt. Sie besitzt, was ihre Existenz, ihre Zwecke und ihre Organisation angeht, keine Eigenlegitimation, sondern ist fremdlegitimiert.

Das ließe sich freilich ändern. Die EU ist nicht ein für alle Mal auf Fremdlegitimation festgelegt. Die Mitgliedstaaten hätten im Weg des Vertragsschlusses die konstituierende Gewalt für die Zukunft auf die EU übertragen und damit die völkerrechtlichen Verträge zur Verfassung machen können. Das ist aber nicht geschehen und war selbst in dem gescheiterten Verfassungsvertrag nicht vorgesehen. Änderungen des Vertrages erfolgen auch in Zukunft im Wesentlichen nach dem völkerrechtlichen Modus. Das nunmehr in Art. 48 EUV geregelte Verfahren zur Vertragsänderung ist aber differenzierter und komplizierter geworden: differenzierter, indem Art. 48 drei Verfahrensarten unterscheidet; komplizierter, indem nicht nur Regeln für die Entscheidung, sondern auch für die Vorbereitung der Entscheidung aufgestellt werden, und zwar für jede Verfahrensart andere. Das kann hier nicht in allen Einzelheiten dargestellt werden. Zusammengefasst lässt sich sagen, dass die Unionsbürger als Legitimationssubjekte nirgends unmittelbar ins Spiel kommen. Mittelbar kommen sie über das Europäische Parlament ins Spiel.[7] Die Beteiligung bleibt aber im Wesentlichen auf die Vorbereitungsphase beschränkt. Zur Mitentscheidung ist das Europäische Parlament nur in einem untergeordneten Fall berufen.

Im ordentlichen Änderungsverfahren ändert sich am Entscheidungsmodus gegenüber der bisherigen Lage nichts. Vertragsänderungen werden von einer Konferenz der Regierungen der Mitgliedstaaten einstimmig beschlossen (Art. 48 Abs. 4 Satz 1 EUV) und treten in Kraft, wenn sie von allen Mitgliedstaaten nach Maßgabe ihrer Verfassungen ratifiziert worden sind (Art. 48 Abs. 4 Satz 2 EUV). Im vereinfachten Änderungsverfahren, das allein den Dritten Teil des AEUV («Die internen Politiken und Maßnahmen der Union») betrifft und in keinem Fall zur Ausdehnung von EU-Kompetenzen führen darf (Art. 48 Abs. 6 Satz 3 EUV), beschließt der Europäische Rat. Der Beschluss muss einstimmig fallen und tritt nach Zustimmung sämtlicher Mitgliedstaaten in Kraft (Art. 48 Abs. 6 Satz 2 EUV). Dieses Verfahren ist erstmals im Zuge der Bekämpfung der Finanzkrise zur Anwendung gekommen und hat zur Ergänzung von Art. 136 AEUV geführt. Der EuGH hat die Gültigkeit des Beschlusses bestätigt.[8]

Schließlich kann im sogenannten Brückenverfahren im Geltungsbereich des AEUV oder des Titels V des EUV («Allgemeine Bestimmungen über das auswärtige Handeln der Union und besondere Bestimmungen über die gemeinsame Außen- und Sicherheitspolitik») in einzelnen Fällen vom Erfordernis der Einstimmigkeit im Rat zur qualifizierten Mehrheit und vom besonderen zum ordentlichen Gesetzgebungsverfahren, in dem das Parlament mitentscheidet, übergegangen werden. Der Beschluss erfordert Einstimmigkeit im Europäischen Rat, das Europäische Parlament muss zustimmen, jedes nationale Parlament hat ein Vetorecht (Art. 48 Abs. 6 Satz 7 EUV). Eine Ratifikation in den Mitgliedstaaten ist nicht vorgeschrieben.

Während die Entscheidung im ordentlichen Verfahren den

Mitgliedstaaten vorbehalten ist, also außerhalb der EU fällt, entscheidet im vereinfachten Verfahren und im allgemeinen Brückenverfahren der Europäische Rat, also ein Organ der EU. Die EU ist hier folglich nicht Objekt, sondern Subjekt der Entscheidung. Allerdings handelt es sich um dasjenige Organ, in dem die Staatsoberhäupter oder Regierungschefs der Mitgliedstaaten sitzen, und diese müssen einstimmig entscheiden. Im allgemeinen Brückenverfahren tritt dagegen ein Element europäischer Eigenlegitimation hinzu, insofern das Europäische Parlament mitentscheidet, wenn auch lediglich mit negativer Wirkung. Es kann Beschlüsse des Europäischen Rats nur ablehnen, nicht auf den Weg bringen oder inhaltlich determinieren.

Das Bundesverfassungsgericht hat sich mit dem Verfahren der Vertragsänderung im Zusammenhang mit seiner Annahme auseinandergesetzt, dass es «nach Maßgabe der Integrationsermächtigung des Art. 23 Abs. 1 GG in Verbindung mit der Präambel, Art. 20, Art. 79 Abs. 3 und Art. 146 GG … kein eigenständiges Legitimationssubjekt für die europäische öffentliche Gewalt geben (kann), das sich unabgeleitet von fremdem Willen und damit aus eigenem Recht gleichsam auf höherer Ebene verfassen könnte».[9] Daraus folgt für das Gericht, dass die Mitgliedstaaten die «Herren der Verträge» bleiben müssen, der *pouvoir constituant* also nicht auf die EU übergehen darf und die Kompetenz-Kompetenz weiterhin den Mitgliedstaaten zustehen muss. Darin liegt folglich eine Begrenzung der Integrationsbereitschaft Deutschlands und mithin auch eine Begrenzung der demokratischen Eigenlegitimation Europas. Sie darf die Fremdlegitimation durch die Mitgliedstaaten nicht verdrängen.

Diese Begrenzung wird selber wieder demokratisch gerechtfertigt, und zwar auf der höchsten Rangstufe des Grundgesetzes, Art. 79 Abs. 3 GG. Geschützt wird die verfassunggebende Gewalt des deutschen Volkes. Von ihm empfangen die Organe des deutschen Staates ihr Mandat. Das Mandat schließt gemäß Art. 79 Abs. 1 Satz 1 und Abs. 2 GG auch Änderungen der Verfassung ein. Der verfassungsändernde Gesetzgeber kann aber nicht die ihm vorgegebene Grundlage seiner Befugnisse aufheben und das Auftragsverhältnis beenden. Die Selbstbestimmung des deutschen Volkes, die nach innen in der verfassunggebenden Gewalt, nach außen in der Souveränität Ausdruck findet, steht nicht zur Disposition. Nicht nur können die Organe der Bundesrepublik diese nicht aufgeben und auf die EU übertragen. Sie können auch nicht die Verfassung derart ändern, dass eine solche Übertragung zulässig würde. Die Ermächtigung dazu kann allein das deutsche Volk erteilen, aber wegen der Änderungsfestigkeit des Grundgesetzes in diesem Punkt nur im Wege der Inkraftsetzung einer neuen Verfassung, die die Eingliederung Deutschlands in einen europäischen Staat ausdrücklich vorsieht oder erlaubt.[10]

Was das ordentliche Änderungsverfahren angeht, kann kein Zweifel bestehen, dass die konstituierende Gewalt nicht auf die EU übergegangen ist. Im vereinfachten Verfahren und namentlich im allgemeinen Brückenverfahren ist das weniger eindeutig. Entscheidungsinstanz ist in beiden Fällen der Europäische Rat, also im Unterschied zu der Konferenz der Staats- und Regierungschefs, die nicht zu den EU-Organen zählt, ein EU-Organ. Formal betrachtet geht es also nicht mehr um Fremdbestimmung, sondern um Selbstbestimmung. Bei materieller Betrachtung schrumpft dieser Unterschied aber, denn der Personenkreis der Konferenz und des Europäischen Rats ist identisch, und Entscheidungen fallen hier wie dort einstimmig. Kein Mitgliedstaat wird also einem fremden Willen unterworfen. Insofern kann man sagen, dass die Mitgliedstaaten auch im vereinfachten Verfahren die «Herren der Verträge» bleiben. Im Brückenverfahren kann den Mitgliedstaaten zwar keine Vertragsänderung aufgezwungen werden, die sie ablehnen. Sie können aber ihrerseits nicht jede Änderung, die sie wünschen, durchsetzen. Insofern schmälert das Brückenverfahren den Vollbesitz der konstituierenden Gewalt, allerdings in einem engen Bereich von relativ geringem Gewicht.

Ein europäisches Legitimationssubjekt für die rechtliche Grundordnung der EU entsteht dadurch jedenfalls nicht. Jürgen Habermas' ambitionierter Versuch, eine europäische verfassunggebende Gewalt der Bürger nachzuweisen, die von diesen doppelt, einmal als Unionsbürger, einmal als Staatsbürger, wahrgenommen wird, hat im Lissabon-Vertrag keine Grundlage.[11] Dort, wo im Staat die Demokratie gipfelt, auf der Ebene des *pouvoir constituant*, gibt es keine europäische Demokratie. Gäbe es sie hier, würde das bedeuten, dass die EU sich, was ihre Existenz, ihre Rechtsgrundlage, ihre Zwecke und Befugnisse angeht, von den Mitgliedstaaten verselbständigt hätte und eine selbsttragende Einrichtung geworden wäre. Die Entscheidung über die Kompetenzverteilung fiele nicht mehr auf der unteren, sondern auf der höheren Ebene. Mit anderen Worten: die EU wäre willentlich oder unwillentlich selber zum Staat geworden.

Weil das Grundgesetz die Preisgabe der souveränen deutschen Staatlichkeit verbietet, dürfte sich die Bundesrepublik einem solchen Unterfangen nicht anschließen. Die Verstaatlichung der EU bildet für Deutschland kein erstrebenswertes Ziel, sondern eine abzuwehrende Gefahr. Die Gefahr erscheint freilich nicht akut. Deswegen richtet sich die verfassungsgerichtliche Besorgnis auf die näherliegende Bedrohung durch die Neuregelung des Vertragsänderungsverfahrens. Jede Befugniserweiterung für die EU bedeutet eine Änderung des Grundgesetzes, weil die aufgrund einer solchen Befugnis ergehenden europäischen Rechtsakte in Deutschland Geltung beanspruchen, ohne sich nach dem Grundgesetz richten zu müssen. Das Bundesverfassungsgericht verlangt deswegen, dass die deutsche Zustimmung nach den Vorschriften erfolgt, die für Verfassungsänderungen gelten, und zwar auch, soweit das vom Europarecht und von Art. 23 Abs. 1 Satz 3 GG nicht ausdrücklich gefordert wird.

Das hat namentlich zur Folge, dass Art. 79 Abs. 2 und 3 GG beachtet werden muss. Der Bundestag hat die «Integrationsverantwortung».[12] Er kann sie freilich nur wahrnehmen, wenn er übersieht, was bei einer Vertragsänderung auf dem Spiel steht. Das Bundesverfassungsgericht ist sich aber bewusst, dass die Tragweite einer Ermächtigung im vereinfachten Vertragsänderungsverfahren nur schwer bestimmbar und kaum vorhersehbar ist. Es begnügt sich gleichwohl damit, die innerstaatlichen Anforderungen an die deutsche Zustimmung über das vom Lissabon-Vertrag vorgesehene Maß hinaus anzuheben, obwohl damit der schweren Vorhersehbarkeit und also der Möglichkeit des Bundestages, seine Integrationsverantwortung wahrzunehmen, nicht abgeholfen werden kann.

Besorgt zeigt sich das Bundesverfassungsgericht allerdings auch über die nicht erst mit dem Lissabon-Vertrag entstandene Gefahr schleichender Vertragsänderungen. Damit sind Änderungen gemeint, die nicht im Weg des Vertragsschlusses, sondern im Gewand der Vertragsauslegung erfolgen und damit die Vorkehrungen von Art. 48 EUV unterlaufen. Das Gericht sagt dazu, die EU dürfe sich der Kompetenz-Kompetenz nicht «bemächtigen».[13] Beim «Bemächtigen» sind nicht die Mitgliedstaaten am Werk, die die Kompetenz-Kompetenz durch einen Akt der Vertragsänderung abgeben, vielmehr ist die EU selber am Werk, die sich die Kompetenz-Kompetenz holt.

Diese Gefahr geht nach Ansicht des Gerichts vor allem vom EuGH aus. Wenn es den Lissabon-Vertrag daran nicht scheitern lassen will, kommen auch hier jedoch nur Vorkehrungen auf der nationalen Ebene in Betracht. Daher bekräftigt das Gericht, dass Rechtsakte, die auf eine Vertragsauslegung gestützt sind, welche die Grenze zur Vertragsänderung überschreitet, in Deutschland keine Anwendung finden. Die Befugnis, darüber mit Wirkung für Deutschland letztverbindlich zu entscheiden, reklamiert das Bundesverfassungsgericht für sich, denn «anders können die von Art. 4 Abs. 2 Satz 1 EUV-Lissabon anerkannten grundlegenden politischen und verfassungsmäßigen Strukturen souveräner Mitgliedstaaten bei fortschreitender Integration nicht gewahrt werden».[14] Das Gericht bildet so das einzig wirksame Gegengewicht gegen diejenigen Terraingewinne, welche die EU auf administrativen und judikativen Pfaden erzielt.[15]

b) Ausübungsebene

Auf der Ausübungsebene verlangt das Demokratieprinzip, dass die mit öffentlichen Aufgaben betrauten und mit öffentlicher Gewalt ausgestatteten Personen und ihre Handlungen demokratisch legitimiert sind.[16] Die Legitimation hat personelle, funktionale und sachliche Aspekte. In personeller Hinsicht bedeutet demokratische Legitimation, dass die Mandatsinhaber und Amtswalter in eine Legitimationskette eingegliedert sind, die auf die Bürger rückführbar ist. In funktionaler Hinsicht geht es darum, dass sie zu ihren Handlungen von den Bürgern autorisiert sind. Öffentliche Gewalt ist stets kompetenziell begrenzt. Unautorisiertes Handeln stellt nicht lediglich eine Kompetenzverletzung, sondern auch einen Demokratieverstoß dar. In sachlicher Hinsicht verlangt das Demokratieprinzip, dass sich die Handlungen der Organwalter aus dem Willen der Bürger herleiten lassen. Der demokratisch gebildete Wille muss sich in ihre Entscheidungen hineinvermitteln. Wie diese Grundsätze im Einzelnen ausgestaltet werden, ist offen. Es gibt kein Einheitsmodell demokratischer Herrschaft.

In den Anfängen der europäischen Integration ging die demokratische Legitimation der europäischen Hoheitsgewalt allein von den Mitgliedstaaten aus. Eine europäische Eigenlegitimation war nicht vorgesehen. Die Legitimationskette für die EWG-Organe führte auf die nationalen Wahlen zurück. Die aus ihnen hervorgegangenen Regierungen der Mitgliedstaaten bildeten den Rat. Sie entschieden über die Zusammensetzung von Kommission und EuGH. Das anfangs als «Versammlung» bezeichnete Europäische Parlament setzte sich aus Abgeordneten der mitgliedstaatlichen Parlamente zusammen und hatte keine Entscheidungsbefugnisse, sondern nur beratende Funktionen. Der Rat war der alleinige europäische Gesetzgeber, wenn auch ohne das Initiativrecht, das der Kommission als Wahrer des Gemeinschaftsinteresses zustand. Das Einstimmigkeitsprinzip bei Ratsentscheidungen garantierte, dass die Legitimationskette zu den Mitgliedstaaten nicht unterbrochen wurde. Kommission und Gericht waren an das von den Mitgliedstaaten vereinbarte Primärrecht und das vom Rat gesetzte Sekundärrecht gebunden.

Ein Bedürfnis nach demokratischer Eigenlegitimation machte sich erst geltend, als 1987 mit der Einheitlichen Europäischen Akte das Einstimmigkeitsprinzip im Rat aufgegeben wurde. War es bis dahin ausgeschlossen, dass in einem Mitgliedstaat europäisches Recht Geltung beanspruchte, dem dieser nicht zuvor durch seine demokratisch legitimierten und kontrollierten Organe zugestimmt hatte, so kann seitdem der Fall eintreten, dass in Mitgliedstaaten europäische Normen zur Anwendung kommen, die von dem demokratisch gebildeten Willen der Staaten nicht getragen werden, ihm womöglich sogar entgegengesetzt sind. Angesichts dieser Verselbständigung der Gemeinschaft von den Mitgliedstaaten reichte die nationale Legitimationszufuhr nicht mehr aus. Sollte die europäische gesetzgebende Gewalt demokratisch hinlänglich legitimiert sein, musste eine Eigenlegitimation hinzutreten. Dafür bot sich nach staatlichem Vorbild das Europäische Parlament an.

Bereits seit 1979 wird das Europäische Parlament nicht mehr von den nationalen Parlamenten beschickt, sondern von den Bürgern der Mitgliedstaaten direkt gewählt, in Ermangelung eines europäischen Wahlrechts allerdings nach dem nationalen Wahlrecht jedes Mitgliedstaates. Durch die EEA erhielt es begrenzten Anteil an der europäischen Gesetzgebung und wurde nun auch offiziell als Parlament mit der Funktion, eine demokratische Repräsentation der Völker der Mitgliedstaaten auf Gemeinschaftsebene zu sein, anerkannt. Die nachfolgenden Verträge dehnten seine Rechte weiter aus, ohne das Parlament jedoch dem Rat bei der Gesetzgebung gleichzustellen. Die Bildung der Kommission hing seit dem Vertrag von Maastricht von der Zustimmung des Europäischen Parlaments ab. Schon mit dem Vertrag von Nizza wurden die Kommissare vom Rat ernannt, nicht mehr von den nationalen Regierungen entsandt.

Nach dem Lissabon-Vertrag gilt für die demokratische Legitimation der Unionsorgane und ihrer Rechtsakte Folgendes. Eine direkte europäische Legitimation in personeller Hinsicht genießt nur das Europäische Parlament. Umgekehrt sind der Europäische Rat und dessen Präsident sowie der Rat allein von den Mitgliedstaaten legitimiert. Die Kommission kann sich auf eine gemischte Legitimation stützen. Der Kommissionspräsident wird auf Vorschlag des Europäischen Rats vom Europäischen Parlament gewählt. Die übrigen Mitglieder der Kommission werden vom Rat im Einvernehmen mit dem gewählten Präsidenten benannt. Das Kollegium bedarf der Zustimmung des Europäischen Parlaments. Der Europäische Rat ernennt die Kommissare. Die Berufung der Mitglieder des EuGH ist weiterhin allein Sache der nationalen Regierungen.

Diese Feststellungen über die personelle Legitimation sind jedoch wenig aussagekräftig, solange sie nicht in Beziehung zum relativen Gewicht und den Befugnissen der Organe gesetzt werden. Geschieht das, so zeigt sich, dass das europäisch am stärksten legitimierte, in seiner personellen Besetzung von den Mitgliedstaaten völlig unabhängige Organ, das Europäische Parlament, nach seinen Befugnissen das schwächste ist. Trotz des Kompetenzgewinns bei Gesetzgebung, Haushaltsaufstellung und Bildung der Kommission bleibt es im Wesentlichen auf Zustimmungsrechte zu anderwärts getroffenen Entscheidungen beschränkt, kann vermittels seiner Vetopositionen freilich im Vorfeld auf den Entscheidungsinhalt Einfluss nehmen und hat die Möglichkeit, die Kommission durch ein Misstrauensvotum zum Rücktritt zu zwingen.

Seine begrenzte Rolle zeigt sich aber vor allem daran, dass die Politik der Kommission und erst recht die der übrigen Organe vom Wahlausgang unabhängig sind. Die großen Richtungsentscheidungen bleiben dem Europäischen Rat vorbehalten, die kleineren dem Rat und der Kommission. Die Mehrheitsverhältnisse im Europäischen Parlament sind nicht ausschlaggebend für das Handeln der anderen Organe. Schon der Begriff der parlamentarischen Mehrheit scheint angesichts der Tatsache, dass im Europa-Wahlkampf die nationalen Parteien konkurrieren, während im Europäischen Parlament übernationale Fraktionen richtungsverwandter nationaler Parteien agieren, fragwürdig.

Bei den europäischen Leitentscheidungen in den von den nationalen Regierungen besetzten Ratsorganen dominieren nicht Parteilinien, sondern nationale Interessen, die im Wege der Negotiation, nicht der Deliberation ausgeglichen werden. Die gemischt legitimierte Kommission, deren Mitglieder nicht weisungsgebunden gegenüber ihren Herkunftsstaaten sind, zieht einen beträchtlichen Grad an Selbständigkeit aus dem Initiativmonopol bei der Gesetzgebung, ihrer Unabhängigkeit von den Mitgliedstaaten bei der Durchsetzung des Integrationsprogramms, ihrem Recht, Vertragsverletzungsverfahren gegen die Mitgliedstaaten beim EuGH in Gang zu setzen, und dem europäischen Horizont ihres Fachpersonals in den Generaldirektionen.

Wird dieser Zustand der EU zu Recht als demokratisch defizitär beurteilt?

Das ist zuvörderst eine Frage des Maßstabs. Zöge man die Anforderungen an staatliche Demokratien heran, so schnitte die EU schlecht ab. Indessen ist die EU kein Staat und darf nach Auffassung des Bundesverfassungsgerichts auch keiner werden, wenn Deutschland ihr weiter angehören soll. Das Bundesverfassungsgericht betont daher wieder und wieder, dass die europäische Demokratie nicht der staatlichen nachgebildet werden muss und folglich auch nicht am staatlichen Maßstab gemessen werden darf.[17] Da sie eine Veranstaltung souveräner Staaten ist und ihre demokratische Legitimation zum größeren Teil von diesen erhält, soll das erforderliche Legitimationsniveau vielmehr von der Menge der übertragenen Kompetenzen sowie dem Grad der Verselbständigung der europäischen Entscheidungsverfahren abhängen.[18] Der Maßstab ist also variabel. Die Anforderungen wachsen mit dem Fortschritt der Integration. Sie dürfen aber nicht beliebig wachsen. Verfassungsrechtliche Grenzen der europäischen Demokratie ergeben sich aus der Funktionsfähigkeit der mitgliedstaatlichen Demokratie und dem aus dem Grundgesetz abgeleiteten Verstaatlichungsverbot.

Dass der notwendige Demokratisierungsgrad der EU von dem Umfang ihrer Zuständigkeiten und dem Ausmaß ihrer Verselbständigung von den Mitgliedstaaten abhängt, leuchtet ein. Die Schwierigkeiten kommen mit der Handhabung dieser Kriterien. Auch wenn man davon ausgeht, dass der gegenwärtige Legitimierungsgrad ausreicht, kündigt sich in dem «noch» des Bundesverfassungsgerichts doch an, dass sich das im Fortgang der Integration ändern kann. Die entscheidende Frage lautet dann aber, wie sich bestimmen lässt, wann die demokratischen Anforderungen erhöht werden müssen und mit welchen Mitteln das geschehen soll. Wo liegt die Schwelle, hinter der die Erhöhung des Legitimationsniveaus notwendig ist, und wann stößt die Erhöhung an die verfassungsrechtliche Grenze von Art. 38 Abs. 1 GG, wonach dem Deutschen Bundestag genügend Politiksubstanz erhalten bleiben muss, damit seine Wahl noch politisch folgenreich ist? Auch das ist schwer zu bestimmen. Die Liste der Gesetzgebungsmaterien im Lissabon-Urteil, die das Bundesverfassungsgericht für besonders stark national geprägt hält, markiert jedenfalls diese Grenze nicht, sondern ist eher als Warnsignal gemeint.[19]

Es scheint nicht einmal möglich, verlässliche Auskunft über das aktuelle Verhältnis von vergemeinschafteten zu staatlichen Regelungsmaterien zu erhalten. Jenseits der wenigen in Art. 3 AEUV geregelten ausschließlichen Zuständigkeiten der EU ist die Gemengelage unübersichtlich und in ständiger Veränderung begriffen. Das hat seine Ursache nicht zuletzt darin, dass die Kompetenzabgrenzung zwischen der EU und den Mitgliedstaaten nicht, wie in Bundesstaaten üblich, von einem gegenständlichen, sondern einem finalen Kriterium beherrscht wird. Nach Art. 26 AEUV darf die EU diejenigen Maßnahmen ergreifen, die zur Verwirklichung des Binnenmarkts und zur Aufrechterhaltung seiner Funktionsfähigkeit erforderlich sind.

Zu diesen Maßnahmen gehört insbesondere die Abschaffung nationaler Rechtsnormen, die ein Hindernis für die Verwirklichung des Binnenmarkts und den Wettbewerb bilden. Sie müssen den wirtschaftlichen Grundfreiheiten des Art. 24 Abs. 2 AEUV weichen. Was ein Hindernis bildet, kann eng definiert und auf Normen beschränkt werden, die ausländische Marktteilnehmer diskriminieren. Es kann aber auch weit definiert werden mit der Folge, dass als Behinderung des freien Verkehrs von Waren, Personen, Dienstleistungen und Kapital auch nationale Regeln gelten, denen keinerlei wirtschaftliches oder gar diskriminierendes Motiv zugrunde liegt. Wählt man diese Interpretation, wird die Norm entgrenzt und kann nach den wirtschaftspolitischen Präferenzen der Rechtsanwender eingesetzt werden.

Die Kommission tendiert, meist mit Rückendeckung des EuGH, zu einer weiten Interpretation.[20] Zahlreiche Normen des nationalen Rechts haben aufgrund dessen ihre Anwendbarkeit verloren, auch wenn sie legitime Schutzziele verfolgten oder sogar in Erfüllung verfassungsrechtlicher Schutzpflichten erlassen wurden. Das endet nicht zwangsläufig in Deregulierung, denn im Verfolg des Binnenmarkt-Ziels kann gemäß Art. 114 ff. AEUV nationales Recht durch Unionsrecht ersetzt werden. Aber die Bedingungen für die Setzung europäischen Rechts sind schwerer als die Bedingungen für die Abschaffung nationalen Rechts. Während die negative Integration, also die Beseitigung nationaler Regelungen, auf administrativem und judikativem Weg erfolgt, ohne dass die politischen Organe Rat und Parlament intervenieren könnten, verlangt die positive Integration durch Setzung von Unionsrecht einen politischen Akt von Kommission, Rat und Parlament, für den die Konsensschwellen hoch liegen.[21]

Ähnliche Schwierigkeiten tauchen bei Anwendung des Kriteriums der Verselbständigung der europäischen Entscheidungsverfahren von den Mitgliedstaaten auf. Ohne die Verselbständigung hätte es keinen Integrationsfortschritt, aber auch kein Demokratieproblem gegeben. Will man das Problem lösen, muss man ermitteln, wo und wie es zur Verselbständigung kommt. Im Europäischen Rat kann keine Verselbständigung eintreten. In ihm sind die Staaten durch ihre höchsten Repräsentanten vertreten und entscheiden einstimmig. Im Rat entscheiden ebenfalls nur die Vertreter der Staaten, jedoch meist mit Mehrheit. Der demokratisch gebildete Wille der überstimmten Staaten wird also übergangen. Aber das Entscheidungsverfahren ist nicht gegenüber den Mitgliedstaaten verselbständigt.

Das Europäische Parlament ist dagegen gerade der Quell der europäischen Eigenlegitimation, durch das die Lücken der Fremdlegitimation geschlossen werden sollen. Aus diesem Grund ist es institutionell von den Mitgliedstaaten verselbständigt worden, funktional aber nicht, denn es muss bei der Gesetzgebung mit dem

Rat zusammenwirken. Desgleichen wirkt es an der Berufung der Kommission nur mit. Verselbständigt von den Mitgliedstaaten ist es allein im Fall des Misstrauensvotums gegen die Kommission. Eine Verselbständigung träte jedoch ein, wenn das Parlament zum eigentlichen Gesetzgeber würde und sich über etwaige Mitentscheidungsrechte des Rates hinwegsetzen dürfte. Zur Verselbständigung käme es auch, wenn das Parlament die Kommission bildete, so wie im parlamentarischen System die Volksvertretung die Regierung bildet. Dann müsste das europäische Demokratieniveau angehoben werden.

Es bleiben die Rechtsanwendungs- und -durchsetzungsinstanzen EuGH und Kommission. Der EuGH ist in seinem Entscheidungsverfahren vollständig von den Mitgliedstaaten verselbständigt. Er muss es aber auch sein, weil er anders seine Aufgabe der Auslegung und Durchsetzung des Unionsrechts nicht erfüllen könnte. Dass manche nationale Höchstgerichte sich gegenüber dem EuGH das letzte Wort vorbehalten, bringt dessen Entscheidungsverfahren nicht in Abhängigkeit von den Mitgliedstaaten. Die Kommission soll gegenüber den Mitgliedstaaten, die im Rat zuvörderst ihre nationalen Interessen verfolgen, ganz dem Gemeinschaftsinteresse verpflichtet sein, muss sich also ebenfalls von den Mitgliedstaaten verselbständigen, um diese Funktion erfüllen zu können. Die Verselbständigung wird insbesondere dort relevant, wo die Kommission dem Unionsrecht Anerkennung verschafft. Sie setzt dann, soweit es um Primärrecht geht, den demokratisch gebildeten Willen der Mitgliedstaaten als «Herren der Verträge», soweit es um Sekundärrecht geht, den Willen der europäischen Gesetzgebungsorgane Rat und Parlament durch. Ihre Rechtsbindung soll die Verselbständigung kompensieren.

Man muss sich aber fragen, wie weit das angesichts der Interpretationsfähigkeit und -bedürftigkeit des Rechts in dem spezifischen europäischen Fall gelingt. Interpretationen können die Intention des Normsetzers treffen oder verfehlen. Das ist im nationalen Recht nicht anders als im europäischen. Findet der Normsetzer, dass die Rechtsanwendung seine Intentionen verfehlt oder zu unerwünschten Ergebnissen führt, kann er die rechtsanwendenden Instanzen durch Gesetzesänderung umprogrammieren. Auf diese Weise wird die Verselbständigung von den demokratisch stärker legitimierten Gesetzgebungsorganen verhindert. Gerade diese demokratiesichernde Möglichkeit ist aber in der EU stark herabgesetzt. Das hängt mit der Eigenart des europäischen Primärrechts zusammen. Die Verträge, das Verfassungsäquivalent auf europäischer Ebene, beschränken sich nicht darauf, nach Art einer Verfassung Ziele, Kompetenzen, Organisation und Verfahren der Union festzulegen, sondern enthalten auch zahlreiche Regelungen, die im Staat im Gesetzesrecht zu finden wären, zum Beispiel das gesamte Wettbewerbsrecht. Das ist einer der Gründe, aus denen der Umfang der Verträge selbst denjenigen wortreicher Verfassungen bei weitem überschreitet.

Da die Regelungen aber aufgrund der Rechtsprechung des EuGH konstitutionalisiert worden sind, kann die Kommission sie gegenüber den Mitgliedstaaten unangefochten durchsetzen. Die Durchsetzung ist quasi Verfassungsvollzug. Entscheidende Umgestaltungen der Wirtschafts- und Sozialsysteme der Mitgliedstaaten, der Abbau zahlreicher öffentlicher Dienstleistungen, die Beseitigung nationaler Schutznormen, die Neubestimmung des Verhältnisses von Markt und Staat sind auf diese Weise zustande gekommen.[22] Da es um Vertragsvollzug geht, kommt weder das europäisch legitimierte Parlament noch der national legitimierte Rat ins Spiel. Halten sie die Maßnahmen der Kommission für schädlich oder finden sie, dass sie nicht die Intentionen der Mitgliedstaaten beim Vertragsschluss widerspiegeln, so können sie die Entscheidungen der Kommission nicht im Wege der Rechtsänderung korrigieren, wie es eine staatliche Legislative gegenüber der Exekutive könnte. Jede Korrektur würde vielmehr eine Vertragsänderung voraussetzen, die an Schwierigkeit Verfassungsänderungen auf der nationalen Ebene weit hinter sich lässt und daher meist illusorisch ist. Das europäische Demokratiedefizit ist zum großen Teil eine Folge dieses Missverhältnisses von Politik und Verwaltung in der EU.

Finden die Mitgliedstaaten, dass der Kommission die Deckung durch den Vertrag fehlt, bleibt ihnen nur die Nichtigkeitsklage beim EuGH. Der EuGH, der zwar personell allein von den einzelnen Mitgliedstaaten besetzt wird, ist ihnen gegenüber jedoch aufgrund der richterlichen Unabhängigkeit und begünstigt durch seine juristische Professionalität bei einem integrationsfreundlichen Selbstverständnis am weitesten verselbständigt. Erst durch seine Rechtsprechung ist es zur unmittelbaren Anwendbarkeit der ursprünglich als Richtlinien für die Rechtsetzung gedachten vier wirtschaftlichen Grundfreiheiten und zum Vorrang des Gemeinschaftsrechts vor dem nationalen Recht einschließlich der nationalen Verfassungen gekommen, ohne welche die EU eine supranationale Organisation unter vielen geblieben wäre.[23] Auf diesem Feld erzielt die Verselbständigung europäischer Entscheidungsverfahren ihren höchsten Grad und hier spitzt sich das Demokratieproblem besonders zu. Der EuGH ist freier als jedes nationale Gericht.[24]

Hier tut sich auch eine demokratieabträgliche Kluft zwischen Zuständigkeit und Verantwortlichkeit auf. Zuständig für die genannten Entscheidungen sind die administrativen und judikativen Institutionen der EU, Kommission und EuGH, während die politischen Institutionen, Parlament und Rat, sowie die Mitgliedstaaten daran keinen Anteil haben und auch nicht über Umsteuerungsmöglichkeiten für die Zukunft verfügen. Die administrativen und judikativen Institutionen der EU können aber für ihr Handeln nicht verantwortlich gemacht werden. Sie sind von dem Ausgang der Europawahlen relativ unabhängig und auch gegenüber öffentlichem Druck weitgehend immunisiert.

Neben der Schwierigkeit zu bestimmen, wann eine Ausweitung europäischer Kompetenzen oder die Verselbständigung eines Entscheidungsverfahrens eine Erhöhung des europäischen Demokratieniveaus verlangt, tritt weiter die Schwierigkeit zu bestimmen, worin eine erhöhte Demokratisierung bestehen könnte. Im Lissabon-Urteil richtet sich die Kritik an der europäischen Demokratie vornehmlich darauf, dass das Europäische Parlament nach nationalen Kontingenten und «nicht als Vertretung der Unionsbürger als ununterscheidbarer Einheit nach dem Prinzip der Wahlrechtsgleichheit» gewählt wird,[25] weswegen es der EU «an

einem durch gleiche Wahl aller Unionsbürger zustande gekommenen politischen Entscheidungsorgan mit der Fähigkeit zur einheitlichen Repräsentation des Volkswillens» fehle.[26] Das könnte
als Aufforderung zu einer Änderung des Wahlrechts gelesen
werden. Das Gericht hat aber nur den Lissabon-Vertrag auf seine
Vereinbarkeit mit dem Grundgesetz zu prüfen. Der bestehende
Zustand wird daher am Ende hingenommen, weil die Grundregel
der Wahlrechtsgleichheit nur innerhalb eines Volkes gelte, «nicht
in einem supranationalen Vertretungsorgan, das … eine Vertretung der miteinander vertraglich verbundenen Völker bleibt».[27]

Im Lissabon-Urteil wird jedoch noch ein zweites Defizit konstatiert. Es fehle zudem an «einem System der Herrschaftsorganisation, in dem ein europäischer Mehrheitswille die Regierungsbildung so trägt, dass er auf freie und gleiche Wahlentscheidungen
zurückreicht und ein echter und für die Bürger transparenter
Wettstreit zwischen Regierung und Opposition entstehen kann».[28]
Damit wird auf den geringen Entscheidungsgehalt der europäischen Wahlen und die fehlende Rückbindung des Handelns der
Kommission an eine parlamentarische Mehrheit angespielt, die
mitverantwortlich dafür sind, dass die Einwirkungschancen der
Wähler auf die europäische Politik gering bleiben.

Auch hier gilt aber wieder, dass damit keine Reformforderung
erhoben, sondern die Hinnehmbarkeit des Lissabon-Vertrages begründet wird. Denn «die Bildung einer eigenständigen und mit
den in Staaten üblichen Machtbefugnissen ausgestatteten Regierung aus dem Parlament heraus (wäre) grundlegenden Ein-
wänden ausgesetzt».[29] Solange es bei den Charakteristika eines
Staatenverbundes bleibt, ist eine staatsanaloge Ausgestaltung der
europäischen Demokratie nicht nötig.[30] Wenn dagegen die
Schwelle zum Bundesstaat überschritten würde, «müssten demokratische Anforderungen auf einem Niveau eingehalten werden,
das den Anforderungen an die Legitimation eines staatlich organisierten Herrschaftsverbandes vollständig entspräche»[31] – dann
aber ohne die Bundesrepublik.

Zu den Problemen, die aus der Verwischung der Grenze zwischen Verfassungsrecht und Gesetzesrecht auf der europäischen

Ebene herrühren, äußert sich das Bundesverfassungsgericht nicht. Sie bilden aber einen wichtigen Grund für die Legitimationsschwäche Europas, indem sie die Möglichkeit der Fällung von Entscheidungen hoher politischer Relevanz im unpolitischen Modus erst eröffnen. Das geeignete Mittel, dieses Problem zu lösen, bestünde in der Reduktion des Primärrechts auf seinen quasi-verfassungsrechtlichen Kern und der Ansiedlung des großen Restes auf der Ebene des einfachen Rechts. Es wird in der Reformdiskussion aber nicht ernstlich erwogen.

Weitere Kompetenzverlagerungen und Verselbständigungen werden freilich nicht ausbleiben. Ebenso wenig werden Verfassungsklagen dagegen ausbleiben. Dann muss das Gericht mit seinen Maßstäben operieren und wird dabei nicht nur vor der Schwierigkeit stehen, den Eindruck des Dezisionismus zu vermeiden, sondern sich überhaupt in einer misslichen Situation befinden. Der einzelne Übertragungsakt, der einzelne Schritt zu weiterer Verselbständigung oder gar die einzelne extensive Interpretation wird immer zu klein erscheinen, um das Ergebnis zu rechtfertigen, dass das deutsche Zustimmungsgesetz verfassungswidrig sei oder dass erst ein neuer Vertrag zur Erhöhung des Demokratieniveaus geschlossen werden müsse, ehe die Kompetenzübertragung wirksam werden kann. Das Problem schafft erst die Summe vieler Einzelschritte. Die Summe steht aber nie zur gerichtlichen Prüfung.

Im Lissabon-Urteil dient das beklagte europäische Demokratiedefizit zugleich zur Rechtfertigung der Verfassungsmäßigkeit des Lissabon-Vertrages, denn auch nach diesem Vertrag wird die EU kein staatsanaloges Gebilde. Als Beleg wird gerade die Differenz zwischen dem Europäischen Parlament und einem staatlichen Parlament angeführt. Der Vertrag von Lissabon habe sich «gegen das Konzept einer europäischen Bundesverfassung entschieden, in dem ein europäisches Parlament als Repräsentationsorgan eines damit konstitutionell verfassten neuen Bundesvolks in den Mittelpunkt träte».[32] Die EU genüge demokratischen Grundsätzen, «weil sie bei qualitativer Betrachtung ihrer Aufgaben- und Herrschaftsorganisation gerade nicht staatsanalog aufgebaut ist».[33] Das Europäische Parlament müsse «nicht in der Weise gleichheitsgerecht sein, dass auf Unterschiede im Stimmengewicht der Unionsbürger in Abhängigkeit von der Bevölkerungszahl der Mitgliedstaaten verzichtet wird».[34]

Damit führt das Integrationsprogramm allerdings in ein Dilemma. Das Bundesverfassungsgericht hält die europäische Demokratie für defizitär, warnt aber gleichzeitig vor der Deckung des Defizits, weil die EU dann staatsanalog aufgebaut wäre und folglich von Deutschland abgelehnt werden müsste. Die Brücke zwischen den beiden Positionen ist das «noch». Das Defizit ist bei gegebener Kompetenzverteilung und Verselbständigung «noch» hinnehmbar. Das «noch» lässt freilich erkennen, dass das gegenwärtige Legitimationsniveau bald nicht mehr ausreichen könnte. Was dann? Da sich eine Grenze für weitere Kompetenzübertragungen oder Verselbständigungen kaum benennen lässt, wird dieses «noch» notgedrungen perpetuiert, solange die EU nicht gänzlich aus der Trägerschaft der Mitgliedstaaten gelöst wird und die verfassunggebende Gewalt und mit ihr die Kompetenz-Kompetenz übernimmt.

c) Gesellschaftliche Ebene

Für ein Defizit an europäischer Demokratie gibt es also genügend Anhaltspunkte. Aber es besteht nicht darin, dass die europäische Demokratie einem anderen als dem staatlichen Muster folgt, sondern dass sich verselbständigte Bereiche gebildet haben, in die weder die nationale noch die europäische Legitimation hineinreicht. Die meisten Vorschläge zur Behebung der Legitimationsschwäche der EU schlagen allerdings gerade den staatsanalogen Weg ein. Sie setzen beim Europäischen Parlament an. Es soll in die zentrale Position einrücken, die nationale Parlamente einnehmen, und zu diesem Zweck mit denjenigen Befugnissen ausgestattet werden, die diese traditionell besitzen. Es würde dadurch den Rang mit dem Rat tauschen, der nur noch als Staatenkammer des Parlaments fungierte und auf Vetorechte beschränkt wäre. Die Kommission würde zur parlamentarischen Regierung. Manche vervollständigen das Modell durch einen europäischen Präsidenten, volksgewählt oder anderweitig bestimmt, der als oberster Repräsentant der EU fungierte. Vom Bundesstaat trennte sie dann nur noch die verfassunggebende Gewalt.

Dass damit das Demokratiedefizit beseitigt wäre, wird ebenso unterstellt, wie seinerzeit vorausgesetzt wurde, dass die Akzeptanz der EU bei den Unionsbürgern eine Frage der Umwandlung der Verträge in eine Verfassung sei.[35] Das eine ist aber ebenso unwahrscheinlich wie das andere. Die Erwartung, mit institutionellen Reformen sei es getan, verkürzt das Demokratieproblem. Die Legitimationsschwäche tut sich ja nicht so sehr in der Organstruktur der EU auf. Hier gibt es Verbesserungsbedarf in denjenigen Bereichen, in denen Verselbständigung und Legitimation nicht kongruent sind. Aber in ihren Grundzügen ist die Organstruktur einer supranationalen Einrichtung adäquat. Die demokratischen Defizite treten vielmehr vor allem bei den gesellschaftlichen Voraussetzungen von Demokratie in Erscheinung. Darauf weist auch das Bundesverfassungsgericht ausdrücklich hin.[36]

Das Parlament kann die ihm zugedachte legitimationsvermittelnde Funktion nur erfüllen, wenn es in einen lebendigen politischen Prozess der Meinungsbildung und Interessenartikulation eingebettet ist. Dieser Prozess bedarf vermittelnder Instanzen wie politische Parteien, Verbände, Bürgerinitiativen und vor allem Kommunikationsmedien. Sie erst stellen die dauernde Wechselbeziehung zwischen Wählern und Organen her, ohne die Demokratie eine formale Angelegenheit bleibt, welche sich in periodischen Wahlen erschöpft, deren legitimierende Kraft gering ist. Diese Voraussetzungen sind in den Mitgliedstaaten, wenn auch in unterschiedlicher Dichte und Wirksamkeit, erheblich besser als in der EU.

In der EU fehlt es an einer solchen gesellschaftlichen Substruktur noch immer weitgehend, und für eine schnelle Veränderung der Verhältnisse spricht nichts. Insbesondere gibt es bislang keinen kontinuierlichen europaweiten Diskurs, der über kleine Zirkel von Eliten und Experten hinausgeht, sondern nur eine

Addition von 28 nationalen Diskursen über europäische Fragen. Das gilt auch für die Wahl des Europäischen Parlaments. Der durch Wahlen vermittelte Legitimations- und Verantwortungszusammenhang bleibt dünn und lückenhaft. Die EU wird daher noch länger auf die Legitimationszufuhr von den Mitgliedstaaten angewiesen sein und würde folglich, allein oder vorwiegend auf Eigenlegitimation angewiesen, an demokratischer Substanz ärmer sein als jetzt. Das ist der entscheidende Einwand gegen die Übertragung des staatlichen Modells auf die europäische Ebene.

3.

Vergleicht man die beiden Legitimationsstränge der EU, so zeigt sich, dass ihre demokratische Legitimation noch immer stärker von dem Beitrag zehrt, den ihr die Mitgliedstaaten vermitteln. Schwächungen, die hier eintreten, lassen sich durch die europäische Eigenlegitimation nicht ohne weiteres ausgleichen. Unter diesen Umständen liegt aber eine funktionstüchtige nationale Demokratie, die den Staatsbürgern den Eindruck von Responsivität für ihre Vorstellungen und Bedürfnisse geben kann, im Eigeninteresse der EU. Die Funktionstüchtigkeit der nationalen Demokratie hängt allerdings nicht nur von den Mitgliedstaaten ab. Vielmehr ziehen die Mängel der europäischen Demokratie auch die staatliche Demokratie in Mitleidenschaft. Dass europäische Entscheidungen, die tief in gewachsene Strukturen der Mitgliedstaaten eingreifen, im unpolitischen Modus der Vertragsdurchsetzung getroffen werden, führt zu einer Belastung der nationalen Demokratien.

Da die EU keine eigenen Vollzugsorgane für ihre Entscheidungen besitzt und das staatliche Gewaltmonopol bisher von der europäischen Integration unberührt geblieben ist, fällt die Durchsetzung der europäischen Rechtsakte den staatlichen Institutionen zu. Diese stehen aber im Unterschied zu den europäischen Institutionen in einem wesentlich effektiveren demokratischen

Legitimations- und Verantwortungszusammenhang und sind gegen die öffentliche Meinung nicht immunisiert. Sie werden daher von der Bevölkerung zur Verantwortung gezogen, und zwar auch für Entscheidungen anderer, die sie nicht zu verantworten, sondern nur zu vollziehen hatten, während bei der EU lediglich ein diffuser Unmut ankommt. Die Folge ist eine Delegitimierung der staatlichen Demokratie.[37]

Die Delegitimierung durch das europäische Demokratiedefizit ist kein abstraktes Risiko, sondern eine konkrete Gefahr. Sie stand dem Bundesverfassungsgericht im Lissabon-Urteil vor Augen. Dabei mag die europäische Demokratie übermäßig skeptisch beurteilt worden sein. Im Gegenzug sollte das Urteil aber nicht als nationalistisch gezogen werden. Staatliche und europäische Demokratie hängen zusammen, indes nicht nach Art kommunizierender Röhren. Die Verluste der staatlichen Demokratie schlagen nicht als Gewinne der europäischen zu Buche. Solange die europäische Eigenlegitimation die staatliche Legitimationszufuhr nicht ersetzen kann, muss der EU an dieser gelegen sein. An dem Bewusstsein für diesen Zusammenhang scheint es noch zu fehlen.

V.
Die demokratischen Kosten
der Konstitutionalisierung

Der Fall Europa

1. Konstitutionalismus und Demokratie

a) Interdependenz

Demokratie und Konstitutionalismus werden gewöhnlich nicht als Gegensätze betrachtet. Beide entstanden gleichzeitig. Die Prototypen in Nordamerika und Frankreich waren demokratische Verfassungen, gegründet auf das Prinzip der Volkssouveränität. Nicht-demokratische Verfassungen galten als unvollkommene Ausprägung des Konstitutionalismus. Wo immer Völker für Verfassungen kämpften, ging es um demokratische Verfassungen. Wo Nationen sich von autoritären oder diktatorischen Regimen befreiten, um demokratische Systeme zu errichten, begannen sie mit der Ausarbeitung von Verfassungen. Wie ist es dann möglich, dass Konstitutionalisierung die Demokratie gefährdet? Ehe diese Frage an den europäischen Fall gerichtet wird, erscheint ein Blick auf den Sinn des Konstitutionalismus hilfreich, wie er am klarsten in seinen Anfängen zum Ausdruck kommt.

Die moderne Verfassung war ein Produkt zweier erfolgreicher Revolutionen gegen die angestammte Herrschaft, kolonialer Natur in Nordamerika, absolutistischer Natur in Frankreich. Diese Revolutionen unterschieden sich von den zahlreichen Aufständen und Umstürzen der Vergangenheit dadurch, dass sie sich nicht mit der Auswechslung von Herrschern begnügten, sondern zuvörderst ein neues *System* von Herrschaft auf der Grundlage rationaler Planung errichteten, ehe sie Individuen mit der Ausübung der Herrschaft betrauten. Das Vakuum an legitimer öffentlicher Gewalt, das die Revolutionen hinterlassen hatten, und die Prinzipien, nach denen Herrschaft künftig eingerichtet und ausgeübt werden sollte, liefen auf Konstitutionen zu.

Die Prinzipien selbst waren keine Erfindung der Revolution. Sie hatten lange vorher in der Naturrechtslehre der Aufklärung Gestalt angenommen.[1] Naturrecht war allerdings, seinem Namen zum Trotz, kein Recht. Es war ein philosophisches System, das vor den Revolutionen keine rechtliche Anerkennung gefunden hatte. Erst als die amerikanischen Kolonisten und das französische Bürgertum feststellen mussten, dass sie ihre Reformziele – Selbstbestimmung in Nordamerika, Abschaffung des Feudalismus und Liberalisierung der Wirtschaft in Frankreich – nicht auf evolutionärem Wege zu erreichen vermochten, nahmen sie zum Naturrecht Zuflucht, um den Bruch mit der alten Herrschaft zu rechtfertigen und eine neue Herrschaftsordnung zu entwerfen.

Der Naturrechtslehre lagen zwei Annahmen zugrunde: dass politische Herrschaft nur durch den Konsens der Herrschaftsunterworfenen gerechtfertigt werden konnte und dass sie aus dem Schutz der angeborenen Rechte der Individuen ihre Legitimation bezog. Vor der Revolution hatten diese Annahmen lediglich als Test für die Legitimität politischer Systeme gedient. Politische Systeme wurden als legitim betrachtet, wenn sie so eingerichtet waren, dass sie die Zustimmung von vernünftigen Individuen hätten finden können. Die Vernunft lehrte, dass eine solche Zustimmung nur zu erwarten war, wenn den Individuen beim Übergang vom Naturzustand in den Staat nicht die vollständige Preisgabe ihrer natürlichen Rechte abverlangt wurde. Sinn der Herrschaft war es gerade, den natürlichen Rechten größere Sicherheit zu verleihen.

In der revolutionären Situation wurden diese Prinzipien handlungsleitend und wuchsen eben dadurch über bloße Theorie hinaus. Die Philosophen selber waren nicht darauf aus gewesen, konkrete Herrschaftsordnungen zu entwerfen oder sie gar als

Handlungsanleitung zu verstehen. Sie hatten Bedingungen für die Legitimität von Herrschaft formuliert, aber nicht nach den Mitteln zu ihrer Verwirklichung gefragt. Mit der Ausnahme von Emer de Vattel in seinem Buch «Droit des gens» von 1758[2] hatte keiner der Naturrechtler die Ideen zur Forderung nach einer förmlichen, rechtlichen und geschriebenen Verfassung vorangetrieben. Unter dem Zwang, die öffentliche Gewalt neu zu begründen, taten die Revolutionäre gerade dies. Die Elemente des Konstitutionalismus lagen vorher bereit, er selber war erst ein Produkt der Revolutionen.

Als ausschlaggebend dafür erwies sich der Umstand, dass die beiden zentralen Elemente der neuen Ordnung, Demokratie und Grundrechte, organisationsbedürftig waren. Das Grundproblem der Demokratie besteht darin, dass das Volk die Quelle aller öffentlichen Gewalt ist, aber diese nicht selbst ausüben kann, wie den Revolutionären in Nordamerika und Frankreich sehr wohl bewusst war, als sie daran gingen, die Prinzipien ins Werk zu setzen. Demokratische Herrschaft war notwendigerweise Auftragsherrschaft. Der Auftrag musste erteilt und die Bedingungen seiner Wahrnehmung mussten formuliert werden. Im Unterschied zu traditionaler oder absoluter Herrschaft ist demokratische Herrschaft auf eine vorgängige Organisation angewiesen, ehe Personen zur Ausübung der Herrschaft berufen werden können.

Dasselbe gilt für das Prinzip begrenzter Herrschaft. Die Grenzen müssen bestimmt, Vorkehrungen zur Beachtung durch die Herrschenden getroffen werden. Die öffentliche Gewalt soll so eingerichtet sein, dass die Freiheit der Individuen auch gegenüber den Machthabern gewährleistet ist. Infolgedessen begannen die revolutionären Versammlungen in Nordamerika und Frankreich noch vor der Ausarbeitung von Verfassungen mit der Formulierung und Inkraftsetzung von Grundrechtskatalogen. Aus der Sicht der Bürger waren sie Gewährleistungen ihrer individuellen Freiheit, aus der Sicht der Regierenden Schranken der öffentlichen Gewalt. Öffentliche Gewalt konnte nur dann Legitimität beanspruchen, wenn sie die Rechte der Individuen selber respektierte und gegen Angriffe durch Dritte schützte.

Die Regeln mussten für die Regierungen bindend sein. Deswegen drängte das Konzept auf Verrechtlichung. Allein das Recht konnte die Regeln verpflichtend und durchsetzbar machen, indem es sie von dem historischen Moment ihrer Festlegung und den daran beteiligten Personen ablöste und auf Dauer stellte. Recht entwickelt sein regulatives Potential dort am besten, wo es menschliches Verhalten organisiert und limitiert. Es war daher das geeignete Mittel zur Erreichung der revolutionären Ziele. Der Beitrag der Revolutionäre zu der neuen Herrschaftsordnung lag nicht in der Entwicklung der naturrechtlichen Prinzipien legitimer Herrschaft, sondern in ihrer Überführung in positives Recht.

Das Recht konnte seine herrschaftskonstituierende und herrschaftslimitierende Funktion freilich nur erfüllen, wenn es allen Herrschaftsakten einschließlich der Gesetzgebung im Rang vorging. Die Konsequenz daraus war die Unterscheidung zwischen *pouvoir constituant* und *pouvoir constitué*.[3] Sie zwang zu einer Teilung des Rechts in zwei Komplexe: einen, der dem Volk als Urheber zugeschrieben wurde und die Regierungen band – Verfassungsrecht, und einen, der von den Regierungen ausging und die Individuen band – Gesetzesrecht. Der erste Teil: Verfassung, regelt die Hervorbringung des zweiten: Gesetzgebung, während diese selber dem politischen Prozess überlassen wird. Diese Unterscheidung ist grundlegend für den Konstitutionalismus.

Demokratie und Grundrechte waren das Ziel beider Revolutionen, der Amerikanischen wie der Französischen. Verfassungen bildeten das Mittel, ihnen Wirksamkeit zu verleihen. Damit ist freilich nicht gesagt, dass Verfassungen notwendig demokratisch und freiheitlich sind. Einmal erfunden, konnte die Verfassung auch zu anderen Zwecken als den ursprünglichen genützt werden. Es war möglich, die Verfassungsform zu verwenden, ohne den Inhalt und die Funktion mit zu übernehmen. Diese Entleerung setzte schon bald nach den Revolutionen ein, zuerst in ihrem europäischen Ursprungsland Frankreich. Es gab und gibt Verfassungen mit Grundrechten, aber ohne Demokratie und Verfassungen, die demokratisch sind, aber keine Grundrechte enthalten, und es gibt schließlich Verfassungen, denen beides fehlt, Demokratie und Grundrechte.[4]

Wenn diese Verfassungen nicht bloße Scheinkonstitutionen sind, mögen sie einen begrenzten Wert haben. Aber sie bleiben hinter der *Errungenschaft* des Konstitutionalismus zurück.[5] Ein Gemeinwesen, das sich auf ein anderes Legitimationsprinzip als die Demokratie stützt, gefährdet den Vorrang des Verfassungsrechts. Im Fall des Konflikts zwischen den positiven Verfassungsnormen und dem überpositiven Legitimationsprinzip, sei es göttlicher, erblicher oder elitärer Natur, wird das Legitimationsprinzip die Beschränkungen relativieren, welche die Verfassung den Regierenden auferlegt. Eine Verfassung ohne Grundrechte wird wiederum die Autonomie des Individuums gefährden, dessen Schutz die Aufgabe legitimer Herrschaft ist. Wie Jürgen Habermas schreibt, sind Demokratie und Grundrechte gleichursprünglich.[6]

b) Spannung

Wenn man die Vorteile der Verfassung in vollem Umfang genießen will, müssen Demokratie und Grundrechte zusammen bestehen. Das heißt jedoch nicht, dass beide stets harmonieren und das konstitutionelle Projekt deswegen nicht gefährden können. Demokratie kann Grundrechte untergraben, Grundrechte können die Demokratie einschnüren. Im Konstitutionalismus, wie er sich in den beiden Revolutionen herausgebildet hat, also demokratisch und freiheitlich, ist eine Spannung angelegt. Carl Schmitt sah die beiden Elemente des modernen Konstitutionalismus sogar als Antagonismen, so dass am Ende eine Wahl zwischen ihnen unvermeidlich wurde.[7] Deswegen die Wichtigkeit der Frage: Spannung oder Widerspruch?

Spannung lässt Raum für Ausgleich, Widerspruch schließt ihn aus. Es muss also geklärt werden, ob Demokratie und Grundrechte je für sich allein bestehen könnten. Demokratische Herrschaft hat einige Voraussetzungen. Sie lebt von freien Wahlen, die wiederum freie Bürger voraussetzen. Sie müssen politisch frei sein, ihre Meinung zu bilden und zu äußern, ihre Interessen zu artikulieren und sich mit anderen zu verbinden, um ihren politischen Einfluss zu steigern. Freie Kommunikationsmedien sind eine unabdingbare Voraussetzung dafür. Die Bürger müssen aber auch in ihrer Privatsphäre frei sein, weil politische Freiheit nicht gedeiht, wenn es keine geschützten Räume der Selbstentfaltung gibt. Diese Voraussetzungen ihrer Wirksamkeit kann die Demokratie selbst nicht garantieren. Sie sind auf grundrechtlichen Schutz angewiesen.

Ebenso haben Grundrechte Voraussetzungen. Sie setzen sich nicht von selbst durch. Sie sind darauf angewiesen, geschützt zu werden, und müssen beschränkt werden können, damit die verschiedenen Freiheiten oder die Freiheiten der verschiedenen Träger miteinander kompatibel bleiben. Kurz, sie sind von staatlicher Macht abhängig. Indessen ist die Staatsmacht ihrerseits eine Gefahr für die individuelle Freiheit. Das gilt unabhängig von ihrer Ausgestaltung. Unter den verschiedenen Regierungsformen scheint die Demokratie der Autonomie der Individuen aber am besten zu dienen, denn sie gründet die öffentliche Gewalt auf den Willen der Grundrechtsträger und weist Legitimationsprinzipen zurück, die nicht von der Individualfreiheit ausgehen und deswegen der Staatsräson Vorrang vor ihr einräumen.

Deswegen kommt es zu dem von Schmitt behaupteten Antagonismus von Grundrechten und Demokratie nur, wenn man die beiden Prinzipien ins Extrem treibt. In ihrer radikalen Form ist Demokratie identisch mit dem Mehrheitsprinzip. Radikale Demokratie erkennt nur ein einziges Grundrecht an, das Recht jedes Staatsbürgers, an der Willensbildung des Volkes teilzunehmen. Alle anderen Bindungen der öffentlichen Gewalt sind mit dieser Vorstellung von Demokratie unvereinbar. Die Minderheit wird der Mehrheit bedingungslos ausgeliefert. In der radikalen Demokratie schrumpft die Verfassung zu einer Anzahl von organisatorischen und prozeduralen Regeln über die Willensbildung. Radikale Demokratie ist formale Demokratie.

Ebenso wie radikale Demokratie dazu tendiert, rechtliche Regeln, welche die Mehrheit beschränken, zu negieren, tendiert der Grundrechts-Fundamentalismus, wie Bruce Ackerman ihn nennt,[8] dazu, den Raum für Mehrheitsentscheidungen zu beschneiden. Dazu kann es kommen, weil alles, was auf der Verfassungsebene geregelt ist, nicht mehr für Mehrheitsentscheidungen offensteht. Was auf der Verfassungsebene geregelt ist, ist nicht Objekt, sondern Prämisse politischer Entscheidungen. Das bedeutet gleichzeitig, dass Wahlen irrelevant sind, soweit die Verfassung reicht. Im Extremfall wird die Politik auf Verfassungsvollzug reduziert und damit letztlich um ihren politischen Charakter gebracht. Die öffentliche Gewalt verlagert sich von dem Volk und seinen gewählten Vertretern auf die Gerichte.

Beide radikalen Varianten entwickeln eine selbstzerstörerische Dynamik. Radikale Demokratie kann die Form einer Mehrheitsdiktatur annehmen. Sie ist dann nicht einmal mehr gegen ihre eigene Abschaffung mit Hilfe demokratischer Mittel gefeit. Im Jahr 1933 hat Deutschland diese Erfahrung gemacht. Andererseits reduziert Grundrechts-Fundamentalismus die Anpassungsfähigkeit des Rechts an wechselnde gesellschaftliche Verhältnisse oder wechselnde politische Präferenzen. Je stärker der Anpassungsdruck wird, desto bereitwilliger wird sich die Politik ihrer verfassungsrechtlichen Bindungen entledigen und die Verfassung entweder umgehen oder suspendieren, um verwirklichen zu können, was sie im Interesse des Gemeinwohls für erforderlich hält.

Es kommt nicht selten vor, dass es zu wenig Konstitutionalismus gibt. Es ist aber auch möglich, dass es zu viel Konstitutionalismus gibt. Beide Entwicklungen missachten, je auf ihre Weise, den fundamentalen Unterschied zwischen den Regeln für politische Entscheidungen und den politischen Entscheidungen selbst. Im ersten Fall wird der Unterschied in Richtung des Gesetzes aufgelöst. Die Verfassung verliert ihre relative Statik gegenüber dem politischen Prozess. Eine solche Verfassung wird kaum in der Lage sein, die Ausübung öffentlicher Gewalt zu legitimieren. Im zweiten Fall wird der Unterschied in Richtung auf die Verfassung eingeebnet. Diese Gesetzgebung verliert ihre relative Beweglichkeit. Politikwechsel können sich nur nach einer vorgängigen Verfassungsänderung auswirken.

Allgemein gültige Antworten auf die Frage, was in eine Verfassung gehört und was nicht, gibt es nicht. Neue Verfassungen reagieren auf vergangene Erfahrungen und versuchen, die Voraussetzung für eine bessere Zukunft zu schaffen. Jedes Land muss für sich selbst entscheiden, was ihm für eine bessere Zukunft so wichtig erscheint, dass es von schwankenden Mehrheitsverhältnissen unabhängig gestellt werden soll. Solche Fragen sind gewöhnlich nicht unkontrovers. Um in einem Konvent oder einer verfassunggebenden Versammlung zu Entscheidungen zu kommen, müssen die Beteiligten Kompromisse eingehen. In einigen strittigen Fragen wird Einigkeit nur zu erzielen sein, wenn man Lücken lässt, wo eine Regelung zu erwarten wäre. In anderen kann die Einigkeit nur hergestellt werden, wenn man vielen Interessen Rechnung trägt und darum das Verfassungsrecht inflationiert.

Aber auch wenn es schwer ist, inhaltliche Regeln für die Verfassunggebung aufzustellen, so folgen doch aus der Funktion von Verfassungen einige Verallgemeinerungen, die die Besonderheiten der politischen Systeme übersteigen, die von Land zu Land variieren: föderal oder unitarisch, präsidentiell oder parlamentarisch, mit Einheits- oder Verhältniswahl, Einkammer- oder Zweikammer-System, mit oder ohne Verfassungsgerichtsbarkeit, mit sozialen Grundrechten oder ohne sie, etc. Die Funktion der Verfassung besteht darin, politische Macht zu legitimieren und zu limitieren, aber nicht, sie überflüssig zu machen. Verfassungen ziehen der Politik einen Rahmen, sie sind nicht eine Vorwegnahme aller politischen Entscheidungen.

Wo die Differenz zwischen Verfassungsrecht und Gesetzesrecht aufgegeben wird, verspielt man die Vorteile des Konstitutionalismus. Die Verfassung als Konsensbasis für den Austrag politischer Gegensätze vermindert das Konfliktpotential und entlastet die Politik von ständiger Prämissendiskussion. Sie liefert die grundlegenden Strukturen und dauerhaften Prinzipien für Politik. Die Politik konkretisiert sie und füllt den Raum, den sie lassen je nach wechselnden Anforderungen oder Präferenzen. Verfassungen stellen auf diese Weise eine dauerhafte Struktur für Wandel zur Verfügung. Sie verbinden Prinzipien, die eine breite

Zustimmung finden, mit Flexibilität, auf neue Anforderungen und wechselnde Mehrheiten zu reagieren, und ermöglichen so einen friedlichen Machtwechsel.

Allerdings ist der Text der Verfassung eine Angelegenheit, ihre Interpretation und Anwendung auf konkrete Fälle eine andere. Selbst wenn der Text die Gefahr einer Radikalisierung in die eine oder andere Richtung vermeidet, kann es vorkommen, dass die Gerichte durch ihre Verfassungsauslegung den Bereich politischer Entscheidungsfreiheit immer weiter verengen. Im selben Maß, wie der Bereich der Politik schrumpft, wächst die Macht der Gerichte. Eine Konstitutionalisierung des Gesetzesrechts durch Rechtsprechung kann denselben zementierenden Effekt haben. Je mehr Gesetzesrecht als verfassungsrechtlich geboten ausgegeben wird, desto weniger kann eine Politik es ändern, wenn das durch eine Änderung der Verhältnisse oder der politischen Präferenzen der Wähler nötig erscheint.

Diese Gefahr besteht insbesondere dort, wo ein Gericht das letzte Wort bezüglich des Sinns der Verfassungsnormen hat. Zwar sind Verfassungen von geringem Wert ohne die Möglichkeit gerichtlicher Durchsetzung. Gerichte sollen auch die Befugnis haben, Verfassungsrecht durch Interpretation auf neue Herausforderungen einzustellen. Aber es gibt eine Grenze zwischen Norminterpretation und Normerzeugung im Gewand von Interpretation, selbst wenn sie schwer definierbar ist. Wenn Gerichte diese Grenzlinie überschreiten, ist das einzige Hilfsmittel, über welches die Politik verfügt, die Umprogrammierung der Justiz durch Gesetzesänderungen, im Fall der Konstitutionalisierung durch Verfassungsänderungen. Je schwieriger diese sind, desto weniger Raum für eine demokratische Umprogrammierung der Gerichte verbleibt.

2. Europa: Konstitutionalisierung der Verträge

a) Die Ursache: Rechtsprechung des EuGH

Es wird nicht bestritten, dass die EU unter einem Demokratie-defizit leidet, das die Akzeptanz der Integration beeinträchtigt. Aber es wird selten wahrgenommen, dass dieses Defizit eine wesentliche Ursache in dem Zustand des europäischen Konstitutionalismus hat. Wie ist das möglich, wenn doch die EU gar keine Verfassung besitzt? Anders als bei Staaten besteht ihre Rechtsgrundlage in völkerrechtlichen Verträgen, ursprünglich abgeschlossen 1957 in Rom von sechs Mitgliedstaaten, mehrfach geändert und jetzt gültig in der Fassung, die ihnen der Lissabon-Vertrag von 2010 gegeben hat, der von 28 Mitgliedstaaten ratifiziert wurde, nachdem der sogenannte Vertrag über eine Verfassung für Europa von 2003 in zwei Volksabstimmungen gescheitert war.

Die Verträge erfüllen allerdings viele Funktionen einer Verfassung. Sie legen die Zwecke der Union fest, richten ihre Organe ein, bestimmen deren Befugnisse und Verfahren, regeln das Verhältnis zu den Mitgliedstaaten und enthalten eine Grundrechtecharta, gerade so wie bei Verfassungen üblich. Die Differenz zur Verfassung besteht darin, dass die Rechtsgrundlage der EU nicht auf eine autonome Entscheidung durch eine europäische verfassunggebende Gewalt zurückgeht. Die EU hat sich ihre Rechtsgrundlage nicht gegeben, sie ist ihr vielmehr von den Mitgliedstaaten gegeben worden und bleibt auch von deren Willen abhängig. Sie allein haben die Befugnis, die Rechtsgrundlage zu ändern. Sie sind, wie man gerne sagt, die «Herren der Verträge».

Obwohl das gelegentlich angezweifelt wird, ist es zu einer Umwandlung der Verträge in eine Verfassung im vollen Sinn des Begriffs bisher nicht gekommen. Selbst der Verfassungsvertrag, der am weitesten gehende Versuch, eine immer engere Union zu schaffen, hatte es nicht unternommen, die Rechtsnatur der juristischen Grundlage der EU zu ändern. Auch wenn alle Mitgliedstaaten ihn angenommen hätten, wäre er ein völkerrechtlicher

Vertrag geblieben, denn die Mitgliedstaaten waren nicht bereit, die verfassunggebende Gewalt auf die EU zu übertragen. Vielmehr behielten sie sich das Recht vor, über die Rechtsgrundlage der EU und damit über deren Zwecke und Befugnisse selbst zu bestimmen, sodass ein Übergang von Heterodetermination zu Autodetermination nicht stattfand.[9]

In seiner Anwendung auf die EU muss der Begriff «Konstitutionalisierung» daher etwas anderes meinen als gewöhnlich. Er bezeichnet weder einen Prozess der Verfassunggebung oder -entstehung noch die verfassungsrechtliche Durchdringung des Gesetzesrechts im Weg der Interpretation, wie es in Staaten mit starker Verfassungsgerichtsbarkeit zu beobachten ist. In Europa wird der Begriff vielmehr verwendet, um die Folge zweier grundlegender Urteile des EuGH zu beschreiben, welche die Verträge mit Wirkungen versehen haben, die für eine Verfassung typisch sind. In Europa ist das lange unerkannt geblieben. Es war ein amerikanischer Beobachter, der diesen Vorgang zuerst als «Konstitutionalisierung» begriffen hat.[10]

Im Jahr 1963 musste sich der EuGH erstmals mit dem Verhältnis von europäischem und nationalem Recht befassen. Die traditionelle Antwort auf diese Frage war klar: Da das europäische Recht internationales Recht ist, bindet es die Mitgliedstaaten, entfaltet Wirkungen für die Einzelnen aber erst, nachdem es in nationales Recht einbezogen oder von diesem konkretisiert worden ist. Das war auch die Auffassung mehrerer Mitgliedstaaten, die sich in dem Verfahren äußerten, und es war ebenfalls die Auffassung des zuständigen Generalanwalts beim EuGH. Im Gegensatz dazu erklärte der EuGH europäisches Recht jedoch für direkt anwendbar in den Mitgliedstaaten. Das bedeutet, dass auch Individuen Rechte aus den Verträgen ableiten und vor den nationalen Gerichten durchsetzen konnten, ohne auf die Umsetzung oder Konkretisierung seitens des nationalen Gesetzgebers warten zu müssen.[11]

Allerdings hatte das erste Urteil offengelassen, was im Fall eines Widerspruchs zwischen europäischem und nationalem Recht zu geschehen hätte. Die Antwort auf diese Frage folgte ein Jahr später in dem zweiten Urteil.[12] Der EuGH erklärte, dass die Verträge und mehr noch: sämtliches europäisches Recht, Vorrang vor dem nationalen Recht hätten, selbst vor den nationalen Verfassungen. Nationales Recht, das europäischem Recht widersprach, verlor dadurch seine Anwendbarkeit. Kein nationales Gericht und keine nationale Behörde durfte es weiter anwenden. Im Zweifel hatten die nationalen Gerichte die Frage der Vereinbarkeit nationalen Rechts mit europäischem Recht dem EuGH vorzulegen, dessen Entscheidung wiederum für die nationalen Gerichte bindend war.

Der EuGH hatte sich das Tor zu dieser Interpretation durch eine methodologische Wende selbst geöffnet.[13] Seiner Ansicht nach war Europarecht weder Teil des Völkerrechts noch auf einen nationalen Rechtsanwendungsbefehl angewiesen, sondern eine autonome Rechtsordnung, die sich von ihren nationalen Quellen emanzipiert hatte. Infolgedessen sah er keine Notwendigkeit, Europarecht wie Völkerrecht zu interpretieren, nämlich orientiert am Willen der vertragschließenden Parteien und eng, sobald die nationale Souveränität berührt wurde. Stattdessen interpretierte der EuGH die Verträge wie eine Staatsverfassung, nämlich mehr oder weniger losgelöst von dem Willen der Mitgliedstaaten und orientiert an einem objektivierten Zweck und ohne Rücksicht auf die nationale Souveränität.

Teil dieses methodologischen Programms war der sogenannte *effet utile,* der die unmittelbare Geltung und den Vorrang des europäischen Rechts abrundete. Gemäß dieser Maxime ist Europarecht in einer Weise auszulegen, die ihm die größtmögliche Wirkung sichert, während die Anwendung nationalen Rechts im selben Maß zurückgedrängt wird. Die Einheitlichkeit der Anwendung von Europarecht in allen Mitgliedstaaten ist Teil seiner Effektivität. Der EuGH versteht diese Maxime nicht nur als Leitlinie für seine eigene Rechtsprechung, sondern auch als verbindlich für die nationalen Gerichte, wenn sie Fälle entscheiden, in denen Europarecht eine Rolle spielt.

Erst im Rückblick sind die beiden Urteile als revolutionär empfunden worden. Als sie ergingen, blieben sie als Einzelfallentscheidungen eines wenig bemerkten Gerichts zu verhältnismäßig unspektakulären Gegenständen weithin unter der Aufmerksamkeitsschwelle des Publikums und selbst der Politik. Revolutionär waren sie zum einen, weil sich die unmittelbare und vorrangige Geltung des europäischen Rechts dem Text der Römischen Verträge nicht entnehmen ließ. Sie waren vielmehr das Ergebnis einer Interpretation, die alles andere als alternativlos, zur damaligen Zeit wohl nicht einmal naheliegend war. Revolutionär waren die Urteile aber auch, weil die EU ohne sie nicht das geworden wäre, was sie heute ist, nämlich eine präzedenzlose politische Einheit irgendwo zwischen einer internationalen Einrichtung und einem Bundesstaat, aber aufgrund ihrer Kompetenzfülle und Organisationsdichte näher an dem letzteren als an dem ersteren.

Revolutionär waren die Urteile aber nicht zuletzt, weil sich durch sie die Stellung des Gerichts selber wesentlich änderte. Obwohl völlig im Rahmen seiner prozessualen Zuständigkeiten bleibend, erweiterte es mit der interpretativen Inhalts- und Funktionserweiterung des materiellen Rechts zugleich seine eigene Macht. Der EuGH verschaffte sich durch seine Deutung des Rechtscharakters der Verträge eine Stellung, die über diejenige eines internationalen Gerichts weit hinausging. Seine Urteile verpflichteten nicht nur die Mitgliedstaaten, ihnen innerstaatlich Geltung zu verschaffen. Der EuGH konnte das unter Umgehung der mitgliedstaatlichen Parlamente und Regierungen selbst tun. Es hing fortan von ihm ab, wo die Grenze zwischen den Befugnissen der Mitgliedstaaten und denjenigen der Union konkret verlief.

In diesem Beitrag geht es nicht um die Frage, ob die Urteile von 1963 und 1964 richtig oder falsch in einem dogmatischen Sinn waren. Sie wurden von den Mitgliedstaaten hingenommen und im Prinzip auch von den nationalen Gerichten, auf deren Kooperation der EuGH angewiesen ist. Umstritten bleibt nur noch die Frage, ob die Identität der nationalen Verfassungen eine äußerste Grenze für den Vorrang des europäischen Rechts bildet und wer autorisiert ist zu entscheiden, ob die europäischen Institutionen *ultra vires* gehandelt haben, der EuGH allein oder auch die nationalen Verfassungsgerichte, wie viele von ihnen unter Führung des

Bundesverfassungsgerichts annehmen. Was hier von Interesse ist, sind die Konsequenzen der beiden umwälzenden Urteile.

b) Die Wirkung: Entpolitisierung

Als unmittelbare Folge der beiden Urteile wurden die Mitgliedstaaten zur Herstellung des Gemeinsamen Marktes nicht länger benötigt. Unmittelbare Geltung und Vorrang des Gemeinschaftsrechts erlaubten es der Kommission (als demjenigen Organ, welches für die Durchsetzung der Verträge gegenüber den Mitgliedstaaten Sorge zu tragen hat) und dem EuGH (als demjenigen Organ, dem die Aufgabe der verbindlichen Inhaltsbestimmung der Verträge in Konfliktfällen übertragen ist), die Aufgabe der wirtschaftlichen Integration in eigene Hände zu nehmen. Wenn sie der Meinung waren, dass nationales Recht den Gemeinsamen Markt behinderte, wurde es für unanwendbar erklärt, ohne dass die Mitgliedstaaten eine realen Chance besaßen, ihr Recht wirksam zu verteidigen.

Voraussetzung dafür war freilich, dass der EuGH die Gelegenheit bekam, seine selbst erzeugte Macht auch zu nutzen. Das hing vor allem von der Bereitschaft der nationalen Gerichte ab, Fragen der Vereinbarkeit von nationalem Recht mit Europarecht dem EuGH vorzulegen. Untere Gerichte dürfen das, Höchstgerichte müssen es. Im Allgemeinen kooperierten die nationalen Gerichte mit dem EuGH. Lediglich einige seiner Urteile, deren Hinnahme den nationalen Gerichten besonders schwerfiel, minderten zeitweilig die Bereitschaft, Fragen nach Luxemburg zu überweisen. Abermals verdanken wir die Erklärung für dieses keineswegs selbstverständliche Verhalten der nationalen Gerichte amerikanischen Beobachtern.[14]

Alles hing in der Folge davon ab, wie der EuGH die Verträge interpretieren würde, zugunsten von Rechtseinheit oder Rechtsvielfalt, marktfreundlich oder regulierungsfreundlich, liberal oder sozial. Wie sich herausstellte, verfolgte der EuGH das Ziel der Marktintegration mit beträchtlichem Eifer, während andere Belange diesem Ziel untergeordnet wurden. Der EuGH war ein Gericht mit einer Agenda, wie Rainer Wahl es genannt hat.[15] Kompetenzen, die der EU übertragen worden waren, wurden weit, Kompetenzen, welche die Mitgliedstaaten sich vorbehalten hatten, eng ausgelegt. Dasselbe lässt sich für die Handhabung des Verhältnismäßigkeits-Grundsatzes sagen. Wenn nationales Recht an diesem Grundsatz gemessen wurde, nahm der EuGH eine strikte Prüfung vor, wenn es um die Verhältnismäßigkeit von europäischem Recht ging, legte er einen großzügigen Maßstab an.

Die Nutznießer der Rechtsprechung waren die vier wirtschaftlichen Grundfreiheiten (freier Verkehr von Gütern, Arbeitskräften, Dienstleistungen und Kapitalien) und ihre Konkretisierung in den Verträgen. Diese Freiheit wurde von objektiven Prinzipien für die Gesetzgebung in subjektive Rechte der Marktteilnehmer umgedeutet, die diese nun vor den nationalen Gerichten gegen die Mitgliedstaaten einklagen konnten. Die Verwirklichung der Integration wurde so zu einer Sache der Rechtsprechung statt der Gesetzgebung. Hier ist nicht der Raum, das im Einzelnen zu belegen.[16] Drei Beispiele müssen genügen, das zu illustrieren.

(1) Die Verträge verbieten den Mitgliedstaaten alle Maßnahmen, die einheimische Waren vor ausländischer Konkurrenz schützen. Untersagt sind Ein- und Ausfuhrzölle und mengenmäßige Einfuhrbeschränkungen «sowie alle Maßnahmen gleicher Wirkung». Der EuGH nutzte diese Klausel, um das Verbot nicht nur antiprotektionistisch, sondern antiregulatorisch zu interpretieren. Jedes nationale Recht, das seiner Ansicht nach den freien Warenverkehr behinderte, gleich ob es ein protektionistisches oder auch nur ein wirtschaftliches Motiv hatte, geriet so ins Visier der Rechtsprechung. Die Vorschrift verlor dadurch ihre Konturen, denn fast jedes Recht kann sich als hinderlich für den freien Warenverkehr erweisen.

Der entscheidende Schritt wurde in Urteilen getan, denen zufolge ein Produkt, das in einem Mitgliedstaat legal hergestellt worden ist, in jedem anderen Mitgliedstaat angeboten werden darf, und zwar ohne Rücksicht auf die Gesetze dieses Staates.[17] Ähnlich verhält es sich mit dem Verbot, Unternehmen staatliche

Beihilfen zu gewähren, sofern diese den freien Wettbewerb verzerren. Der EuGH beschränkte diese Vorschrift nicht auf finanzielle Leistungen für erwerbswirtschaftliche Unternehmen, sondern erstreckte sie auch auf Einrichtungen der öffentlichen Daseinsvorsorge, wiederum ohne Rücksicht darauf, ob die Beihilfe auf eine Wettbewerbsbeeinflussung zielte und ob der Markt die Leistung in gleicher Weise erbringen konnte. Die Ausnahmen, welche die Verträge erlauben, wurden demgegenüber eng interpretiert.

(2) Die Einstellung des EuGH zu den europäischen Richtlinien zeigt dieselbe aktivistische Tendenz. Im Unterschied zu europäischen Verordnungen binden Richtlinien die Mitgliedstaaten nur hinsichtlich des Zwecks, nicht hinsichtlich der Mittel und Wege der Zielerreichung. Erst die mitgliedstaatliche Umsetzung von Richtlinien verleiht ihnen also die Anwendbarkeit. Gleichwohl hat der EuGH den gesetzgeberischen Spielraum für die Mitgliedstaaten immer weiter eingeengt. Im Fall der Nicht- oder Schlechterfüllung der Umsetzungspflicht sollen Richtlinien unmittelbar in den Mitgliedstaaten zur Anwendung kommen, soweit ihre Formulierung das zulässt. Wie erwartbar war das eine Einladung, die Richtlinien immer detaillierter zu formulieren. Entscheidungen des EuGH, die eine europäische Richtlinie wegen übermäßiger Beschränkung des nationalen Handlungsspielraums aufgehoben hätten, sind nicht bekannt.

Überdies verpflichtet der EuGH die nationalen Gerichte, alles nationale Recht richtliniengemäß zu interpretieren, gleich ob es sich um nationales Recht handelt, das eine Richtlinie umsetzt oder von einer Richtlinie veranlasst wurde. Richtlinien werden sogar vor Ablauf der Umsetzungsfrist für anwendbar erklärt. Wenn eine Richtlinie nicht rechtzeitig oder nicht zufriedenstellend umgesetzt worden ist, können dem Mitgliedstaat Geldstrafen und Schadensersatzzahlungen an alle, die durch die Nicht- oder Schlechterfüllung einen Schaden erlitten haben, auferlegt werden. Die Haftung ist sogar auf sogenanntes judikatives Unrecht erstreckt worden und tritt ein, wenn ein nationales Gericht europäisches Recht nach Ansicht des EuGH «falsch» ausgelegt hat.

(3) Der jüngste Schritt des Gerichtshofs betrifft die Reichweite der Europäischen Grundrechtecharta. Sie gilt gemäß Artikel 51 Absatz 1 für alle Institutionen der EU, für die Mitgliedstaaten dagegen «ausschließlich bei der Durchführung des Rechts der Europäischen Union». Für den EuGH ist Durchführung von Unionsrecht aber auch Durchführung von nationalem Recht, wenn dieses in irgendeinem Zusammenhang mit europäischem Recht steht.[18] Angesichts des Vermischungsgrades von europäischem und nationalem Recht fällt es dem Gerichtshof nicht schwer, eine solche Verbindung zu finden. Dadurch gelingt es ihm, seinen Fuß auch in Kompetenzbereiche zu setzen, die die Mitgliedstaaten nicht übertragen haben, und dies obwohl Artikel 51 Absatz 2 jede Kompetenzausweitung durch die Grundrechtecharta verbietet.

Zudem wird die Geltung der Grundrechtecharta in Art. 53 dadurch eingeschränkt, dass ihre Interpretation nicht zu einer Minderung des nationalen Grundrechtsschutzes in seinem Anwendungsbereich führen darf. Da der Anwendungsbereich von Artikel 51 definiert wird, hängt die Reichweite dieses Verbots also von der Interpretation des Artikel 51 durch den EuGH ab. Das Problem verschärft sich, sobald dreipolige Rechtsverhältnisse im Spiel sind, bei denen die nationalen Gerichte einen Ausgleich zwischen den kollidierenden Grundrechten herbeiführen müssen. Jede Beanstandung dieses Ausgleichs durch den EuGH bedeutet dann eine Verminderung des Schutzstandards für dasjenige Grundrecht, dem auf der nationalen Ebene Priorität eingeräumt worden war.

Diese Rechtsprechung hinterlässt tiefe Spuren im nationalen Recht und in der nationalen Politik.[19] Die extensive Interpretation der Handelshindernisse entzieht den Mitgliedstaaten die Möglichkeit, nationale Schutzstandards aufrechtzuerhalten. Die Ausweitung des Verbots marktverzerrender staatlicher Beihilfen auf öffentliche Dienstleistungen nimmt den Mitgliedstaaten die Möglichkeit, selbst zu entscheiden, was sie dem Markt überlassen und was sie in staatliche Regie nehmen wollen. Die extensive Interpretation der Grundrechtecharta und die Aufwertung der vier Grundfreiheiten erlegt den Mitgliedstaaten die Präferenz des

EuGH für die wirtschaftlichen Freiheiten auf, während die nationalen Verfassungsgerichte in der Regel den personalen, kommunikativen, kulturellen und sozialen Grundrechten den Vorzug
geben. Das hat auch Rückwirkungen auf nicht vergemeinschaftete Politikbereiche wie die Sozialpolitik.

3. Demokratische Kosten

a) Das Problem: Über-Konstitutionalisierung

Die integrationsfreundliche Rechtsprechung des EuGH wird
meist als Erfolgsgeschichte erzählt. Und eine Erfolgsgeschichte ist
sie in der Tat, jedenfalls soweit es um die wirtschaftliche Integration geht. Die ökonomische Perspektive ist allerdings nicht die
einzig mögliche. Der wirtschaftliche Erfolg hat eine legitimatorische Kehrseite, deren tiefere Gründe noch immer nicht ausreichend wahrgenommen werden. Die Kehrseite trat zu Tage, als
dem Publikum bewusst wurde, dass der Gegenstand der Integration nicht mehr allein die Wirtschaft, sondern auch die Politik
war, jedoch ohne dass die Völker und ihre Repräsentanten eine
Chance gehabt hätten, darauf Einfluss zu nehmen.

Aufgrund der Rechtsprechung des EuGH gibt es nun zwei
Wege zur Integration statt eines. Der ursprüngliche Weg, den die
Verträge vorzeichnen, besteht in der Schaffung von europäischem
Primärrecht und der Setzung europäischen Sekundärrechts. Dieser Weg kann nur von den Mitgliedstaaten beschritten werden –
was das Primärrecht angeht, durch einen einstimmigen Beschluss
der Konferenz der Staats- und Regierungschefs, was das Sekundärrecht angeht, durch Entscheidungen des Ministerrats, die bis
zur Einheitlichen Europäischen Akte von 1987 ebenfalls einstimmig fallen mussten und auch heute noch auf hohe Hürden treffen.
Der neue Weg besteht in der Auslegung und Anwendung der Verträge, wie sie der EuGH versteht. Dieser Weg steht den exekutiven und judikativen Gewalten der EU offen.

Die beiden Integrationswege unterscheiden sich beträchtlich. Auf der Grundlage des ersten werden Kompetenzen von den Mitgliedstaaten auf die EU übertragen. Dieser Weg ist politisch und bezieht die demokratisch legitimierten und verantwortlichen Regierungen der Mitgliedstaaten und ihre Parlamente ein, neuerdings auch das Europäische Parlament. Auf der Grundlage des zweiten Weges nimmt sich die EU Kompetenzen von den Mitgliedstaaten durch eine extensive Vertragsinterpretation. Dieser Weg ist administrativer und judikativer Art. Die demokratisch legitimierten und kontrollierten Regierungen der Mitgliedstaaten, ihre Parlamente und auch das Europäische Parlament sind daran nicht beteiligt. Es handelt sich um eine «integration by stealth».[20]

Indessen entkleidet der unpolitische Entscheidungsmodus auf dem zweiten Weg die Entscheidungen nicht ihres politischen Charakters. Es wird lediglich die Befugnis, Fragen von großem politischen Gewicht zu entscheiden, von den politischen Organen der EU zu den unpolitischen verschoben. Im selben Maß fallen aber die Mittel zur Sicherung von Legitimation und Verantwortung aus. Im Bereich der Vertragsanwendung sind die administrativen und judikativen Organe der EU von den demokratischen Prozessen in den Mitgliedstaaten und der EU entkoppelt und erfreuen sich großer Unabhängigkeit. Das bleibt nicht ohne Folgen.

Der Unterschied zwischen politischem und unpolitischem Modus der Integration ist verantwortlich für die zuerst von Fritz Scharpf aufgedeckte Asymmetrie zwischen negativer und positiver Integration.[21] Negative Integration bedeutet Deregulierung auf der nationalen Ebene; positive Integration bedeutet die Re-Regulierung auf der europäischen Ebene. In Folge der Konstitutionalisierung der Verträge vollzieht sich die negative Integration in einem unpolitischen Modus durch einen Federstrich von Kommission oder EuGH, während die positive Integration politische Entscheidungen verlangt, bei denen die Mitgliedstaaten, das Europäische Parlament und die Kommission sich einigen müssen. Das ist auf einigen Feldern gelungen, wie beispielsweise dem des Umweltschutzes, auf anderen dagegen nicht.

Die Asymmetrie erklärt auch den liberalisierenden Grundzug der EuGH-Rechtsprechung.[22] Damit ist nicht gemeint, dass sich der Gerichtshof dem wirtschaftlichen Liberalismus verschrieben hätte. Er hat sich dem Vertragsziel des Gemeinsamen Marktes verschrieben. Da aber der Großteil der Vorabentscheidungsverfahren, die ihn erreichen, von Wirtschaftsakteuren ausgeht, die sich durch nationale Regelungen in ihrer Freiheit beschnitten sehen, und da er zur Herstellung des Gemeinsamen Marktes nur negativ, nicht positiv beitragen kann, ist das Ergebnis eine strukturelle Begünstigung des Liberalismus. Mittelbar wirkt das auch auf die Sozialpolitik zurück. Sie ist zwar Sache der Mitgliedstaaten, aber aufgrund der Liberalisierungstendenz und verstärkt durch die Globalisierung gerät sie unter Druck, weil ein hoher Standard sozialer Sicherheit die Wettbewerbsfähigkeit der einheimischen Wirtschaft zu schwächen und Anreize zur Abwanderung zu geben droht.[23]

Inwiefern liegt darin ein Problem? Sind die Mitgliedstaaten nicht die «Herren der Verträge»? Sind sie nicht im Stand, judikativ geschaffene Tendenzen einzudämmen, wenn sie diese nicht gutheißen? Schließlich entscheiden sie im Europäischen Rat über Richtung, Ausmaß und Tempo der Integration und sind im Ministerrat die Hauptakteure der europäischen Gesetzgebung. Das sollte es ihnen ermöglichen, die Rechtsprechung des EuGH durch Rechtsänderung für die Zukunft neu zu orientieren, wenn sie ihre Intentionen in der Judikatur nicht wiedererkennen oder finden, dass sie unerwünschte Auswirkungen hat.

An diesem Punkt wirkt sich die Eigenart der europäischen Konstitutionalisierung aus. Im Unterschied zu nationalen Verfassungen beschränken sich die Verträge nicht auf Bestimmungen, welche der Funktion einer Verfassung entsprechen. Sie sind vielmehr voll von Vorschriften, die in den Mitgliedstaaten Gesetzesrecht wären. Das ist der Grund für den Umfang der Verträge. Solange die Verträge wie Völkerrecht behandelt wurden, schuf das kein Problem. Seit sie konstitutionalisiert sind, wird ihre Eigenart problematisch: In der EU ist die für die Konstitutionalismus grundlegende Differenz zwischen Regeln für politische Entschei dungen und den politischen Entscheidungen selbst weitgehend eingeebnet. *Die EU ist über-konstitutionalisiert.*

Das hat vor allem zwei Folgen. Erstens untergräbt die Über-Konstitutionalisierung die Rolle der Mitgliedstaaten als «Herren der Verträge». Sie hat Bestand, soweit es um förmliche Vertragsänderungen geht. Aber sie ist geschwächt, wenn Vertragsauslegung ins Spiel kommt. Das Prinzip der begrenzten Einzelermächtigung, das die Befugnisse der EU auf die ausdrücklich übertragenen Kompetenzen beschränkt, wird unterlaufen. Die Kompetenz-Kompetenz, die garantiert, dass allein die Mitgliedstaaten über die Kompetenzverteilung entscheiden dürfen, wird ausgehöhlt. Es findet eine schleichende Machtverschiebung von den Mitgliedstaaten zur EU statt, die die Grenzlinie zwischen Vertragsänderung und Vertragsinterpretation verwischt und daher besonders das Bundesverfassungsgericht beunruhigt.[24]

Zweitens führt die mangelhafte Unterscheidung zwischen der Verfassungsebene und der Gesetzesebene zusammen mit der Konstitutionalisierung der Verträge zu einer Immunisierung der Kommission und des EuGH gegen alle Versuche der demokratisch verantwortlichen Institutionen der EU, auf die Rechtsprechung durch Rechtsänderung zu reagieren. Desgleichen immunisieren sie die exekutiven und judikativen Institutionen der EU gegen den Druck der öffentlichen Meinung. Soweit die Verträge reichen, spielt sie keine Rolle. Die Akteure, welche der öffentlichen Meinung Rechnung tragen müssen, können nichts ändern. Diejenigen, welche etwas ändern könnten, brauchen auf die öffentliche Meinung keine Rücksicht nehmen. Der EuGH ist freier als jedes nationale Gericht.

Zwar fehlt den Mitgliedstaaten nicht jedes Mittel der Verteidigung ihrer Rechtsposition gegen die schleichende Kompetenzaushöhlung. Soweit sie von der Kommission ausgeht, können die Mitgliedstaaten Nichtigkeitsklage erheben, wenn sie meinen, dass die Kommission *ultra vires* gehandelt hat. Soweit sie ihre Ursache in der Vertragsauslegung durch den EuGH hat, können sie die Verträge ändern. Aber die Erfolgsaussichten dieser Mittel sind gering. Angesichts der integrationsfreundlichen Haltung des

EuGH, der sich nicht als neutraler Schiedsrichter zwischen der EU und den Mitgliedstaaten versteht, haben Nichtigkeitsklagen wenig Chancen. Vertragsänderungen sind wegen der hohen Hürden schwer und für die begrenzten Zwecke einer Rechtsprechungskorrektur schon gar nicht erreichbar.

Insofern bestätigt das Beispiel der EU die Feststellung, dass mehr Verfassungsrecht weniger Demokratie bedeutet. Die Verschmelzung von verfassungsrechtlichen Bestandteilen mit einfachrechtlichen Bestandteilen in den Verträgen begünstigt die nichtgewählten und nichtverantwortlichen Institutionen der EU gegenüber den demokratisch legitimierten und kontrollierten Organen. Entscheidungen von hohem politischen Gewicht werden in einem unpolitischen Modus getroffen. Das Ergebnis ist ein Zustand der Integration, zu dem niemals die Zustimmung der Unionsbürger eingeholt wurde, den sie aber auch nicht ändern können, selbst wenn sie ihn mehrheitlich ablehnen.

b) Abhilfe: Repolitisierung

Die Über-Konstitutionalisierung ist nicht die einzige Ursache des europäischen Legitimationsdefizits. Aber sie ist die am häufigsten übersehene. Die Blindheit für die delegitimierenden Wirkungen der Über-Konstitutionalisierung leitet die Suche nach Abhilfe fehl. Der Grund für die Akzeptanzschwäche der EU wird meistens in einer zu geringen Ausstattung des Europäischen Parlaments mit Kompetenzen gesehen. In der Tat verfügt es bei Weitem nicht über all die Kompetenzen, welche nationale Parlamente üblicherweise haben. Daher nehmen viele an, dass das Demokratiedefizit gedeckt wäre, wenn erst das Europäische Parlament diejenigen Kompetenzen erhielte, die den Volksvertretungen in einem parlamentarischen System zustehen.

Der Ruf nach mehr Befugnissen für das Europäische Parlament ist keineswegs verfehlt. Als Gegengewicht gegen die Dominanz der nationalen Interessen im Rat und die technokratischen Interessen in der Kommission wird es dringend benötigt. Aber es ist zweifelhaft, ob die Voll-Parlamentarisierung der EU die tieferen Probleme des europäischen Demokratiedefizits zu lösen vermöchte. Dafür gibt es mehrere Gründe. Ganz allgemein sind die Parlamente die Verlierer der wachsenden Internationalisierung der Politik. Diese spielt der Exekutive in die Hände. Es wäre überraschend, wenn ausgerechnet das Europäische Parlament von dieser Entwicklung verschont bliebe.

Es gibt aber auch spezifisch europäische Gründe, an dem Nutzen einer Parlamentarisierung der EU zu zweifeln. Die Repräsentativität des Europäischen Parlaments ist erheblich geringer als die der nationalen Parlamente.[25] Der Hauptgrund dafür liegt in dem Umstand, dass die Europawahlen nicht wirklich europäisiert sind. Das Europäische Parlament wird nach 28 nationalen Wahlgesetzen gewählt. Die Sitze werden nach nationalen Quoten zugeteilt, die aber nicht die Bevölkerungszahlen widerspiegeln. Gewählt werden können nur nationale Parteien, die mit nationalen Programmen um Wählerstimmen werben. Das Wahlergebnis wird üblicherweise unter nationalen Gesichtspunkten gewürdigt: Hat die nationale Regierung oder die nationale Opposition gewonnen?

Im Europäischen Parlament spielen die nationalen Parteien (seit der Wahl von 2014 mehr als 200) indessen keine entscheidende Rolle. Dort sind vielmehr europäische Fraktionen, die sich aus ideologisch verwandten Parteien bilden, die maßgeblichen Akteure. Die Fraktionen sind jedoch in keiner Gesellschaft verwurzelt und treten mit den Wählern nicht in unmittelbaren Kontakt. Darunter leidet die Bedeutung der europäischen Wahlen. Die Parteien, die man wählen kann, sind nicht die Akteure im Europäischen Parlament. Die Fraktionen, welche als Akteure auftreten, kann man nicht wählen. Die Legitimationskette, die von den Wählern über die Parteien zum Parlament verläuft, ist in Europa unterbrochen.

Schließlich und am wichtigsten: die europäische Öffentlichkeit und der europäische öffentliche Diskurs sind im Vergleich mit der Lage in den Mitgliedstaaten schwach entwickelt. Diejenigen intermediären Kräfte, die neben den Parteien zwischen den Bürgern und den Organen vermittelnd tätig werden, fehlen in der EU oder sind unterentwickelt. Es fehlen nicht nur europäische Parteien, sondern auch Verbände, Volksbewegungen, NGOs, und, wichtiger als alles andere: es gibt keine europäisierten Massenkommunikationsmedien. Eine europäische Öffentlichkeit wird nicht schon dann hergestellt, wenn die nationalen Medien über europäische Angelegenheiten berichten. Das Fehlen eines gesellschaftlichen Substrats, von dem eine lebendige Demokratie zehrt, macht es unwahrscheinlich, dass eine Voll-Parlamentarisierung der EU ihr Ziel, die Kluft zwischen Bürgern und Institutionen zu schließen, erreichen würde.

Überdies muss berücksichtigt werden, dass sich die Rolle des Europäischen Parlaments nicht steigern lässt, ohne dass gleichzeitig diejenige des Rats gemindert wird. Viele Reformvorschläge laufen aber gerade darauf hinaus. Der Rat soll in eine Zweite Kammer des Europäischen Parlaments umgewandelt werden. Im Gegenzug würde die Kommission zur parlamentarischen Regierung Europas aufgewertet. Den Höhepunkt bildet für viele ein direkt gewählter europäischer Präsident. Doch würde die Stärkung des Europäischen Parlaments auf der institutionellen Ebene wenig zur Demokratisierung der EU beitragen, solange unterhalb dieser Ebene die gesellschaftliche Substruktur des Parlamentarismus fehlt oder schwach entwickelt ist.

Man muss im Gegenteil befürchten, dass eine Parlamentarisierung die Legitimationsstruktur der EU schwächen statt stärken würde. Ursprünglich ging die demokratische Legitimation der EU allein von den Mitgliedstaaten aus. Der Rat, in dem die mitgliedstaatlichen Regierungen vertreten sind, war das zentrale Organ der EU und ihr alleiniger Gesetzgeber. Ratsentscheidungen verlangten Einstimmigkeit. Auf diese Weise konnte kein Mitgliedstaat einem Recht unterworfen werden, das seine demokratisch legitimierten Organe nicht gebilligt hatten. Wenn die Staatsbürger mit der Europapolitik ihrer Regierung nicht einverstanden waren, konnten sie ihrem Missfallen in den nationalen Wahlen Ausdruck verleihen.

Das Einstimmigkeitserfordernis wurde nach einer langen

Epoche der Stagnation mit dem Inkrafttreten der Einheitlichen Europäischen Akte 1987 gelockert. In bestimmten Angelegenheiten konnte der Rat nun mit Mehrheit entscheiden. Damit wurde es aber auch möglich, dass ein Mitgliedstaat Gesetzen und Rechtsakten unterworfen war, dem seine demokratisch legitimierten und verantwortlichen Organe nicht zugestimmt hatten. Im selben Maß war die Legitimationskette, die von den nationalen Wahlen über die nationalen Parlamente und Regierungen zu den europäischen Organen läuft, unterbrochen, jedenfalls für Staaten, die im Rat überstimmt worden waren.

Diese Legitimationslücke konnte auf der nationalen Ebene nicht überbrückt werden. Als Ausgleich erhielt das Europäische Parlament einen Anteil an der Gesetzgebung, der mit jeder Vertragsänderung wuchs. Seitdem ist die monistische Legitimation der EU durch eine dualistische ersetzt worden. Die angestrebten Reformen würden wieder zu einer monistischen Legitimation übergehen, die diesmal aber nicht Fremd-, sondern Eigenlegitimation wäre. Deswegen fragt es sich, ob die Legitimationsressourcen der EU dafür ausreichen würden. Angesichts der unterentwickelten gesellschaftlichen Basis der europäischen Demokratie ist das mehr als fraglich. Es steht im Gegenteil zu befürchten, dass eine Voll-Parlamentarisierung der EU die externe Legitimation reduzieren würde, ohne die interne steigern zu können.

Schließlich, und in unserem Kontext am wichtigsten, ließe die Parlamentarisierung die Auswirkungen der Über-Konstitutionalisierung völlig unberührt. In dem Bereich, der durch die konstitutionalisierten Verträge abgesteckt wird, sind Wahlen ohne Bedeutung und Parlamente haben hier nichts zu sagen. Diese Quelle des Demokratiedefizits kann vielmehr nur durch eine Politisierung der Entscheidungsprozesse in der EU geschlossen werden. Wenn man die Legitimität der EU erhöhen will, müssen die Entscheidungsbefugnisse in hochpolitischen Fragen von den exekutiven und judikativen Organen auf die politischen Organe übergehen. Der einzige Weg, das zu erreichen, liegt in einer Beschränkung der Verträge auf ihren verfassungsrechtlichen Kern, während alle

Vorschriften nicht verfassungsrechtlicher Art auf den Status von Sekundärrecht herabgestuft werden müssen.

Dieser Vorschlag darf nicht als Revision der Konstitutionalisierung und auch nicht als Rückbildung der Integration verstanden werden. Vielmehr werden aus der erfolgten Konstitutionalisierung nur die Konsequenzen gezogen, indem die zur Quasi-Verfassung gewordenen Verträge auch inhaltlich wie eine Verfassung ausgestaltet werden. Keine einzige Norm der Verträge muss dabei geopfert werden. Es wird lediglich für die politischen Organe der EU das Tor zu einer Umprogrammierung der Rechtsprechung geöffnet, wenn diese das für nötig halten. Rechtlich ist das einfach. Politisch ist es schwierig, solange die demokratischen Kosten der Konstitutionalisierung der öffentlichen Aufmerksamkeit entgehen.

VI.
Die Ursachen des europäischen Demokratiedefizits werden an der falschen Stelle gesucht

Wird nach Lösungen für die Legitimationsprobleme der Europäischen Union gesucht, ruhen die meisten Hoffnungen mittlerweile auf dem Parlament. Besitze es erst einmal die Kompetenzen, mit denen nationale Parlamente üblicherweise ausgestattet sind, dann rücke das von den Unionsbürgern gewählte Organ ins Zentrum der EU und verschaffe ihr die demokratische Legitimation, an der es bis jetzt noch fehle. Die Wahl von Jean-Claude Juncker zum Kommissionspräsidenten wird gefeiert, weil man sich dem Ziel dadurch einen Schritt nähergekommen sieht. Er war der Spitzenkandidat des siegreichen Parteienbündnisses, und der Rat, der das Vorschlagsrecht hat, fand sich widerstrebend bereit, ihn zu nominieren. Soweit das mit der erstmaligen Aufstellung von Spitzenkandidaten bei einer Europawahl bezweckt war, ist das Kalkül also aufgegangen. Von dem weiteren Zweck, die Wahl durch Personalisierung attraktiver zu machen, lässt sich das nicht sagen. Die Wahlbeteiligung war mit Spitzenkandidaten ebenso matt wie ohne sie.

Die Parlamentarisierung der EU kann das Legitimationsproblem freilich nur dann lösen, wenn es seinen Grund tatsächlich in der mangelnden Kompetenzausstattung des Parlaments hat. Liegt der Grund anderwärts, verfängt diese Therapie nicht. Deswegen darf der Erfolg einer Parlamentarisierung nicht einfach unterstellt werden. Zwar ist Demokratie ohne frei gewählte und mit ausreichenden Kompetenzen versehene Parlamente schwer vorstellbar. Für sich allein garantieren diese Merkmale aber lediglich, dass die Anforderungen an demokratische Herrschaft formal erfüllt sind.

Ob es in einem Gemeinwesen auch materiell demokratisch zugeht, hängt von einer Anzahl weiterer Voraussetzungen ab. Erst wenn diese in die Betrachtung einbezogen werden, gewinnt man Klarheit darüber, ob die Parlamentarisierung des europäischen Regierungssystems den gewünschten Erfolg verspricht.

Zu diesen Voraussetzungen zählt *erstens*, dass das Parlament für die Gesellschaft, welche es vertritt, einigermaßen repräsentativ ist, um den kollektiv verbindlichen Entscheidungen Legitimität vermitteln zu können. Das fällt heute fast allen Parlamenten in den stark individualisierten Gesellschaften der westlichen Welt schwer, wo traditionelle Familien-, Kirchen-, Klassen- und Milieubindungen schwinden und Wertepluralismus an der Tagesordnung ist und Wahlabstinenz begünstigt, während sich gleichzeitig Ad-hoc-Protest gegen bestimmte politische Entscheidungen leicht mobilisieren lässt. Gegen solche Zeitströmungen ist wenig auszurichten. Der Legitimationsbedarf bleibt bestehen, seine Deckung wird schwieriger. Die EU wird davon nicht verschont. Im Gegenteil tritt hier die nationale Fragmentierung hinzu, die dazu beiträgt, dass der Wert der europäischen Integration vorwiegend an dem Nutzen für das eigene Land gemessen wird.

Die EU erschwert sich die Lage aber über das unvermeidliche Maß hinaus, indem sie die nationale Fragmentierung in ihrem Wahlsystem verstärkt, statt sie abzumildern. Infolgedessen reicht die Repräsentativität des Europäischen Parlaments nicht an die der nationalen Parlamente heran. Mit der geringen Wahlbeteiligung hat das nur vordergründig zu tun. Wichtiger erscheint, dass die Europawahlen nicht europäisiert sind. Gewählt wird getrennt nach Mitgliedstaaten und für nationale Kontingente im Parlament, die nicht den Bevölkerungszahlen der Mitgliedstaaten entsprechen. Gewählt wird zudem nach nationalem Wahlrecht, und wählbar sind nur nationale Parteien, die mit nationalen Themen Wahlkampf machen. Diese Parteien treten im Europäischen Parlament aber gar nicht als Akteure in Erscheinung. Dort agieren vielmehr europäische Parteien, lockere Zusammenschlüsse ideologisch verwandter nationaler Parteien, die aber in der Gesellschaft nicht verwurzelt sind.

Sie können also ihre Vermittlungsrolle zwischen den Unionsbürgern und den europäischen Organen nicht wahrnehmen, weil sie mit den Wählern nicht in Verbindung stehen und von ihnen nicht zur Verantwortung gezogen werden können, während die nationalen Parteien nicht glaubhaft versprechen können, dass das Programm, für welches sie werben, nach der Wahl auch das der europäischen Fraktionen im Parlament sein wird. Der demokratienotwendige Delegations- und Verantwortungszusammenhang zwischen Wahl und Parlamentsarbeit ist in Europa vielmehr unterbrochen. Die nationalen Parteien, die man wählen kann, bestimmen nicht den Parlamentsbetrieb. Die europäischen Parteien, die den Parlamentsbetrieb bestimmen, kann man nicht wählen. Auch die Aufstellung von Spitzenkandidaten verspricht deswegen mehr Demokratie, als sie halten kann.

Viele hegen allerdings die Hoffnung, die Wahlbeteiligung würde steigen und europäische Parteien würden entstehen, wenn das Europäische Parlament erst einmal die Kompetenzfülle nationaler Parlamente besäße. Evident ist das aber nicht. Je mehr Kompetenzen das Europa-Parlament bekam, desto weniger Unionsbürger gingen zur Wahl. Doch selbst wenn die Einschätzung zuträfe, wären damit noch nicht alle Probleme überwunden. Der demokratische Prozess erschöpft sich ja nicht in der Wahl. Die gewählten Parlamente können ihre demokratische Funktion vielmehr nur erfüllen, wenn sie in der Gesellschaft, die sie repräsentieren, verankert sind und deren Ansichten, Interessen und Bedürfnisse aufnehmen und zwischen den Wahlen im politischen Entscheidungsprozess zur Geltung bringen. Ob das der Fall ist, hängt nicht in erster Linie von den Kompetenzen ab, sondern von der Einbettung des Parlaments in einen regen öffentlichen Diskurs, der ohne entsprechende Kommunikationsmedien undenkbar ist. Davon ist die EU weit entfernt.

Das gewählte Parlament muss *zweitens* aber auch Einfluss auf die politischen Entscheidungen haben. Indessen kämpfen die meisten Parlamente demokratischer Staaten heute mit einem Bedeutungsschwund. Das Vertrauen der Wähler in ihre Vertretungen sinkt und im Organgefüge verschieben sich die Gewichte trotz vollständiger Kompetenzausstattung von der Legislative zur Exekutive und Judikative. Die Verwissenschaftlichung und die Internationalisierung der Politik mit ihrer Ersetzung von Deliberation und Beschluss durch Negotiation und Absprache spielen den Regierungen in die Hände. Es wäre verwunderlich, wenn die Folgen ausgerechnet dem Europäischen Parlament erspart blieben. Aber auch insoweit verschärft sich das Problem in der EU, nämlich durch eine Verselbständigung der exekutiven und judikativen Instanzen, Kommission und Europäischer Gerichtshof, von den demokratischen Prozessen sowohl in den Mitgliedstaaten wie in der EU selbst.

In der ursprünglichen Konzeption der europäischen Integration war das nicht angelegt. Die Richtungsentscheidungen für Europa sowie die europäische Gesetzgebung lagen allein in der Hand des Rates, in dem die Mitgliedstaaten vertreten waren und der einstimmig entscheiden musste. Kein Mitgliedstaat war folglich europäischen Rechtsakten unterworfen, denen er nicht zuvor zugestimmt hatte. Kommission und EuGH hatten das von den Mitgliedstaaten beschlossene Recht lediglich durchzusetzen, nicht zu gestalten. Der europäische Demokratiebedarf wurde unter diesen Umständen vollständig von den ihrerseits demokratischen Mitgliedstaaten gedeckt. Die Volksbeteiligung auf der Staatenebene reichte zur Legitimation europäischer Rechtsakte aus. Das Europäische Parlament war nicht zur Legitimationsvermittlung da. Es hatte nur beratende Funktionen.

Daran sind im Lauf der Zeit zwei grundlegende Veränderungen eingetreten. Die eine erfolgte nach Jahren europapolitischer Stagnation 1986 mit der Einheitlichen Europäischen Akte, die Mehrheitsentscheidungen im Rat zuließ. Seitdem ist es möglich, dass ein Mitgliedstaat einem Recht unterworfen ist, dem er nicht zugestimmt hat, das er vielleicht sogar in dem nationalen demokratischen Prozess ausdrücklich abgelehnt hat. Die Legitimationskette von dem Staatsvolk über die nationale Regierung zur EU war nur noch für die Verträge intakt, für Gesetzesrecht war sie unterbrochen. Es entstand eine Legitimationslücke, die sich national nicht decken ließ. Die zweite, zeitlich frühere Veränderung beruhte nicht auf einem Vertragsschluss der Mitgliedstaaten, sondern auf Urteilen des EuGH. 1963 erklärte er die europäischen Verträge für direkt anwendbar in den Mitgliedstaaten, so dass die Marktteilnehmer sie gegenüber ihren Staaten durchsetzen konnten, und 1964 folgte die Entscheidung, dass sie Vorrang vor dem nationalen Recht hätten.

Das war dem Text der europäischen Verträge so nicht zu entnehmen. Den Weg zu diesem Ergebnis hatte sich der EuGH vielmehr durch eine rechtstheoretische und methodologische Vorentscheidung selbst eröffnet. Die europäischen Verträge seien kein gewöhnliches internationales Recht, sondern hätten eine eigenständige Rechtsordnung begründet. Deswegen dürften sie nicht wie völkerrechtliche Verträge ausgelegt werden, nämlich orientiert am Willen der vertragschließenden Parteien und eng, wo sie deren Souveränität beschränkten, sondern wie nationales Recht nach einem vom Willen der Staaten unabhängigen objektivierten Zweck. Die Urteile werden mit Recht als revolutionär betrachtet. Ohne sie wäre die EU womöglich noch immer eine internationale Organisation unter anderen, mit mehr Kompetenzen und dichterer Organstruktur zwar, aber doch nicht jenes singuläre Gebilde irgendwo zwischen einer internationalen Organisation und einem Bundesstaat, das sie seitdem ist.

Dass mit der Einheitlichen Europäischen Akte von 1986 eine Legitimationslücke entstanden war, wurde bald bemerkt und führte, beginnend mit dem Vertrag von Maastricht, zu einer kontinuierlichen Aufwertung des Europäischen Parlaments. Schon seit 1976 von den Bürgern der Mitgliedstaaten gewählt, wurde es nun an der Gesetzgebung beteiligt, wenn auch nicht gleichberechtigt mit dem Rat. Dadurch wurde die Fremdlegitimation durch die demokratischen Prozesse in den Mitgliedstaaten durch eine europäische Eigenlegitimation ergänzt, die vom Parlament ausging. Dagegen blieb weithin verborgen, dass auch die beiden Urteile etwas mit dem europäischen Demokratiedefizit zu tun haben. Sie werden gewöhnlich als Erfolgsgeschichte wahrgenommen, was sie hinsichtlich der Integration zweifellos waren, aber nicht hinsichtlich der Legitimation und Akzeptanz der Folgen.

Die Bürger der Mitgliedstaaten und deren Vertretungen waren dazu weder gefragt worden noch hatten sie die Möglichkeit, sich einzuschalten.

Die Erklärung verdanken wir dem amerikanischen Rechtswissenschaftler Joseph Weiler, der die beiden Urteile als Beginn einer «Konstitutionalisierung» der Verträge gedeutet hat. Gemeint ist, dass sie die völkerrechtlichen Verträge der Funktion nach in eine Verfassung verwandelt haben. Davon profitierten vor allem die vier wirtschaftlichen Grundfreiheiten der Verträge – freier Verkehr von Waren, Dienstleistungen, Kapitalien und Arbeitskräften. Ursprünglich als objektive Maßgaben für die Anpassung des nationalen Rechts an den Gemeinsamen Markt gedacht, wurden sie nun zu subjektiven Rechten der Marktteilnehmer, die vor den nationalen Gerichten durchsetzbar waren. Nationales Recht, das mit den wirtschaftlichen Freiheiten und ihren Konkretisierungen in den Verträgen kollidierte, verlor automatisch seine Anwendbarkeit. Die Klärung von Zweifeln, ob eine solche Kollision bestand, behielt sich der EuGH vor. Die nationalen Gerichte mussten die Frage der Vereinbarkeit in Luxemburg beantworten lassen.

Infolge dieser Rechtsprechung wurden die Parlamente zur Herstellung des Gemeinsamen Marktes nicht mehr benötigt, und zwar weder die nationalen noch das Europäische. Kommission und EuGH konnten diese Aufgabe selbst in die Hand nehmen. Es genügte, dass sie nationales Recht, das nach ihrer Ansicht den freien Wirtschaftsverkehr behinderte, außer Anwendung setzten. Neben dem direkten Integrationsweg durch politische Vereinbarungen der Mitgliedstaaten gab es nun also einen indirekten durch Interpretation der Verträge seitens des EuGH. Diesen Weg beschritt der Gerichtshof mit missionarischem Eifer. So erweiterte er die Verbote der Diskriminierung ausländischer Wettbewerber zu Regulierungsverboten, weil sich nahezu jede nationale Regulierung als Marktzugangshemmnis interpretieren ließ. Das Verbot marktverzerrender staatlicher Beihilfen wurde von privaten Unternehmen auf öffentliche Einrichtungen der Daseinsvorsorge erstreckt und beförderte die Privatisierung, ungeachtet der Motive für die öffentliche Aufgabenerledigung.

Die Mitgliedstaaten verloren dadurch weitgehend die Möglichkeit, ihre eigenen Standards für Produktsicherheit, Konsumentenschutz, Arbeitsplatzsicherheit etc. sowie ihre Vorstellungen von der Funktionenteilung zwischen Markt und Staat durchzusetzen, konnten sich gegen den Kompetenzverlust aber nicht wehren. Der Grund liegt ebenfalls in der Konstitutionalisierung der Verträge. Was auf der Verfassungsebene geregelt ist, entzieht sich der politischen Regelung. Auch der Ausgang von Wahlen hat darauf keinen Einfluss. Obwohl in ihren Auswirkungen äußerst politisch, waren die Entscheidungen von Kommission und EuGH rechtlich betrachtet Verfassungsvollzug. Sie ergingen in einem unpolitischen Modus, nämlich administrativ und judikativ, waren aber durch den Verfassungsrang zugleich gegen legislative Korrekturen immunisiert. Die demokratisch legitimierten politischen Instanzen der Mitgliedstaaten und der EU waren aus dem Spiel. Soweit die Verträge reichten, kamen die demokratischen Mechanismen nicht zum Zuge.

Die Dimensionen dieser Gewichtsverschiebung lassen sich erst ermessen, wenn man die europäischen Verträge mit Verfassungen vergleicht. Verfassungen pflegen den politischen Entscheidungsprozess zu regeln, während die Entscheidungen selber der demokratischen Politik überlassen werden, so dass der Wahlausgang darauf Einfluss hat. Die Verträge treffen dagegen die Entscheidungen gleich selbst. Sie sind voll von Regeln, die normalerweise nicht in der Verfassung, sondern in den Gesetzen stehen. Das erklärt den großen Umfang der Verträge. Aufgrund der Konstitutionalisierung wird aber auch die Interpretation dieser Regeln durch Kommission und EuGH Verfassungsinterpretation. Selbst wenn die politischen Organe, Rat und Parlament, meinen, dass die Interpretation sich weit von ihren Intentionen als vertragschließende Parteien entfernt, ist ihnen eine Korrektur durch Gesetzesänderung verwehrt. Zum Ziel führte allein eine Änderung der Verträge, die für solche Zwecke jedoch kaum je erreichbar ist.

Allerdings können Kommission und EuGH nur nationales Recht außer Anwendung setzen. Sie können die Regelungslücken, welche sie auf diese Weise ins nationale Recht reißen, jedoch nicht selber durch europäisches Recht schließen. Das kann nur der europäische Gesetzgeber, also anfangs der Rat allein, später unter Mitwirkung des Europäischen Parlaments. Europäische Gesetze machen ist freilich schwerer als nationale Gesetze vernichten. Die Vernichtung nationaler Regelungen geschieht durch einen Federstrich, europäische Gesetzgebung verlangt eine Initiative der Kommission sowie einen Ratsbeschluss und die Zustimmung des Europäischen Parlaments. Fritz Scharpf hat diese Situation als Asymmetrie zwischen negativer Integration (durch Beseitigung nationaler Regelungen) und positiver Integration (durch europäische Regulierung) beschrieben. Diese Asymmetrie ist für den liberalisierenden Grundzug der Rechtsprechung ursächlich, die den sozialstaatlichen Verpflichtungen der meisten Mitgliedstaaten zuwiderläuft.

Hier liegt die wesentliche Wurzel des europäischen Demokratieproblems. Die exekutiven und judikativen Institutionen der EU, Kommission und EuGH, haben sich von den demokratischen Prozessen sowohl in den Mitgliedstaaten als auch in der EU selbst abgekoppelt und verselbständigt. Sie treffen Entscheidungen von höchstem politischen Gewicht in einem unpolitischen Modus und sind gegen politische Umsteuerung ihrer Praxis wegen der Konstitutionalisierung der Verträge immunisiert. Sie sind unabhängiger und freier als jede nationale Exekutive und jede nationale Gerichtsbarkeit. Eine Parlamentarisierung der EU ließe diesen Zustand völlig unberührt. Das Parlament ist im selben Maß aus dem Spiel, wie das Europarecht konstitutionalisiert ist. Eine Aufwertung des Parlaments würde an der Verselbständigung der exekutiven und judikativen Instanzen der EU nicht das Mindeste ändern.

Drittens muss ein Parlament den demokratischen Legitimationsbedarf einer politischen Einheit decken können. Wäre das Europäische Parlament dazu in der Lage, wenn seine Kompetenzen nach dem Vorbild nationaler Parlamente ausgeweitet würden? Isoliert betrachtet, sieht die Stärkung des Europäischen Parlaments durch Ausstattung mit den üblichen Befugnissen nationaler Parlamente wie eine Stärkung der europäischen Demokratie aus. Sie kann aber nicht isoliert gewürdigt werden, denn die Stärkung eines Organs geht immer auf Kosten des Gewichts anderer Organe, deren Beitrag zur demokratischen Legitimation der EU ebenfalls ins Kalkül einbezogen werden muss. In der Tat wird der Vorschlag, das Parlament zu stärken, meist in umfangreichere Pläne zur Reform der EU eingebettet. Die Kommission wird dann zur – parlamentarischen – Regierung Europas aufgewertet, während der Rat zu einer Zweiten Kammer des Parlaments abgewertet wird.

Das ist ersichtlich das Muster des Bundesstaates, und in der Tat würde der Plan die EU weitgehend einem Staat annähern. Nach dem Lissabon-Urteil aus Karlsruhe dürfte er von der Bundesrepublik also gar nicht verfolgt werden. Aber unabhängig davon wäre auch fraglich, ob er das europäische Legitimationsproblem lösen könnte. Der Umstand, dass das Demokratiedefizit seine Ursache weniger im Institutionellen als in den gesellschaftlichen Voraussetzungen der Demokratie hat, spricht dagegen, denn diese würden von den Reformen gar nicht erfasst. Das Parlament hätte zwar mehr Befugnisse, wäre von seiner gesellschaftlichen Basis aber ebenso weit entfernt wie zuvor. Den Verlust erlitte der Rat, und zwar als Europäischer Rat der Staats- und Regierungschefs und als Ministerrat. Der erste würde nur noch als Organ benötigt, das für Vertragsänderungen zuständig ist (doch auch diese Befugnis möchten ihm viele gern nehmen und sie in die Hände der EU legen). Der zweite bliebe nur ein Juniorgesetzgeber ohne Einfluss auf Personal und Finanzen.

Da aber der Rat das einzige europäische Organ ist, das die Belange der Mitgliedstaaten vertritt, die die EU zur Verfolgung bestimmter gemeinsamer Zwecke gegründet haben, schritte die Verselbständigung der EU von den Mitgliedstaaten fort. Die Legitimationsströme würden sich verändern. Der Legitimationsstrom, der von den Mitgliedstaaten ausgeht – ursprünglich die einzige Legitimationszufuhr für die EU, heute immer noch die wichtigste, weil der Europäische Rat das alleinige Organ für die großen Richtungsentscheidungen und der Ministerrat der Hauptgesetzgeber ist –, würde gedrosselt. Da die mitgliedstaatlichen Regierungen marginalisiert würden, könnte der Umstand, dass sie zu Hause demokratisch legitimiert und kontrolliert sind und responsiv auf Wahlen reagieren müssen, der EU nicht mehr oder nur noch in geringem Maß demokratische Legitimation zuführen. Die Last der demokratischen Legitimation der EU läge also ganz überwiegend beim Europäischen Parlament.

Auf eine knappe Formel gebracht, würde die EU von Fremdlegitimation durch die ihrerseits demokratisch legitimierten Mitgliedstaaten auf Eigenlegitimation durch das Europäische Parlament umgestellt. Die Frage lautet also, ob die EU genügend Ressourcen für eine Eigenlegitimation besitzt. Hier fällt freilich ins Gewicht, was zuvor über die gesellschaftlichen Voraussetzungen einer regen Demokratie gesagt wurde. Sie sind in Europa schwach entwickelt oder fehlen ganz. Das Europäische Parlament müsste die Last der Legitimation tragen, ohne wirklich als Mittler zwischen den Unionsbürgern und den europäischen Organen fungieren zu können. Der Schluss kann nur lauten, dass die EU bis auf weiteres auf die Legitimationszufuhr von den Mitgliedstaaten angewiesen ist, in denen die Voraussetzungen für eine funktionierende Demokratie, wenn auch oft fern vom Ideal, doch erheblich größer sind als in der EU.

Deswegen ergibt die Demokratie-Bilanz, dass die EU nach einer Vollparlamentarisierung demokratisch schwächer dastünde als vorher. Die Legitimationsprobleme würden sich verstärken, statt sich aufzulösen. Das spricht nicht gegen eine weitere Stärkung des Parlaments, das in Bezug auf den Rat ein Gegengewicht gegen die Dominanz nationaler Interessen und in Bezug auf die Kommission ein Gegengewicht gegen die Dominanz technokratischer und liberaler Tendenzen bilden kann. Die Mittel dazu sind aber nicht in erster Linie in einer Kompetenzausweitung zu suchen, sondern in einer Stärkung der Repräsentativität des Parlaments. Entscheidend hierfür ist eine Europäisierung der Europawahlen und die Gründung echter europäischer Parteien, die Kontakt mit der Gesellschaft aufnehmen, sich mit europäischen Programmen zur Wahl stellen und dann die europapolitischen Auffassungen und Interessen ihrer Wähler in die Brüsseler Entscheidungsprozesse einspeisen.

Noch weit wichtiger ist aber die Beendigung der Verselbständigung von Kommission und EuGH von den demokratischen Prozessen in der EU und den Mitgliedstaaten. Da die EU auch in Zukunft auf die Legitimationszufuhr aus den Mitgliedstaaten angewiesen ist, muss sie ein Eigeninteresse an starker mitgliedstaatlicher Demokratie entwickeln, statt diese durch ständige Kompetenzbeschneidung weiter auszuhöhlen. Zur Beendigung der Verselbständigung führt aber nur die Beschränkung der Verträge auf den verfassungsartigen Teil, das heißt: die Zwecke, die Kompetenzen, die Organe, die Verfahren der EU sowie die europäischen Grundrechte. Die umfangreichen Bestimmungen über die Politiken der EU müssten hingegen auf die Ebene des einfachen Rechts hinabgestuft werden, damit in der EU möglich wird, was in jedem demokratischen Staat möglich ist: dass der Kurs der Rechtsprechung für die Zukunft politisch durch Gesetz geändert werden kann.

Eine so reorganisierte EU hätte es zumindest leichter, die Akzeptanz der Unionsbürger zu gewinnen. Sie könnten das Gefühl entwickeln, auf den Kurs der europäischen Integration Einfluss zu nehmen. Die EU würde wohl auch dadurch nicht zu ihrer Heimat, mit der sie emotional ebenso verbunden sind wie mit ihren Staaten. Sie kann die Nationalstaaten nicht ersetzen, sondern bleibt ein Zweckverband für Aufgaben, die diese in einer globalisierten Welt nicht mehr effektiv lösen können. Das ist ihre wesentliche und starke Rechtfertigung. Ohne die EU wäre die Kluft zwischen dem Aktionsradius der globalen Wirtschaftsakteure und dem der Politik noch viel größer als jetzt. Diese Rechtfertigung reicht aus, einen Zweckverband aus Staaten zu tragen. Der Versuch der EU, die Bindung der Bürger an ihren Staat auf sich selber umzuleiten, scheint dagegen vergeblich. Sie sollte sich davon entlasten und ihre Begrenztheit akzeptieren.

VII.
Die Notwendigkeit europäisierter Wahlen
und Parteien

1. Befund

Ein Verfassungsrechts-Lehrbuch der Bundesrepublik, das die politischen Parteien unberücksichtigt ließe, würde kein realitätsnahes Bild der deutschen Verfassungsverhältnisse zeichnen. Für die übrigen Mitgliedstaaten der Europäischen Union gilt das in gleicher Weise. Auf die EU selber scheint es aber nicht zuzutreffen. In den Lehrbüchern des Europarechts spielen die politischen Parteien keine Rolle, obwohl der Lissabon-Vertrag ihnen eine solche zuweist. Vielen Autoren sind sie nicht einmal ein Stichwort im Sachregister wert. Andere speisen sie mit wenigen Sätzen ab. Die Frage ist, ob damit die europäische Realität verfehlt oder im Gegenteil zutreffend abgebildet wird.

Der Befund ist schnell mitgeteilt. Zur Zeit gibt es 13 Parteien, die den Status einer europäischen Partei im Sinn von Artikel 10 EUV genießen. Die meisten sind Zusammenschlüsse ideologisch verwandter nationaler Parteien. Nationale Parteien sind auch die Mitglieder dieser europäischen Parteien, nicht Personen. Nach deutschem Parteienrecht wären sie daher gar keine Parteien. In § 2 Absatz 1 Satz 2 des Parteiengesetzes heißt es: «Mitglied einer Partei können nur natürliche Personen sein.» Die europäischen Parteien treten vorwiegend auf der institutionellen Ebene, nämlich als Fraktionen im Europäischen Parlament, in Erscheinung. Außerhalb des Parlaments sind sie kaum sichtbar. Dort beherrschen die nationalen Parteien das Feld, auch wenn es um Europa geht. Daran hat das Wahlrecht beträchtlichen Anteil. Das Europäische Parlament ist nach Artikel 14 EUV die Vertretung der Bürger der Mitgliedstaaten, nicht wie früher der Völker der Mitgliedstaaten. Das Wahlrecht verharrt aber noch auf der älteren Stufe. Die Abgeordneten des Europäischen Parlaments werden nach nationalem Wahlrecht gewählt. Der Auftrag in Artikel 223 AEUV, ein einheitliches europäisches Wahlrecht zu schaffen, ist bislang unerfüllt.

In Deutschland werden die Abgeordneten des Europäischen Parlaments nach dem (deutschen) Europawahlgesetz von 1976 und der Europawahlordnung von 1988, beide in der Fassung von 1994, gewählt. Wahlvorschläge können demzufolge von Parteien und sonstigen politischen Vereinigungen gemacht werden. Parteien sind hier Parteien im Sinn des deutschen Parteiengesetzes, also per definitionem Organisationen mit personeller Mitgliedschaft. Für die sonstigen Vereinigungen, die Wahlvorschläge machen dürfen, ist die personelle Mitgliedschaft ausdrücklich vorgeschrieben. Europäische Parteien im Sinn des Unionsrechts sind daher gewöhnlich nicht vorschlagsberechtigt. Das ist auch daran ablesbar, dass der Vorstand des (deutschen) Bundesverbandes die Kandidatenliste beim (deutschen) Landeswahlleiter einreicht, wobei der Name des europäischen Zusammenschlusses zum Namen der nationalen Partei hinzugefügt werden darf.

Auch die Wahl selbst bleibt im Wesentlichen eine nationale Angelegenheit. Im Wahlkampf konkurrieren die nationalen Parteien. Sie werben mit nationalen, nicht mit koordinierten europäischen Programmen. Auch inhaltlich stehen nationale Themen im Vordergrund. Nur in Mitgliedstaaten mit europafeindlichen oder europakritischen Parteien, die den etablierten Parteien eine europapolitische Auseinandersetzung aufzwingen können, werden auch europäische Themen relevant. Für die Entscheidung der Wähler sind ebenfalls überwiegend nationale Erwägungen und Präferenzen maßgeblich. Das Wahlergebnis wird in den Medien meistens unter nationalen Gesichtspunkten ausgewertet: Haben die (nationalen) Regierungsparteien oder die (nationalen) Oppositionsparteien gewonnen? Was folgt daraus, für die nationale Politik?

Im Lissabon-Vertrag ist der Versuch unternommen worden, die Europawahlen aufzuwerten, indem der Europäische Rat den Wahlausgang bei der Nominierung eines Kommissionspräsidenten berücksichtigen soll. Das hat 2014 dazu geführt, dass sich die ideologisch verwandten nationalen Parteien erstmals auf einen Spitzenkandidaten geeinigt haben, der dann als Repräsentant der europäischen Parteiformation in den Wahlkampf zog. Damit verbanden sich drei Erwartungen: erstens, dass die Wahlbeteiligung sich durch die Personalisierung der Wahl erhöhen würde; zweitens, dass die Wahlkampfthemen europäisiert würden; drittens, dass ein Schritt hin zur Parlamentarisierung der EU getan würde. Die erste Erwartung ist enttäuscht worden. Die Wahlbeteiligung war mit Spitzenkandidaten ebenso matt wie ohne sie. Die zweite Erwartung ist durch die zahlreichen Auftritte der Spitzenkandidaten in den Mitgliedstaaten begrenzt erreicht worden, und zwar insoweit, als die Wähler den Kandidaten und ihren Vorstellungen zur Europapolitik Interesse entgegenbrachten, was von Land zu Land in unterschiedlichem Maß der Fall war.

Was die dritte Erwartung angeht, hat sich der Europäische Rat zögernd auf die Forderung der Parteien eingelassen, den Spitzenkandidaten der siegreichen Parteiformation als Kommissionspräsident vorzuschlagen. Es ist zu vermuten, dass der Europäische Rat bei den nächsten Wahlen von dieser Praxis nicht wieder abrücken kann und die rechtliche Berücksichtigungspflicht in Artikel 17 Absatz 7 EUV zu einer faktischen Bindung wird. Von einer Parlamentarisierung ist die Europäische Union aber auch dann noch weit entfernt. Eine Parlamentarisierung würde voraussetzen, dass das Europäische Parlament alle Befugnisse erhielte, die nationale Parlamente üblicherweise haben. Viele fordern das. Die Forderung ließe sich aber nur durch eine Degradierung des Europäischen Rats und des Ministerrats erreichen. Die EU würde also, was ihre demokratische Legitimation angeht, aus der Abhängigkeit von den Mitgliedstaaten gelöst und auf Eigenlegitimation umgestellt. Das ließe sich nur im Weg der Vertragsänderung, also bei Zustimmung sämtlicher Mitgliedstaaten, erreichen. Ob diese ihre Entmachtung akzeptieren würden, ist indes höchst fraglich.

Solange das Europa-Wahlrecht nicht europäisiert ist, bleibt es dabei, dass Abgeordnete aus nationalen Parteien ins Europäische Parlament einziehen. Nach der Wahl von 2014 sind Abgeordnete aus mehr als 200 nationalen Parteien im Europaparlament vertreten, im Unterschied zu 160 in der vorigen Wahlperiode. Eine Europäisierung findet erst nach der Wahl mit der Fraktionsbildung im Europäischen Parlament statt. Wie in der vorigen Wahlperiode gibt es auch diesmal sieben Fraktionen und eine Reihe fraktionsloser Abgeordneter. Erst innerhalb des Europäischen Parlaments, nicht schon bei seiner Bildung verblasst die nationale Perspektive. Das Europäische Parlament ist auch im Selbstverständnis der Mehrheit seiner Mitglieder eine europäische Institution, nicht eine Nationenversammlung. Bei Abstimmungen im Parlament gibt meist die Parteilinie, nicht die nationale Bindung den Ausschlag. Das Parlament bildet so ein Gegengewicht gegen den Rat, in dem die mitgliedschaftliche Perspektive bestimmend bleibt.

Was das für die europäische Öffentlichkeit bedeutet, lässt sich nicht ohne Rücksicht auf die Eigentümlichkeit der europäischen Demokratie feststellen. Diese unterscheidet sich erheblich von der staatlichen Demokratie. Der Grundsatz der staatlichen Demokratie lautet: Die Staatsgewalt geht vom Volk aus. Der Grundsatz der europäischen Demokratie lautet: Die Unionsgewalt geht von den Mitgliedstaaten aus. Sie haben die EU nicht nur ins Leben gerufen und eingerichtet. Sie behalten sich auch die weitere Bestimmung über ihre Rechtsgrundlage vor. Sie sind, wie es in einer gebräuchlichen Wendung heißt, die «Herren der Verträge». Hinsichtlich ihrer Existenz, ihrer Zwecke, ihrer Befugnisse, ihrer Organe, ihrer Verfahrensweisen besitzt die EU keine Selbstbestimmung. Die Selbstbestimmung setzt erst unterhalb der Ebene des Primärrechts ein.

Dieser Unterschied in der Legitimationsgrundlage präjudiziert das institutionelle Arrangement. Für ein solches Gebilde erscheint es plausibel, dass zentrales Organ nicht das vom Volk gewählte Parlament ist, sondern dasjenige Gremium, in dem die Mitgliedstaaten vertreten sind, der Rat, heute aufgespalten in den

Europäischen Rat, dem die Staats- und Regierungschefs angehören und der die Richtlinien der europäischen Integration bestimmt, und den Ministerrat, der als Hauptgesetzgeber der EU
fungiert. Nach der ursprünglichen Konzeption war er der alleinige Gesetzgeber, jedoch ohne Initiativrecht, das weiterhin allein
der Kommission zusteht. Das Europäische Parlament war anfangs
nur eine aus Abgeordneten der nationalen Parlamente gebildete
Versammlung ohne Entscheidungsbefugnis. Im Jahr 1979 wurde
es erstmals direkt gewählt. Seit 1986 gewinnt es ständig an Bedeutung.

Der Grund dafür liegt in der Einheitlichen Europäischen
Akte, mit der nach einer langen Phase der Stagnation das Einstimmigkeitserfordernis für Entscheidungen des Rats aufgegeben
wurde. Seitdem kann der Rat in bestimmten Bereichen mit Mehrheit entscheiden. Damit trat die Möglichkeit ein, dass in einem
Mitgliedstaat Recht Geltung beansprucht, dem die demokratisch
legitimierten und kontrollierten Organe dieses Staates nicht zugestimmt haben. Infolgedessen reichte die von den Mitgliedstaaten
vermittelte demokratische Legitimation für europäische Rechtsakte nicht mehr aus. Die Legitimationskette vom Staatsvolk über
die nationalen Staatsorgane zum Rat war, zumindest für die überstimmten Staaten, unterbrochen. Die so entstandene Legitimationslücke konnte nicht auf der nationalen Ebene, sondern nur
durch eine europäische Eigenlegitimation geschlossen werden. Sie
geht von den Unionsbürgern aus, die das Europäische Parlament
wählen, ist also parlamentsvermittelt. Sie kann folglich nur so
weit wirken, wie die Befugnisse des Europäischen Parlaments
reichen.

Das Europäische Parlament hat mittlerweile weitreichende
Mitentscheidungsbefugnisse in der europäischen Gesetzgebung.
Es stellt das Budget der EU fest, und es wirkt an der Bildung der
Kommission mit, die von ihm auch gestürzt werden kann. An die
Stelle der monistischen Legitimation ist eine dualistische getre-
ten. Doch sind die beiden Pfeiler nicht gleich tragfähig. Die
Ebene des Primärrechts ist von der Dualisierung ausgenommen.
Aber auch bei der Schaffung von Sekundärrecht steht das Euro-

päische Parlament nicht auf einer Stufe mit dem Rat. Es ist kein bloßer Vetoplayer mehr, aber auch nicht das zentrale legitimationsspendende Organ der EU. Es kann letztlich den Widerstand anderer Organe nicht überwinden, wie das in parlamentarischen Demokratien der Fall ist. In der EU besteht kein parlamentarisches System, aber auch kein präsidentielles, sondern etwas Eigenartiges. Das kann für die Rolle der europäischen Parteien nicht ohne Einfluss bleiben.

Artikel 10 Absatz 4 EUV bestimmt ihre Aufgaben: «Die politischen Parteien auf der europäischen Ebene tragen zur Herausbildung eines europäischen Bewusstseins und zum Ausdruck des Willens der Bürger und Bürgerinnen bei.» Der Maastricht-Vertrag hatte dem in Ex-Artikel 191 noch die Aussage vorangestellt, sie seien für die Integration wichtig. Bewusstseinsbildung und Willensbildung wird also von ihnen erwartet. Einen Willen im Unterschied zu einer Meinung bilden die Unionsbürger nur in der Wahl des Europäischen Parlaments. Bürgerinitiativen nach Artikel 11 Absatz 4 EUV sind keine Akte der Willensbildung der Unionsbürger, sondern Aufforderungen einer Anzahl von Bürgern an die Kommission, sich in einer bestimmten Angelegenheit einen Willen zu bilden. Für die Wahl sind die Parteien in der EU dagegen ebenso unverzichtbar wie im Staat. Sie setzen die Unionsbürger durch Reduktion der unendlichen Vielfalt von Meinungen und Interessen auf eine überschaubare Zahl von Alternativen und durch die Auswahl von Kandidaten erst in den Stand, ihr Wahlrecht auszuüben.

Allerdings durchkreuzt der gegenwärtige Rechtszustand die Erfüllung der Aufgabe, denn die europäischen Parteien stehen gar nicht zur Wahl. Wählen kann man nur die nationalen Parteien. Anders als im Staat sind in Europa also die Gruppen, welche zur Wahl stehen, nicht identisch mit denjenigen Gruppen, die später im Europäischen Parlament agieren: hier europäische Fraktionen, dort nationale Parteien. Die europäischen Parteien, die im Wahlkampf nicht in Erscheinung treten, bieten den Wählern keine europapolitischen Programme an. Die nationalen Parteien, die den Wahlkampf bestreiten, können ihren Wählern nicht garantieren, dass sie die Programme, mit denen sie um Wählerstimmen werben, im Parlament auch vertreten werden. Erst recht nicht können sie für den Fall ihres Wahlsieges versprechen, ihr Wahlprogramm zum Regierungsprogramm zu machen. Hierfür ist nach Artikel 15 Abs. 1 EUV der Europäische Rat und in dem so gezogenen Rahmen gemäß Artikel 17 Abs. 1 EUV die Kommission zuständig.

Der Unterschied zwischen der Europäischen Union und den Mitgliedstaaten setzt sich auch auf der institutionellen Ebene fort. Die Grunddifferenz nationaler Parteien, welche die Dramaturgie des Politikbetriebs prägt und ihr mediale Aufmerksamkeit sichert, die Differenz zwischen Mehrheit und Minderheit, Regierung und Opposition, bleibt im Europäischen Parlament ohne Bedeutung, weil es keine parteipolitisch gebildete und geprägte Regierung gibt, die Leitgremien der EU vielmehr nicht auf eine parlamentarische Mehrheit angewiesen sind. Der Rat ist als Organ gar nicht darauf angewiesen, wohl aber teilweise bei der Erfüllung seiner Aufgaben, der Europäische Rat auch bei seiner Richtlinienfunktion nicht. Die Kommission hängt als Organ von dem Vertrauen des Parlaments ab, bei der Erfüllung ihrer Funktion, der Durchsetzung des Integrationsprogramms, dagegen kaum, weil dies eine rechtsgebundene Aufgabe ist.

All das wirkt sich nachteilig für die Erfüllung der zweiten Funktion der Parteien aus, die europäische Bewusstseinsbildung. Die europäischen Parteien als Adressaten dieser Aufgabe verharren im institutionellen Bereich. Sie sind nicht in der europäischen Gesellschaft verwurzelt. Sie gehen nicht aus ihr hervor, sondern aus den nationalen Parteiorganisationen. Sie haben auch keine personelle Basis in der Wählerschaft. Sie treten nur selten mit der Gesellschaft in Kontakt. Sie wirken auf der Unionsebene, aber dort nicht so augenfällig, wie Parteien im Staat wirken. Selbst die Wahlkreisbindung der Abgeordneten ist durch die schiere Größe der Wahlkreise beschränkt. In Deutschland kommt ein Europa-Abgeordneter auf etwa 830 000 Bürger. Die Vergleichszahl für Bundestags-Abgeordnete lautet 136 000. Die Mediatisierung der europäischen Fraktionen durch die nationalen Parteien, aus denen sie hervorgehen, vereitelt jeden effektiven Beitrag zur europäischen Bewusstseinsbildung. Sie stützt das nationale Bewusstsein.

2. Abhilfe

Dass es an einem kräftigen europäischen Bewusstsein fehlt und die EU an Legitimationsschwäche leidet, ist ein Allgemeinplatz. Umstritten ist der Grund für diesen Mangel und dementsprechend auch der Weg, ihn zu beheben. Am häufigsten wird der Grund in der eben beschriebenen Organstruktur der EU, insbesondere in der untergeordneten Rolle des Europäischen Parlaments, gesucht. Das einzig vollständig europäisch legitimierte Organ, das Europäische Parlament, ist an Befugnissen das schwächste. Von einer Stärkung des Europäischen Parlaments erhoffen sich daher viele eine Lösung des europäischen Demokratieproblems. Es müsse mit denjenigen Kompetenzen ausgestattet werden, die Parlamente in demokratischen Staaten üblicherweise haben. Sei die gewählte Vertretung der Unionsbürger erst einmal ins Zentrum der EU gerückt, dann werde diese auch ins Herz ihrer Bürger rücken.

Die Vorschläge laufen auf eine Voll-Parlamentarisierung der EU hinaus. Das wäre freilich nicht ohne Folgen für die anderen Organe möglich. Benötigt würde eine durch das Parlament eingesetzte und von ihm abhängige europäische Regierung. Dafür käme allein die Kommission in Betracht, die entsprechend aufgewertet werden soll. Verlierer wäre der Rat, und zwar in beiden Gestalten, als Europäischer Rat und als Ministerrat. Er würde zu einer Zweiten Kammer des Europäischen Parlaments. Gelegentlich wird auch noch an einen europäischen Präsidenten gedacht. Das ist erkennbar das Modell des Bundesstaats, und in der Tat würde es die EU bei Verwirklichung dieses Modells einem Staat stark annähern. Bei einer Übertragung des Vertragsänderungsrechts von den Mitgliedstaaten auf die EU würde die Schwelle zum Staat sogar endgültig überschritten. Der Frage, ob sich die Bundesrepublik unter dem Grundgesetz auf eine solche Umgestaltung der EU überhaupt einlassen dürfte, soll hier nicht nachgegangen werden. Stattdessen geht es um die Vorfrage, ob sich das europäische Demokratiedefizit auf diese Weise beheben ließe.

Eine Behebung des Demokratiedefizits durch Parlamentarisierung würde ja voraussetzen, dass die EU legitimationsschwach ist, weil das zentrale legitimationsspendende Organ nicht das von den Unionsbürgern gewählte Parlament, sondern der von den nationalen Regierungen beschickte Rat ist. Nur dann wäre die Umstellung von Fremdlegitimation auf Eigenlegitimation geeignet, die Legitimationskrise zu überwinden. Das kann jedoch keineswegs unterstellt werden. Es spricht im Gegenteil einiges dagegen, dass eine parlamentarisierte EU auch eine demokratischere wäre. Ein Zusammenhang zwischen den Parlamentskompetenzen und der Akzeptanz der EU bei ihren Bürgern hat sich bisher nicht gezeigt. Je mehr die Befugnisse des Europäischen Parlaments wuchsen, desto stärker sank die Wahlbeteiligung. In der Kompetenzausstattung des Europäischen Parlaments liegt also offenbar nicht die Ursache für die geringe Europa-Begeisterung der Unionsbürger.

Die Befürworter einer Reform hoffen freilich, dass eine Voll-Parlamentarisierung dies ändern würde. Eine parlamentsvermittelte Demokratie bezieht ihre Stärke indes nicht allein aus den Befugnissen des Parlaments. Auch ein kompetenzreiches Parlament kann seine Funktion vielmehr nur erfüllen, wenn es in einen permanenten Prozess der Meinungsbildung und Interessenartikulation des Publikums eingebettet ist, der in der Wahl gipfelt, statt sich in ihr zu erschöpfen, und der auch zwischen den Wahlen für eine Rückkopplung zwischen der Gesellschaft und den Organen sorgt. Die Vermittlung zwischen der Bevölkerung und den politischen Organen, die das Parlament leisten soll, verlangt seine Verwurzelung in der Gesellschaft, damit die Vorstellungen und Bedürfnisse des Publikums im Parlament Resonanz finden und in den politischen Willensbildungsprozess eingehen können.

Damit haben schon die nationalen Parlamente Schwierigkeiten. Zum einen wirkt sich die steigende Verwissenschaftlichung und Internationalisierung der Politik zum Nachteil der Parlamente aus. Sie spielt der Exekutive in die Hände. Zum anderen ist das Vertrauen der Bevölkerung gerade in die Volksvertretungen relativ gering. Andere Institutionen erzielen weit höhere Zustimmungsraten. Es wäre überraschend, wenn das Europäische Parlament von diesen Tendenzen verschont bliebe. Es treten aber noch einige europaspezifische Gründe hinzu. Das Europäische Parlament agiert unter noch ungünstigeren Bedingungen als die nationalen Parlamente. Der wichtigste Grund liegt darin, dass der gesellschaftliche Unterbau einer lebendigen Demokratie in der EU nur schwach ausgebildet ist oder gänzlich fehlt. Die intermediären Kräfte, die wesentlich zur Rückkopplung zwischen Bürgern und Parlament beitragen, sind hier unterentwickelt. Kommunikationsmedien, die im Staat den politischen Diskurs aufrechterhalten, fehlen in Europa ganz. Ein europaweiter öffentlicher Diskurs stellt sich nur in Ausnahmesituationen ein.

Insbesondere fällt in diesem Zusammenhang aber die eingangs geschilderte Situation der politischen Parteien ins Gewicht. Im Unterschied zu den nationalen Parteien sind die europäischen Parteien, die nach dem Lissabon-Vertrag zur Ausbildung eines europäischen Bewusstseins in den Völkern beitragen sollen, auf Binnenwirkungen im Institutionengefüge der EU beschränkt. Die Binnenwirkung steigt mit jedem Kompetenzzuwachs des Europäischen Parlaments. Sie färbt aber nicht notwendig nach außen ab. Vermehrte Kompetenzen ändern nichts daran, dass die europäischen Parteien außerhalb des Parlaments kaum in Erscheinung treten. Das Europäische Parlament ist auf diese Weise von den Unionsbürgern weiter entfernt als die nationalen Parlamente von den Staatsbürgern. Aufgrund ihrer Binnenorientierung sind die europäischen Parteien auch nicht in der Lage, einen europaweiten politischen Diskurs in Gang zu setzen oder aufrechtzuerhalten. Ebenso wenig bieten sie Ansatzpunkte für bürgerschaftliches Engagement, weil ihnen die personelle Basis fehlt. Die gesamteuropäische Perspektive, die sie im Europäischen Parlament einnehmen, findet keine gesellschaftliche Entsprechung. Die Rückkoppelungskanäle sind verstopft.

Die nationalen Parteien können die Lücke nicht füllen. Sie erreichen nicht das europäische Publikum, sondern nur das nationale. Aber selbst auf der nationalen Ebene schenken sie der Europapolitik wenig Aufmerksamkeit. Ihre ständig steigende Bedeutung spiegelt sich in der Agenda der nationalen Parteien nicht wider. Das ist freilich einsehbar, solange über Belohnung und Bestrafung der Parteien die nationalen Wahlen entscheiden. Nationale Themen drängen dadurch in den Vordergrund. Die nationalen Parteien bleiben den nationalen Interessen und Sichtweisen verpflichtet, weil davon mehr für ihren Wahlerfolg abhängt. In Deutschland wird die Europa-Abstinenz der nationalen Parteien noch dadurch verstärkt, dass diese Auseinandersetzungen auf dem Feld der Europapolitik meiden und durch das Auftreten einer europakritischen Kraft programmatisch eher noch näher zusammengerückt sind.

Eine Änderung dieses Zustands kann also nur von europäischen Parteien ausgehen. Sie müssten ihre Selbstbeschränkung auf die Tätigkeit im Europäischen Parlament aufgeben und in unmittelbaren Kontakt mit den Unionsbürgern treten. Voraussetzung dafür wäre die Erfüllung des Gesetzgebungsauftrags aus Art. 223 AEUV. Ein europäisches Wahlgesetz für die Europawahl, das die nationalen Europawahlgesetze ersetzte und die Kandidatur von europäischen Parteien ermöglichte, würde die Parteiinteressen auf europäische Themen und ein europäisches Publikum umlenken. Die Parteien müssten die nationalen Interessen und Gesichtspunkte ausgleichen und zu einem europäischen Wahlprogramm verdichten, ehe sie in den Wahlkampf ziehen. Die Wähler gewönnen dadurch die Möglichkeit, in der Wahl ihre Einstellung zu europäischer statt nationaler Politik zum Ausdruck zu bringen, um die es im Europäischen Parlament geht.

Die europäischen Parteien müssten deswegen nicht unabhängig von den nationalen Parteien sein. Die Verflechtung zwischen nationaler und europäischer Politik, nationalem und europäischem Recht ist so eng, dass es dafür einer Entsprechung auf der

Parteienebene bedarf. Das spricht dafür, dass die europäischen Parteien Zusammenschlüsse nationaler Parteien bleiben, die ideologisch und interessenmäßig verwandt sind und dementsprechend ihre Ziele formulieren. Da es um die Eröffnung von Kommunikations- und Interaktionswegen zwischen den europäischen Institutionen und der gesellschaftlichen Basis geht, darf es jedoch nicht bei bloßen Dachorganisationen bleiben. Nötig sind vielmehr wie auf der nationalen Ebene Mitgliederparteien. Dafür kommt eine automatische Mitgliedschaft der nationalen Mitglieder in der jeweiligen europäischen Partei mit gestufter Delegation von der lokalen über die nationale zur europäischen Ebene in Frage. Denkbar wäre aber auch eine Öffnung für die Mitgliedschaft bislang parteiungebundener Unionsbürger.

Dagegen müsste sich die einheitliche Programmatik nicht notwendig in einer einheitlichen Wahlkampfstrategie fortsetzen. Formen, Mittel und Stile des Wahlkampfs sind von Land zu Land unterschiedlich. Dasselbe gilt für die Klientele der Parteien. Auch kann innerhalb des europäisierten Wahlprogramms das Schwergewicht jeweils auf verschiedene Aussagen gelegt werden. In dieser Hinsicht müssen die Parteien daher die Möglichkeit haben, sich den nationalen Besonderheiten anzupassen. Im Übrigen müssten die bisherigen Wahlrechtsbestimmungen, wonach die nationalen Parteien auf den Listen zur Europawahl die Namen ihrer übernationalen Zusammenschlüsse hinzufügen dürfen, derart umgekehrt werden, dass die in der Europawahl konkurrierenden europäischen Parteien in jedem Mitgliedstaat die Namen ihrer nationalen Parteien hinzufügen dürfen.

Klärungsbedürftig ist, wie sich die Europäisierung der Parteien zu einer Voll-Parlamentarisierung der Europäischen Union verhielte. Wäre dies ihre zwangsläufige Folge, müsste man im Sinn des Lissabon-Urteils aus Karlsruhe davor warnen. Indessen sind beide unabhängig voneinander. Die Europäisierung der Parteien und des Wahlrechts ließe die Organstruktur der EU unverändert. Sie würde dem Europäischen Parlament nur zu einer gesellschaftlichen Basis verhelfen und dadurch seine Repräsentativität erhöhen. Der Wählereinfluss wüchse. Den Parteien wäre es leichter, ihre Vermittlungsfunktion zu erfüllen und damit die Unionsbürger näher an die EU heranzuführen. Die Kompetenzen des Europäischen Parlaments würden dadurch nicht zunehmen. Desgleichen bliebe der Kompetenzbestand der EU von einer Europäisierung der Parteien unberührt. Kompetenzverschiebungen verlangen Vertragsänderungen, über die in den Mitgliedstaaten, nicht im Parlament entschieden wird.

Wäre damit das europäische Demokratiedefizit gedeckt? Das ist aus verschiedenen Gründen unwahrscheinlich, weil die gegenwärtige Parteienstruktur nur ein Grund unter anderen für die Legitimationsschwäche der EU bildet. Es gibt weitere Ursachen, die mit institutionellen Reformen nicht oder nur schwer zu bekämpfen sind. Dazu gehört die Einstellung der Bevölkerung zu den Parteien. Parteien sind zwar demokratienotwendig. Sie sind aber nicht beliebt. In einer sich zunehmend individualisierenden Gesellschaft sinkt ihre Integrationskraft. Die Mitgliederzahlen haben sich erheblich verkleinert. Die Wucherungen der Parteien in Bereiche hinein, in denen andere als politische Rationalitätskriterien gelten, sind ein allgemeiner Gegenstand der Klage. Die Parteien streben in die Staatsorgane und setzen dafür alle Mittel ein, die dieses Ziel fördern. Viele betrachten den Staat als Beute. Die Staatsgewalt wird für Parteizwecke instrumentalisiert, und nicht überall werden die Parteien durch Kontrollinstanzen daran gehindert.

Auf Parteien allein kann man deswegen eine Demokratie nicht aufbauen. Demokratie benötigt eine wesentlich breitere Basis. Es muss Organisationen und Aktionsformen geben, die gerade die Verengungen des Parteiwesens ausgleichen, den politischen Diskurs öffnen und Themen auf die politische Tagesordnung setzen können, die die Parteien meiden. Mit der Bürgerbeteiligung, die Artikel 11 EUV vorsieht, ist es nicht getan. Die Europäisierung des Diskurses hängt zum großen Teil von europäisierten Medien ab. Um all das ist es in Europa schlecht bestellt.

Die wichtigste Ursache des europäischen Demokratieproblems liegt schließlich in der Verselbständigung der exekutiven und judikativen Institutionen der EU von den demokratischen

Prozessen sowohl in den Mitgliedstaaten wie in der EU selbst. Daran hat die Konstitutionalisierung der Verträge, die durch die Rechtsprechung des EuGH eingetreten ist, erheblichen Anteil. Konstitutionalisierung bedeutet Entpolitisierung. Was auf der Verfassungsebene geregelt ist, steht der politischen Entscheidung nicht mehr offen. Gegen die Konstitutionalisierung der europäischen Verträge wäre freilich nichts einzuwenden, wenn diese sich auf verfassungsartige Bestimmungen beschränkten. Bei den Verfassungen der Mitgliedstaaten ist das mehr oder weniger der Fall. In der EU verhält es sich anders. Die Verträge waren nicht als Verfassung geschrieben. Sie sind voll von dem, was in Staaten einfaches Recht wäre. So ist etwa das gesamte Wettbewerbsrecht in den europäischen Verträgen geregelt.

Nachdem infolge der EuGH-Rechtsprechung auch diese – der Sache nach einfachrechtlichen – Materien auf die Verfassungsebene gehoben worden sind, entziehen sie sich dem Zugriff der demokratisch legitimierten politischen Organe der EU, Rat und Parlament. Ihre Anwendung ist Verfassungsvollzug. Die Organe, welche für den Vollzug verantwortlich sind, Kommission und EuGH, bleiben dabei unter sich. Ihre Entscheidungspraxis kann von den politischen Organen aber auch nicht durch Gesetzesänderung umprogrammiert werden, wie es in jedem demokratischen Staat möglich ist. In der EU bedürfte es dazu aufgrund der Konstitutionalisierung einer Vertragsänderung, die aber für solche Zwecke so gut wie ausgeschlossen erscheint. Eine Ausweitung der Parlamentsbefugnisse und eine Europäisierung der Parteien gingen an diesem Problem völlig vorbei. Die Europäisierung der Parteien wäre daher lediglich ein kleiner Beitrag zur Verminderung des Legitimationsdefizits. Er würde aber nicht so weit reichen, dass es ratsam wäre, die EU legitimatorisch auf eigene Füße zu stellen und den Legitimationsstrom aus den Mitgliedstaaten zu kappen, wie es die Folge einer Voll-Parlamentarisierung wäre.

VIII.
Zur Bedeutung nationaler Verfassungen in einem vereinten Europa

1. Der Anspruch der Verfassung

Der Bedeutungswandel, dem die nationalen Verfassungen in einem vereinten Europa ausgesetzt sind, lässt sich in seiner ganzen Tragweite nur feststellen, wenn man von dem Anspruch ausgeht, der den nationalen Verfassungen ursprünglich eigen war. Der Anspruch ergibt sich aus den Entstehungsbedingungen des Konstitutionalismus[1]. Zur Verfassung im modernen Sinn[2] kam es, als ausgangs des 18. Jahrhunderts im Gefolge zweier erfolgreicher Revolutionen in Nordamerika und Frankreich die angestammte Staatsgewalt gestürzt wurde und durch eine neue ersetzt werden musste. In dieser Situation verschaffte sich erstmals die wesentlich ältere Idee praktische Geltung, dass politische Herrschaft nur dann als legitim betrachtet werden könne, wenn sie auf dem Konsens der Herrschaftsunterworfenen beruhe. Politische Herrschaft ließ sich weder aus göttlichem Recht noch aus eigenem Recht der Herrscher und ebenso wenig aus überlegener Einsicht Einzelner in das Gemeinwohl oder gar aus bloßem Machtbesitz begründen. Sie musste ihre Grundlage im Volk haben.

Dem Volk als Träger der Herrschaftsgewalt fehlte allerdings die Fähigkeit, diese Gewalt selbst auszuüben. Daher musste es Repräsentanten mit der Ausübung von Herrschaft betrauen. Politische Herrschaft wurde unter den Bedingungen der Volkssouveränität zur Auftragsangelegenheit. Zusammen mit der ebenfalls älteren und nun zum Durchbruch kommenden Idee, dass Herrschaftsbefugnisse weder unbedingt noch unabänderlich, sondern im Interesse der ursprünglichen Freiheit und Gleichheit der Individuen nur gegenständlich und zeitlich begrenzt und zudem auf verschiedene Träger aufgeteilt vergeben werden dürften, führte das zur Formulierung von Bedingungen legitimer Herrschaft, auf deren Grundlage dann erst Personen zur Herrschaftsausübung berufen wurden. Mit rechtlicher Geltung ausgestattet, bildeten diese Bedingungen fortan die Verfassung, die dem Volk als Urheber zugerechnet wurde und, um ihre Funktion erfüllen zu können, allen Akten der mit der Ausübung der Herrschaft Betrauten im Rang vorgehen musste.

Der Anspruch der Verfassung war damit definiert. Sie bringt legitime Herrschaft überhaupt erst hervor und regelt sie zugleich nach Innehabung und Ausübung zusammenhängend, umfassend und verbindlich[3]. Damit ist nicht gemeint, dass der Inhalt jedes Herrschaftsaktes in der Verfassung vorgegeben sei, so dass Herrschaft sich im Verfassungsvollzug erschöpfte. Wohl aber müssen sich alle Herrschaftsbefugnisse aus der Verfassung ergeben und im Einklang mit den verfassungsrechtlichen Anforderungen ausgeübt werden. Es dürfen weder verfassungsrechtlich ausgeschlossene Ziele verfolgt noch verfassungsrechtlich untersagte Mittel eingesetzt oder die der Herrschaft in der Verfassung gezogenen Grenzen überschritten werden. Der Geltungsanspruch der modernen Verfassung verbietet also extrakonstitutionelle Träger von Herrschaftsgewalt ebenso wie extrakonstitutionelle Mittel und Wege der Herrschaftsausübung. Die Verfassung gilt in dem von ihr konstituierten Gemeinwesen flächendeckend und exklusiv.

Eine solche Form der Herrschaftsregulierung ließ sich erst denken, nachdem ein Regelungsgegenstand existierte, der einem zusammenhängenden und umfassenden rechtlichen Zugriff durch ein auf Politikregulierung spezialisiertes Gesetz zugänglich war. Daran fehlte es noch im Mittelalter. Die mittelalterlichen Gemeinwesen mit ihren auf Personen, nicht auf Territorien bezogenen, zersplitterten und auf viele voneinander unabhängige Träger verteilten, zudem nicht als verselbständigte Funktion ausgeübten Herrschaftsrechten hatten nicht nur keine Verfassung in diesem Sinne, sie hätten auch keine haben können. Es war erst die

Konzentration der verschiedenen Herrschaftsrechte in einer Hand und ihre Verdichtung zur einheitlichen, auf ein abgegrenztes Territorium bezogenen öffentlichen Gewalt, wie sie sich seit dem ausgehenden 16. Jahrhundert zu bilden begann und schnell als «Staat» begriffen wurde, die den Regelungszugriff einer Verfassung gestattete. Historisch betrachtet ging der Staat der Verfassung notwendig voraus. Die moderne Verfassung war Staatsverfassung.

Dass der Anspruch des Konstitutionalismus schon mit den ersten Verfassungen definiert war, garantierte freilich nicht, dass auch jede nachfolgende Verfassung ihn einlöste. Nachdem die moderne Verfassung einmal entstanden war und selbst in Ländern, die keine Revolution erlebt hatten, schnell hohe Anziehungskraft entfaltete, konnte man auch Dokumente als Verfassungen deklarieren, die das Programm des Konstitutionalismus nicht oder nicht vollständig verwirklichten. Es gab vielmehr Verfassungen, hinter denen von vornherein kein ernstlicher Bindungswille der Politik stand. Man kann dann von *Pseudokonstitutionalismus* sprechen. Desgleichen gab es Verfassungen, die die Herrschaftsgewalt nicht auf eine neue Legitimationsgrundlage stellten, sondern eine der Verfassung vorangehende und nicht durch sie legitimierte Herrschaftsgewalt nur in dieser oder jener Hinsicht begrenzten, also nicht herrschaftskonstituierend, sondern nur herrschaftsmodifizierend wirkten. Verfassungen dieser Art lassen sich als *Semikonstitutionalismus* charakterisieren.

Keine Verfassung unterwarf aber die eigene Staatsgewalt einer fremden Herrschaft oder erkannte Akten einer fremden Herrschaft Bindungswirkung in ihrem räumlichen Geltungsbereich zu. Das folgte aus dem Umstand, dass Staaten die höchsten politischen Einheiten waren und auf ihrem Territorium das Selbstbestimmungsrecht beanspruchten. Oberhalb der Staaten befand sich zwar kein rechtsfreier Raum. Hier galt vielmehr Völkerrecht. Doch bestand das Völkerrecht durchweg aus Vertragsrecht oder Gewohnheitsrecht, fand seinen Geltungsgrund also im Willen der Staaten, die sich freiwillig banden. Oberstes Prinzip des Völkerrechts war daher die Souveränität der Staaten, die ihnen Autonomie im Inneren und Unabhängigkeit nach außen sicherte. Völkerrechtliche Bindungen galten allein in der Außenbeziehung und konnten im Staatsinneren nur Geltung erlangen, wenn der Staat sie in nationales Recht transformierte. Eine Durchsetzungsinstanz für völkerrechtliche Verpflichtungen existierte nicht. Insoweit waren die Staaten auf Selbsthilfe angewiesen.

Die Staatsverfassung konnte ihren umfassenden Regelungsanspruch also erfüllen, weil öffentliche Gewalt mit Staatsgewalt identisch war. Eine überstaatliche öffentliche Gewalt fehlte. Zwar gab es ein Nebeneinander zahlreicher Staatsgewalten, auf einem Territorium aber immer nur eine, deren Befugnis an den Grenzen endete[4]. Diese Voraussetzung für die Einlösbarkeit des Geltungsanspruchs der nationalen Verfassung wurde so selbstverständlich, dass sie nicht einmal Erwähnung fand. Als Voraussetzung der umfassenden Geltung der Verfassung kommt sie vielmehr erst zum Vorschein, seitdem die Staaten zur Erhöhung ihrer Problemlösungskapazität dazu übergegangen sind, supranationale Einrichtungen zu bilden, die – anders als die traditionellen Bündnisse und Allianzen – nicht nur staatliche Aktivitäten koordinieren, sondern eigene Hoheitsrechte zur Verwirklichung gemeinschaftlicher Ziele erlangt haben, die sie mit Geltung in den Staaten ausüben dürfen und denen gegenüber die Staaten sich nicht auf ihr Selbstbestimmungsrecht berufen können.

2. Die Entstehung supranationaler Hoheitsgewalt

Der Bedeutungswandel nationaler Verfassungen hat hier seine Wurzeln. Er folgt daraus, dass sich mit der Entstehung supranationaler Hoheitsgewalt die Identität von öffentlicher Gewalt und Staatsgewalt auflöst. Die Anfänge dieses Prozesses sind älter als die europäische Integration. Die Bildung einer überstaatlichen Hoheitsgewalt begann bereits mit der Gründung der Vereinten Nationen im Jahr 1945. Die Mitgliedstaaten der UN verzichten nicht nur auf das Recht, ihre Konflikte gewaltsam auszutragen, die Selbstverteidigung ausgenommen. Sie ermächtigen vielmehr auch die UN, den Gewaltverzicht im Verletzungsfall durchzusetzen, wenn nötig mit militärischen Mitteln, aber auch auf zivile Weise, zum Beispiel mittels gerichtlicher Verfahren. Die UN haben damit Anteil an der öffentlichen Gewalt gewonnen. Die nationalen Grenzen sind für Akte der öffentlichen Gewalt der UN durchlässig geworden. Die strikte Trennung von innen und außen, von der die Erfüllung des umfassenden Regelungsanspruchs der Verfassung abhing, besteht nicht mehr.

Diese Entwicklung ist mittlerweile weiter vorangeschritten. Im Grundsatz wird der UN heute auch das Recht zur humanitären Intervention zuerkannt, wenn ein Staat die fundamentalen Menschenrechte seiner Bevölkerung oder bestimmter Bevölkerungsgruppen missachtet. Durch Beschluss des Weltsicherheitsrats, nicht etwa durch Vertrag der UN-Mitgliedstaaten, sind die Strafgerichtshöfe für das ehemalige Jugoslawien und für Ruanda gegründet worden, deren Tätigwerden von der Zustimmung der betroffenen Staaten unabhängig ist. Überdies bilden sich unter dem Dach der UN völkerrechtliche Regeln heraus, die als *ius cogens* unabhängig von der Billigung der Staaten Geltung beanspruchen und diese wiederum beim Vertragsschluss binden. Außerhalb der UN, aber den größten Teil der Staatenwelt umfassend, hat die Welthandelsorganisation durch ihre gerichtsförmige Streitschlichtungsinstanz Befugnisse zur Durchsetzung der Handelsvereinbarungen gewonnen, deren Bindungswirkung ebenfalls nicht an die Zustimmung der betroffenen Staaten gebunden ist.

Nirgends ist diese Entwicklung allerdings weiter vorangeschritten als in Europa. Zwar können Interventionen der UN, wenn es dazu kommt, äußerst massiv ausfallen. Es kommt aber nicht häufig dazu, teils weil die große Mehrheit der Mitgliedstaaten keinen Interventionsgrund liefert, teils weil der Weltsicherheitsrat keine Intervention beschließt, etwa weil eines der ständigen Mitglieder ein Veto einlegt. Die Hoheitsgewalt, die die UN erlangt haben, ist nicht nur gegenständlich begrenzter als diejenige der Staaten. Sie aktualisiert sich im Unterschied zur staatlichen Hoheitsgewalt auch nur selten und nur gegenüber einzelnen Staaten, die einen Anlass dazu bieten. Die Mehrheit der

Staaten ist noch nie einer hoheitlichen Maßnahme der UN ausgesetzt gewesen. Das ist im Rahmen der europäischen Integration anders. Die den europäischen Einrichtungen übertragene öffentliche Gewalt schließt zwar den Einsatz von Mitteln physischer Gewalt nicht ein. Dies bleibt den Staaten vorbehalten. Sie sind aber der Einwirkung europäischer Hoheitsakte ständig ausgesetzt.

Dabei muss jedoch zwischen dem Europarat und der Europäischen Union unterschieden werden. Der Europarat wirkt auf die Staaten vornehmlich durch den Europäischen Gerichtshof für Menschenrechte ein, dessen Aufgabe es ist, die Beachtung der europäischen Menschenrechtskonvention zu gewährleisten. Die EMRK gilt in den Mitgliedstaaten aufgrund der Ratifikation und nimmt in der Hierarchie der Rechtsnormen denjenigen Rang ein, den die Mitgliedstaaten ihr zugewiesen haben. Der EGMR kann Akte der Mitgliedstaaten auf Verletzungen der EMRK prüfen, hat aber nicht das Recht, sie im Verletzungsfall aufzuheben. Er bleibt auf Feststellungsurteile beschränkt. Die Befolgungspflicht der Mitgliedstaaten ist eine völkerrechtliche Pflicht, deren Einhaltung vom Europarat nicht erzwungen werden kann. Insoweit hält sich der europäische Menschenrechtsschutz im traditionellen völkerrechtlichen Rahmen. Durchbrochen ist er aber insofern, als nicht nur Staaten klagebefugt sind, sondern auch Individuen, die sich in ihren Konventionsrechten von einem Mitgliedstaat verletzt sehen.

Die Befugnisse der EU gehen dagegen erheblich weiter. Die Mitgliedstaaten haben ihr Hoheitsrechte übertragen, die sie autonom wahrnimmt. Davon sind alle Zweige der Staatstätigkeit betroffen. Es sind legislative, exekutive und judikative Rechte übertragen worden. Die Akte, die die EU in Ausübung dieser Befugnisse setzt, Rechtsnormen inbegriffen, erlangen in den Mitgliedstaaten unmittelbare Geltung. Nach der Rechtsprechung des EuGH gehen sie dem nationalen Recht vor, selbst dem höchstrangigen nationalen Recht, den mitgliedstaatlichen Verfassungen. Zwar kann europäisches Gemeinschaftsrecht nationales Recht nicht außer Kraft setzen, weil beide aus unabhängigen Quellen fließen und eine Kollisionsnorm nach Art von

Art. 31 GG fehlt. Nationales Recht, dem europäisches Gemeinschaftsrecht entgegensteht, darf aber nicht angewendet werden, solange dieses in Kraft ist. Auch wenn der EU Zwangsmittel zur Durchsetzung des Geltungsanspruchs ihres Rechts in den Mitgliedstaaten fehlen, ändert das nichts daran, dass diese, soweit das Gemeinschaftsrecht reicht, nicht mehr selbstbestimmt handeln können.

Andererseits hat die EU bisher nicht das Recht erlangt, ihre Rechtsgrundlage selbst zu bestimmen. Diese besteht aus völkerrechtlichen Verträgen, die die Mitgliedstaaten übereinstimmend geschlossen haben. Die Verträge sind nicht etwa nur der Modus der Entstehung der Rechtsgrundlage. Diese geht, im Unterschied zur Rechtsgrundlage vertraglich gegründeter Bundesstaaten, anschließend nicht in die Verfügungsgewalt der EU über. Ihre Änderung ist ebenfalls Sache der Mitgliedstaaten. Dazu bedarf es erneut des einhelligen Vertragsschlusses zwischen ihnen. Sie bleiben, wie man sagt, die «Herren der Verträge». Selbst der gescheiterte europäische Verfassungsvertrag hatte daran nichts ändern wollen. Das bedeutet zugleich, dass die Mitgliedstaaten autonom darüber bestimmen, welche Hoheitsrechte sie der EU abtreten und wie diese sich bei ihrer Ausübung zu verhalten hat. Nicht kann die EU darüber entscheiden, welche Hoheitsrechte der Mitgliedstaaten sie an sich ziehen will. Die Mitgliedstaaten verfügen über die Kompetenz-Kompetenz[5]. Hinsichtlich ihrer Rechtsgrundlage ist die EU fremdbestimmt.

Dies unterscheidet die Rechtsgrundlage der EU von einer Verfassung, in der eine politische Einheit autonom über Zweck, Form und Inhalt ihrer politischen Vergemeinschaftung bestimmt. Wenn die Verträge gleichwohl häufig als «Verfassung» der EU bezeichnet werden[6], so ist daran richtig, dass sie eine Reihe von Funktionen erfüllen, die im Staat der Verfassung zufallen. Sie errichten die Union, bestimmen ihre Aufgaben, setzen ihre Organe ein, umgrenzen deren Kompetenzen und regeln ihr Verfahren, legen ihr Verhältnis zu den Mitgliedstaaten fest etc. Das für die Verfassung konstitutive Element der Selbstbestimmung und damit auch die Rückführung auf die Unionsbürger als Quelle der öffentlichen Gewalt fehlt hier aber. Aus demselben Grund ist die EU auch bislang kein Staat geworden, obwohl sie der Rechtsnatur einer traditionellen internationalen Organisation längst entwachsen ist und sich zu einem Gebilde entwickelt hat, das die klassischen Formen politischer Vergemeinschaftung sprengt und noch nicht auf einen geeigneten Begriff gebracht worden ist[7].

3. Die nationale Verfassung als Filter für europäisches Primärrecht

Für die Bedeutung der nationalen Verfassungen hat der Umstand, dass die Rechtsgrundlage der EU nicht von dieser selbst, sondern von den Mitgliedstaaten im Wege des Vertragsschlusses bestimmt wird, erhebliches Gewicht. Er verleiht den mitgliedstaatlichen Verfassungen Einfluss auf das Primärrecht der EU. Denn die Mitgliedstaaten sind bei Vertragsschluss und Ratifikation an ihre Verfassungen gebunden. Zum einen können die Verfahrensvorschriften der nationalen Verfassungen Bedeutung für das Ergebnis gewinnen, wie das zum Beispiel bei der Annahme des europäischen Verfassungsvertrages sichtbar wurde. Er scheiterte in Frankreich und in den Niederlanden bei der Volksabstimmung, während er vermutlich bei einer Abstimmung in den Parlamenten dieser Staaten gebilligt worden wäre. Zum anderen können materielle Verfassungsbestimmungen Bedeutung gewinnen, wenn die nationalen Verfassungen die Ratifikation von Verträgen verbieten, die mit bestimmten Anforderungen der Verfassung kollidieren. Die nationalen Verfassungen bilden insofern einen Filter für das europäische Primärrecht.

Allerdings kann die Filterwirkung nicht jegliche Abweichung von der nationalen Verfassung verhindern, die mit der Wahrnehmung von Hoheitsrechten durch supranationale Einrichtungen wie die Europäische Union verbunden ist. Der Staat, der dies verlangte, würde sich zur Mitwirkung an supranationalen Einrichtungen unfähig machen. Wie das Bundesverfassungsgericht im

Eurocontrol-Beschluss festgestellt hat, bewirkt jede Übertragung von Hoheitsrechten eine Veränderung der verfassungsrechtlich festgelegten Zuständigkeitsordnung und ist damit materiell eine Verfassungsänderung[8]. Will ein Staat sich von einer zwischenstaatlichen Kooperation, die mit der Übertragung von Hoheitsrechten einhergeht, nicht ausschließen, muss er Einbußen an der eigenen Verfassung hinnehmen und sich im Übrigen damit begnügen, in seiner Verfassung die Voraussetzungen und Grenzen der Übertragung festzulegen sowie Kompensationen für die innerstaatliche Machtverschiebung zu schaffen wie in Art. 23 Abs. 2 bis 7 GG geschehen.

Was der Filter im Einzelnen durchlässt und zurückhält, hängt von den jeweiligen Bestimmungen der mitgliedstaatlichen Verfassungen ab. Das Grundgesetz hatte mit der Regelung in Art. 24 den ausschließlichen Herrschaftsanspruch der deutschen Staatsgewalt von Anfang an zurückgenommen und die Bundesrepublik für Recht aus anderen Rechtsquellen geöffnet. Inzwischen ist eine ausdrückliche Ermächtigung zur Beteiligung an der Europäischen Gemeinschaft durch den 1992 eingefügten Art. 23 Abs. 1 GG hinzugekommen. Auch die Verfassungen der meisten anderen Mitgliedstaaten enthalten solche Ermächtigungen. In manchen Ländern handelt es sich nur um Ad-hoc-Ermächtigungen zur Ratifikation einzelner Verträge, die das europäische Primärrecht ändern, so beispielsweise in Frankreich und Irland. Sie erschöpfen sich dann im einmaligen Gebrauch. Jeder weitere Übertragungsakt bedarf erneut der Verfassungsänderung.

In formeller Hinsicht verlangen sowohl Art. 24 Abs. 1 als auch Art. 23 Abs. 1 GG für die Übertragung von Hoheitsrechten ein Gesetz. Das ist bei den übrigen Mitgliedstaaten ebenfalls die Regel. Einige Staaten lassen Referenden zu oder machen sie unter bestimmten Bedingungen obligatorisch, so die Slowakei für Eintritt und Austritt und Dänemark, wenn im Parlament die erforderliche Mehrheit von fünf Sechsteln nicht erreicht worden ist, wohl aber die einfache Mehrheit. In Tschechien muss vor der Ratifikation das Verfassungsgericht die Vereinbarkeit des Vertrags mit der Verfassung feststellen. Einige Verfassungen fordern für den Fall, dass der Vertragsinhalt von der Verfassung abweicht oder Abweichungen erforderlich macht, eine verfassungsändernde Mehrheit. Art. 23 Abs. 1 Satz 3 GG bindet die Zustimmung zu vertraglichen Regeln, durch die das Grundgesetz seinem Inhalt nach geändert oder ergänzt wird, an die Erfordernisse in Art. 79 Abs. 2 und 3 GG.

Auch in inhaltlicher Hinsicht stellt das Grundgesetz Anforderungen an die Übertragung von Hoheitsrechten an die Europäische Union. Die weitere Beteiligung an der europäischen Integration wird in Art. 23 Abs. 1 GG davon abhängig gemacht, dass die Union demokratischen, rechtsstaatlichen, sozialen und föderalistischen Grundsätzen verpflichtet ist. Das entspricht den Staatszielbestimmungen in Art. 20 GG, deren Grundsätze Art. 79 Abs. 3 GG von Änderungen ausnimmt. Ferner wird ein dem grundgesetzlichen vergleichbarer Grundrechtsschutz verlangt und damit an den ebenfalls änderungsfesten Regelungsgehalt von Art. 1 GG angeknüpft. Hinzu kommt als Voraussetzung, dass die Europäische Union dem Subsidiaritätsprinzip Rechnung trägt. Solche materiellen Bedingungen für die Ratifikation von europäischem Primärrecht sind in den Verfassungen der anderen Mitgliedstaaten seltener, finden sich aber zum Beispiel in Portugal und Schweden.

Die Funktion der nationalen Verfassungen als Filter für die Entstehung europäischen Primärrechts wird dort besonders deutlich, wo nationale Verfassungsgerichte oder Oberste Gerichte mit verfassungsgerichtlicher Kompetenz Vertragsschlüsse auf ihre Vereinbarkeit mit der nationalen Verfassung prüfen können. Ansatzpunkt dafür ist das nationale Ratifikationsgesetz. Formell gesehen bildet es allein den Prüfungsgegenstand. Da es selber aber inhaltsleer ist, wird Thema der Prüfung die Frage, ob der Inhalt des Vertrages, auf den sich die Ratifikation bezieht, mit der nationalen Verfassung vereinbar ist. Um zu verhindern, dass ein verfassungswidriger Vertrag völkerrechtlich verbindlich wird, lässt das Bundesverfassungsgericht Anträge auf Prüfung eines Ratifikationsgesetzes bereits vor Ausfertigung und Verkündung des Gesetzes zu, der die Hinterlegung oder der Austausch der Ratifikationsurkunden folgt. Die französische Verfassung sieht in Artikel 54 sogar vor, dass ein Vertrag schon vor der Ratifikation geprüft wird. Enthält er verfassungswidrige Inhalte, darf die Ratifikation nur nach einer Verfassungsänderung erfolgen.

Nicht nur in Deutschland hing das Zustandekommen europäischen Primärrechts auf diese Weise mehrfach von verfassungsrechtlichen Prüfungen anhand der nationalen Verfassung ab. In Irland wurde die Ratifikation der Einheitlichen Europäischen Akte trotz der Verfassungsbestimmung, die eine Kollision zwischen Gemeinschaftsrecht und nationalem Recht verhindern sollte, geprüft, weil die EEA in der Verfassung nicht ausdrücklich erwähnt war[9]. In Deutschland und anderen Mitgliedstaaten war der Vertrag von Maastricht Gegenstand eingehender verfassungsgerichtlicher Prüfung[10]. Das Bundesverfassungsgericht hielt ihn für vereinbar mit dem Grundgesetz, nutzte aber die Gelegenheit, die aus der deutschen Staatlichkeit folgenden Grenzen der Integration zu markieren. Ähnlich verhielt sich das dänische Höchstgericht[11]. Der französische Conseil Constitutionnel erklärte sowohl den Maastricht-Vertrag als auch den Vertrag von Amsterdam für unvereinbar mit der französischen Verfassung, so dass sie erst nach einer Verfassungsänderung ratifiziert werden konnten[12].

4. Der Einfluss der nationalen Verfassung auf die europäische Gesetzgebung

Der Einfluss der nationalen Verfassungen endet aber nicht mit der Vereinbarung und Ratifikation des Primärrechts der EU. Er setzt sich in abgeschwächter Form bei der Schaffung des sekundären Gemeinschaftsrechts fort. Der Grund liegt darin, dass das Primärrecht den Mitgliedstaaten bei der Gemeinschaftsgesetzgebung die zentrale Rolle zuweist. Die Eigenart der EU als Staatenverbund kommt unter anderem darin zum Ausdruck, dass Hauptgesetzgebungsorgan nicht das von den Bürgern der Mitgliedstaaten gewählte Europäische Parlament, sondern der aus den Regierungen der Mitgliedstaaten gebildete Rat ist. Zwar fehlt dem Rat das Initiativrecht. Dieses liegt bei der Kommission. Auch ist er nicht mehr der alleinige Gesetzgeber. Die Mitwirkungsrechte des Parlaments sind kontinuierlich ausgeweitet worden und würden mit dem Inkrafttreten des Lissaboner Vertrages weiter wachsen. Das Parlament kann jedoch nur auf Beschlüsse des Rates reagieren, aber nicht selbst die Führung übernehmen. Bestrebungen, diese Konstruktion dem staatlichen Muster anzugleichen, blieben erfolglos[13].

Die Schaffung von Sekundärrecht unterscheidet sich allerdings beträchtlich von der Schaffung des Primärrechts. Letzteres entsteht im Wege des Vertragsschlusses, der völkerrechtlichen Regeln folgt, während Sekundärrecht durch Beschluss nach den Regeln des Primärrechts entsteht. Der Rat, der den Beschluss fasst, ist keine Staatenkonferenz, sondern ein Gemeinschaftsorgan. Er nimmt Kompetenzen wahr, die der Gemeinschaft übertragen worden sind, und ist dabei nicht an die nationalen Verfassungen gebunden. Im Unterschied zu allen anderen Gemeinschaftsorganen setzt er sich aber aus Mitgliedern eines nationalen Staatsorgans, nämlich den Regierungen der Mitgliedstaaten, zusammen. Diese Konstruktion ermöglicht es den Ratsmitgliedern, bei der Gesetzgebung nationale Interessen und damit auch Forderungen der nationalen Verfassung zur Geltung zu bringen. Soweit sie dazu von ihrer nationalen Verfassung verpflichtet sind, verschafft sich diese mittelbaren Einfluss auf die europäische Gesetzgebung.

Ob eine solche Verpflichtung besteht, hängt von der jeweiligen Verfassung ab. Beantwortet man die Frage für Deutschland, empfiehlt es sich, zunächst denjenigen Bereich abzuschichten, in dem Tätigkeitsfelder der EU nicht insgesamt dem Gemeinschaftsrecht folgen, sondern lediglich für koordiniertes Handeln geöffnet sind. Zu diesem Bereich gehören zur Zeit noch die beiden EU-Säulen der Gemeinsamen Außen- und Sicherheitspolitik sowie der Innen- und Rechtspolitik. Hier bleibt die Zusammenarbeit intergouvernemental. Auch die Mitgliedstaaten haben ein Vorschlagsrecht. Beschlüsse können nur einstimmig gefasst werden. Was den Entscheidungsmodus angeht, gleicht diese Handlungsebene also der völkerrechtlich geregelten des Vertragsschlusses. Deswegen gelten hier auch die gleichen Verhaltensregeln. Die deutschen Vertreter im Rat müssen auf den Anforderungen des Grundgesetzes beharren und dürfen folglich keiner Vorlage zustimmen, die das Grundgesetz verletzen würde.

Im Bereich der vergemeinschafteten Politikfelder der ersten Säule war die verfassungsrechtliche Bindung der Bundesregierung strittig, wenn sie im Rat an einem Rechtsetzungsakt mitwirkt, für den innerstaatlich die Länder zuständig wären und diese der EU die Regelungskompetenz bestreiten. Das BVerfG hielt die Bundesregierung in einem solchen Fall für verpflichtet, der europäischen Rechtsetzung etwa entgegenstehende Rechte der Bundesrepublik zu wahren und im Rahmen ihrer organschaftlichen Mitwirkungsbefugnis innerhalb der Gemeinschaftseinrichtungen wirksam zu vertreten. Über das Fehlen einer gemeinschaftsrechtlichen Kompetenz dürfe sie sich nicht einfach hinwegsetzen. Nur ausnahmsweise könnten zwingende außen- oder integrationspolitische Gründe dazu führen, dass sie nicht auf ihrem Standpunkt beharre[14]. Noch deutlicher hatte es schon in dem vorangegangenen Urteil über den Antrag auf Erlass einer einstweiligen Anordnung geheißen, es müsse nach Möglichkeit verhindert werden, dass mit deutschem Verfassungsrecht unvereinbares sekundäres Gemeinschaftsrecht entstehe[15].

Diese Grundsätze lassen sich verallgemeinern. Dabei kann die Eigenart des Gesetzgebungsverfahrens nicht außer Betracht bleiben[16]. Auch wenn sekundäres Gemeinschaftsrecht nicht durch Vertrag, sondern durch Beschluss entsteht, ist der Rat doch weniger ein deliberierendes als ein negotiierendes Gremium. Die Ratsmitglieder folgen primär ihren nationalen Interessen und den politischen Zielen der nationalen Parteien, welche die Regierung bilden. Rechtsetzung im Rat ist oft das Ergebnis ausgehandelter Pakete, deren Schnürung auf allen Seiten Kompromisse verlangt. Die nationale Regierung kann unter diesen Umständen nationale Interessen nur dann erfolgreich vertreten, wenn sie in den Verhandlungen über Spielräume verfügt. Eine starre Verfassungsbin-

dung kann im Gesamtergebnis zum Nachteil der Verfassung aus-
schlagen. Das Grundgesetz muss aber auch beim Kompromiss
leitend bleiben. Einzelne Verfassungspositionen können nur dann
ausnahmsweise aufgegeben werden, wenn sich dadurch größerer
Verfassungsschaden verhüten lässt[17]. Eine Zustimmung zu Gemeinschaftsrecht, das Art. 23 Abs. 1 GG widerspricht, wäre in
keinem Fall zulässig.

Eine Gewähr für die Beachtung der nationalen Verfassung besteht allerdings nur dort, wo die Verträge für die Gemeinschaftsgesetzgebung Einstimmigkeit im Rat vorschreiben. In diesem
Bereich muss man daher von einer gesteigerten Bindung der Bundesregierung ausgehen. In dem Erfordernis der Einstimmigkeit
liegt die Anerkennung, dass die Interessen jedes einzelnen Mitgliedstaats solches Gewicht besitzen, dass er sie gegen alle anderen
durchsetzen kann, freilich nur negativ: mit der nationalen Verfassung unvereinbares Gemeinschaftsrecht kann verhindert, nicht
kann mit der nationalen Verfassung kompatibles Gemeinschaftsrecht erzwungen werden. Die Flexibilität und Kompromissfähigkeit, die für die Einflussnahme auf Mehrheitsentscheidungen nötig ist, rechtfertigt hier also eine Lockerung der Verfassungsbindung
nicht. Eine unlösbare Verknüpfung von Gesetzesvorhaben, für
die Einstimmigkeit erforderlich ist, mit solchen, für die eine
Mehrheit genügt, kommt in der Praxis nicht vor, bedarf deswegen
auch keiner zusätzlichen Ausnahme von der strikten Verfassungsbindung.

Was hier für die deutschen Regierungsvertreter im Rat gesagt
worden ist, gilt jedoch weder für die von Deutschland entsandten
Kommissare noch für die in Deutschland gewählten Abgeordneten des Europäischen Parlaments. Anders als die Regierungsvertreter im Rat sind sie nicht zugleich Mitglieder eines deutschen
Staatsorgans. Die europäische und die nationale Handlungsebene
sind in diesen Organen nicht verschränkt. Deswegen unterliegen
ihre Mitglieder auch nicht den Bindungen an die nationale Verfassung, wenn sie im Parlament oder in der Kommission Entscheidungen fällen. Zwar werden die Abgeordneten des Europäischen Parlaments in Art. 189 EGV als «Vertreter der Völker der in

der Gemeinschaft zusammengeschlossenen Staaten» bezeichnet, und eine Art. 38 Abs. 1 Satz 2 GG ähnelnde Vorschrift fehlt. Der Verfassung ihres Volkes sind sie rechtlich gleichwohl nicht unterworfen. Die Mitglieder der Kommission genießen schon gemäß Art. 213 EGV «volle Unabhängigkeit» und sind auf das «allgemeine Wohl der Gemeinschaften» verpflichtet.

5. Der Vorrang des Gemeinschaftsrechts

Für die Übertragung von Gesetzgebungskompetenzen auf die EU sind die nationalen Verfassungen bestimmend. Auf den Gebrauch der Gesetzgebungskompetenzen durch den Rat können sie mittelbar Einfluss nehmen. Einmal zustande gekommen, gilt das Gemeinschaftsrecht aber unabhängig von den nationalen Verfassungen. Damit ist jedoch noch nicht gesagt, wie sich Gemeinschaftsrecht und nationales Recht zueinander verhalten, wenn beide in Konflikt geraten. In den Römischen Verträgen war diese Frage nicht ausdrücklich geregelt. Auch die mitgliedstaatlichen Verfassungen enthalten von wenigen Ausnahmen abgesehen keine Regelung, wie sich die beiden Rechtsmengen zueinander verhalten. Die Frage wurde erst mehrere Jahre nach der Gründung der EWG vom Europäischen Gerichtshof entschieden, und zwar in einer Weise, die sich von den im Völkerrecht gebräuchlichen Regeln unterschied und die Europäische Gemeinschaft erst dadurch in die Sonderstellung zwischen internationalen Organisationen und Bundesstaaten hob, die sie bis heute einnimmt[18].

Im Jahr 1963 stellte der Gerichtshof fest, dass Gemeinschaftsrecht in den Mitgliedstaaten unmittelbar gilt[19], also nicht wie Völkerrecht einer Transformation bedarf. Damit verlor der nationale, an seine Verfassung gebundene Gesetzgeber gegenüber der Europäischen Union die Funktion eines Türhüters. Ein Jahr später folgte die Entscheidung, dass Gemeinschaftsrecht dem nationalen Recht vorgeht[20]. 1970 bekräftigte der Gerichtshof, dass der Vorrang auch gegenüber dem nationalen Verfassungsrecht gilt[21].

Zur Begründung verwies er darauf, dass die Gemeinschaft ihre Funktion nicht erfüllen könne, wenn die Mitgliedstaaten über den Rang des europäischen Rechts frei entscheiden dürften und so seine einheitliche Geltung in Frage stellten. Dabei ging der Europäische Gerichtshof davon aus, dass das Gemeinschaftsrecht sich von seiner völkerrechtlichen Entstehungsweise gelöst und eine eigenständige Geltung erlangt habe, während sich der Vorrang für andere weiterhin aus einer Ermächtigung durch die Mitgliedstaaten, dem Rechtsanwendungsbefehl, ableitet.

Hinsichtlich der Rechtsfolgen der Kollision von nationalem Recht mit Gemeinschaftsrecht schien der EuGH anfänglich der Annahme zuzuneigen, dass das Gemeinschaftsrecht entgegenstehendes nationales Recht nichtig mache. Ein Mitgliedstaat hätte es dann nicht mehr in der Hand, über seine eigene Verfassung souverän zu bestimmen. Die Souveränität, die sich im Verfassungsstaat ohnehin in die verfassunggebende Gewalt des Volkes zurückgezogen hat, wäre auch auf dieser Rückzugsebene damit untergegangen. Später hat sich der Gerichtshof der Auffassung angeschlossen, dass entgegenstehendes Gemeinschaftsrecht das nationale Recht nicht vernichtet, sondern nur unanwendbar macht[22]. Der Vorrang des Gemeinschaftsrechts ist kein Geltungsvorrang, sondern ein Anwendungsvorrang. Fällt das gemeinschaftsrechtliche Hindernis weg, lebt das nationale Recht automatisch auf. Konsequenterweise verzichtet der EuGH darauf, nationales Recht aufzuheben[23], und überlässt auch die Schlussfolgerungen aus seiner Interpretation des Gemeinschaftsrechts den nationalen Instanzen.

Auch der Anwendungsvorrang wirkt sich aber einschneidend auf die nationalen Verfassungen aus. Durch die Anwendungssperre für gemeinschaftswidriges nationales Recht gewinnen sämtliche staatlichen Rechtsanwendungs-Institutionen, Gerichte wie Behörden, die Befugnis, nationales Recht auf seine Anwendbarkeit zu prüfen und sich im Kollisionsfall darüber hinwegzusetzen. Eine solche Befugnis hat das Grundgesetz aus Achtung vor dem demokratisch direkt legitimierten Parlament und zur Vermeidung widersprüchlicher Aussagen über die Geltung von Gesetzen den Gerichten und erst recht den Behörden indes verweigert. Das Verwerfungsmonopol für Gesetze liegt beim Bundesverfassungsgericht. Seit der Vorrangrechtsprechung des Europäischen Gerichtshofs ist es damit vorbei. Er hat die Normenkontrolle, soweit europäisches Gemeinschaftsrecht berührt ist, auf Behörden und Gerichte erstreckt und damit die vom Grundgesetz gewollte Position des Parlaments geschmälert.

Für das Ausmaß der Verdrängung nationalen Verfassungsrechts durch den Anwendungsvorrang des Gemeinschaftsrechts gewinnt dessen Interpretation eine eigenständige Bedeutung. In der Auslegung durch die Kommission und den Europäischen Gerichtshof haben vor allem die vier Grundfreiheiten des Art. 14 EG und ihre Konkretisierungen in den Verträgen eine erhebliche Dynamik entfaltet, die sie in Konkurrenz zu dem nationalen Grundrechtsverständnis bringt und dieses in die Defensive drängt. Beginnend mit *Cassis de Dijon*[24] interpretiert der Europäische Gerichtshof im Zuge der Verwirklichung des Binnenmarktes Art. 28 EG in dem Sinn, dass Produkte, die den rechtlichen Anforderungen ihres Herkunftslandes genügen, auch in jedem anderen Mitgliedstaat angeboten werden dürfen. Damit ist es den Mitgliedstaaten nicht mehr möglich, ihre eigenen Schutzstandards aufrechtzuerhalten, selbst wenn sie in Erfüllung grundrechtlicher Schutzpflichten aufgestellt worden waren.

Unterdessen ist die Kommission mit Rückendeckung durch den Gerichtshof zu einer aktiven Liberalisierungspolitik übergegangen[25], in deren Visier vor allem die öffentlich-rechtlich organisierten Einrichtungen der Mitgliedstaaten geraten. Haben sie private Konkurrenten, wird die öffentlich-rechtliche Ausstattung in den Augen der europäischen Institutionen zu einer staatlichen Beihilfe, die nach Art. 81 ff. EG unzulässig ist, wenn sie wettbewerbsverzerrend wirkt. Die Gemeinwohlgründe, die für die Wahl der öffentlich-rechtlichen Organisationsform maßgeblich waren, kommen dabei wegen der Wettbewerbsfixierung nicht in den Blick. Die Folge ist eine Asymmetrie zwischen negativer Integration, die Markthindernisse abbaut, und positiver Integration, die Marktkorrekturen vornimmt. Während die negative Integration in dem unpolitischen Modus der administrativen oder judikativen Rechtsanwendung erfolgt und sich ungehindert durchsetzen kann, ist die positive auf Rechtsetzung angewiesen und lässt sich weit schwerer realisieren[26].

Den Preis zahlen zum einen die sozialstaatlichen Verfassungsziele. Zwar sind die Mitgliedstaaten rechtlich nicht gehindert, sie zu verfolgen. Die europäische Liberalisierungspolitik schränkt jedoch ihre faktischen Möglichkeiten drastisch ein, während eine Stabilisierung des Sozialstaats auf europäischer Ebene wegen der äußerst disparaten sozialen Sicherungssysteme der Mitgliedstaaten nahezu aussichtslos erscheint[27]. Den Preis zahlen zum anderen die nationalen Grundrechte, die von den Marktfreiheiten zusehends überlagert werden. Während auf der nationalen Ebene die wirtschaftlichen Grundrechte an Eingriffsresistenz meist hinter den personalen, kommunikativen und kulturellen Grundrechten zurückstehen und auch die Verfassungsgerichte wirtschaftsregulierende Gesetze eher zurückhaltend kontrollieren, kehrt sich das Verhältnis auf der europäischen Ebene um. Dort, wo der Handlungsspielraum des Gesetzgebers nach nationalem Verfassungsrecht am größten ist, wird er durch die Interpretation des Gemeinschaftsrechts am kleinsten.

6. Der Vorbehalt der nationalen Verfassungsgerichte

Nach Auffassung des EuGH gilt der Vorrang des Gemeinschaftsrechts ohne jede Einschränkung. Mit der Prüfung, ob die nationale Verfassung einer Kompetenzübertragung an die EU nicht entgegensteht, endet danach die Reichweite der nationalen Verfassungsgerichte. Für die Art und Weise, wie die EU von einer übertragenen Kompetenz Gebrauch macht, ist die nationale Verfassung irrelevant. Das gilt nach Ansicht des EuGH sogar für die Frage, ob die EU eine bestimmte Kompetenz überhaupt besitzt. Der Gerichtshof leugnet zwar nicht, dass es Kompetenzverletzungen seitens der Gemeinschaftsorgane geben kann. Als Prüfungsmaßstab dafür kommt aber nur das Primärrecht in Betracht, dessen authentischer Interpret er ist. Meint ein Mitgliedstaat, der EU mangele es an der Kompetenz für eine bestimmte Entscheidung, hat er die Möglichkeit der Nichtigkeitsklage beim EuGH. Nationalen Gerichten steht das Vorabentscheidungsverfahren zur Verfügung. Das nationale Verfassungsgericht ist dafür nach Meinung des EuGH nicht zuständig[28]. Eine entsprechende Klage müsste es als unzulässig behandeln.

Einige Mitgliedstaaten akzeptieren dies vorbehaltlos. Die Slowakei konzediert den Vorrang des Gemeinschaftsrechts in ihrer nationalen Verfassung. Die irische Verfassung legt in Artikel 29 sogar ausdrücklich fest, dass keine ihrer Bestimmungen gegen Gemeinschaftsrechtsakte ins Feld geführt werden kann[29]. Die niederländische Verfassung räumt in Artikel 94 allgemeinverbindlichen Bestimmungen von Verträgen und Beschlüssen völkerrechtlicher Organisationen einen Anwendungsvorrang vor nationalem Recht ein. Entsprechende Bestimmungen finden sich in den Verfassungen der übrigen Mitgliedstaaten nicht. Sie öffnen sich zwar für internationales Recht, so das Grundgesetz von Anfang an in Artikel 24 und seit 1992 speziell für europäisches Gemeinschaftsrecht in Artikel 23, schweigen dagegen zur Vorrangfrage. In einigen von ihnen sind aber die nationalen Verfassungsgerichte oder Höchstgerichte dazu übergegangen, eine verfassungsrechtliche Barriere gegen den Vorrang des Gemeinschaftsrechts aufzurichten.

Vor allem die italienische Corte costituzionale kam, von der völkerrechtlichen Anschauung über den Geltungsgrund von Gemeinschaftsrecht ausgehend, in ihrer Entscheidung im Fall *Costa contra* ENEL[30] zur Ablehnung des Vorrangs. Nach der Grundsatzentscheidung des EuGH in dieser Sache[31] wich das italienische Verfassungsgericht zurück, behielt sich aber in jedem einzelnen Kollisionsfall die Entscheidung über die Unanwendbarkeit des nationalen Rechts vor[32]. Es war diese Praxis, gegen die sich der EuGH im Fall *Simmenthal* wandte[33]. Inzwischen hat sich das Gericht auf den Standpunkt zurückgezogen, dass Gemeinschaftsrecht im Allgemeinen Vorrang auch vor der italienischen

Verfassung hat, beharrt aber darauf, dass sich aus der Verfassung «controlimiti» ergeben. Der Vorrang gilt nur, sofern die fundamentalen Prinzipien und die unveräußerlichen Menschenrechte nicht berührt sind[34]. In Frankreich geht der hinhaltende Widerstand vom Conseil d'Etat, nicht vom Verfassungsrat aus[35].

Dagegen hatte es das Bundesverfassungsgericht noch im Jahr 1967 abgelehnt, eine Verfassungsbeschwerde gegen Gemeinschaftsrecht zu prüfen, weil selbst «ein noch so dringendes rechtspolitisches Bedürfnis» die Zuständigkeit des Gerichts nicht erweitern könne[36]. Sieben Jahre später schwenkte es um und beanspruchte, gestützt auf die fundamentale Bedeutung der Grundrechte für die Legitimation politischer Herrschaft, europäische Rechtsakte an den Grundrechten des Grundgesetzes zu messen, solange es an einem adäquaten Grundrechtsschutz auf der Gemeinschaftsebene fehle[37]. Nachdem diese Entscheidung den EuGH zu verstärkter Entwicklung eines europäischen Grundrechtsschutzes angespornt hatte[38], erklärte das Bundesverfassungsgericht, von seiner Befugnis keinen Gebrauch mehr zu machen, solange ein adäquater Grundrechtsschutz auf der Gemeinschaftsebene gesichert sei[39]. Der Anspruch ist damit aber nicht aufgegeben, sondern nur ausgesetzt. Die Prüfungsbefugnis ruht, solange die EU ausreichenden Grundrechtsschutz bietet. Sie kann aktualisiert werden, falls sich das ändert.

Sollte die schon im Jahr 2000 proklamierte, aber rechtlich bislang nicht in Kraft gesetzte Grundrechtecharta der EU rechtliche Geltung erlangen, würde das auf der Normebene zu einer weiteren Stärkung des Grundrechtsschutzes führen. Inhaltlich bleibt die Charta nicht hinter dem Grundgesetz zurück. Sie lehnt sich im Gegenteil stark an das Grundgesetz an, rezipiert außerdem Gehalte, die vom Bundesverfassungsgericht im Wege der Grundrechtsinterpretation entwickelt wurden, und formuliert sie als eigenständige Grundrechte aus und geht an verschiedenen Stellen auch über das grundgesetzliche Schutzniveau hinaus. Adäquater Grundrechtsschutz im Sinne der *Solange*-Rechtsprechung umfasst aber auch die gerichtliche Durchsetzbarkeit der Grundrechte und ihre tatsächliche Durchsetzung durch den EuGH. In dieser Hinsicht entstehen wegen der oben geschilderten Entwicklung aber neue Zweifel. Daher würde sich die Solange-Rechtsprechung auch mit dem Inkrafttreten der Charta nicht erledigen.

In Fragen der Kompetenzüberschreitung hat das Bundesverfassungsgericht dagegen das Letztentscheidungsrecht ausdrücklich für sich reklamiert[40]. Es geht davon aus, dass Gemeinschaftsrecht in Deutschland aufgrund des Rechtsanwendungsbefehls gilt, den der deutsche Gesetzgeber im Ratifikationsgesetz erteilt. Die Frage, ob dieser Befehl erteilt wurde, ist eine solche des nationalen Rechts, die die nationalen Gerichte zu beurteilen haben. Fehlt es an einer Kompetenzübertragung durch den nationalen Gesetzgeber, berauben gleichwohl ergehende Gemeinschaftsrechtsakte die deutschen Staatsorgane ihres verfassungsrechtlich eingeräumten Handlungsspielraums in unzulässiger Weise. Daher kann das Bundesverfassungsgericht einem solchen Gemeinschaftsrechtsakt die Anwendung im räumlichen Geltungsbereich des Grundgesetzes versagen. Das gilt auch, wenn der EuGH die Kompetenzfrage zugunsten der EU entschieden, dabei aber seinerseits die Grenze zwischen Vertragsinterpretation und Vertragsänderung überschritten hat.

Eine derartige Letztzuständigkeit in Kompetenzfragen haben auch die Verfassungsgerichte oder Obersten Gerichte Dänemarks, Frankreichs, Griechenlands, Irlands, Italiens und Spaniens beansprucht; Tendenzen, dem zu folgen, lassen sich in weiteren Mitgliedstaaten beobachten[41]. Auch wenn im Allgemeinen anerkannt ist, dass die Geltung europäischer Rechtsakte in den Mitgliedstaaten nicht von der Übereinstimmung mit der nationalen Verfassung abhängt, werden doch jedenfalls die Staatlichkeit oder Souveränität der Mitgliedstaaten, die fundamentalen Prinzipien ihrer Verfassung, die bei den Staaten verbliebenen Kompetenzen und der Standard des Grundrechtsschutzes gegen den umfassenden Geltungsanspruch des Gemeinschaftsrechts verteidigt. Dass es gerade die staatliche Justiz ist, die diesen Damm zu errichten versucht, scheint nicht inkonsequent, weil sich der Geltungsanspruch des europäischen Gemeinschaftsrechts nicht schon aus den Verträgen ergibt, sondern erst durch die Rechtsprechung des EuGH begründet worden ist.

7. Die Wechselbeziehungen zwischen nationaler und europäischer Justiz

Der «Krieg der Richter»[42] ist allerdings bisher nicht ausgebrochen. Die nationalen Verfassungsgerichte stemmen sich nicht mehr gegen den Vorrang des Gemeinschaftsrechts. Sie verhelfen ihm im Gegenteil zur Durchsetzung. Als Hebel dafür dient in Deutschland die Anerkennung des EuGH als gesetzlicher Richter im Sinn von Art. 101 Abs. 1 Satz 2 GG[43]. Damit ist der Verstoß eines letztinstanzlich entscheidenden deutschen Gerichts gegen die Vorlagepflicht aus Art. 234 EGV zugleich eine Verletzung des Grundgesetzes, die vor dem Bundesverfassungsgericht gerügt werden kann. Die Prüfungskompetenz der nationalen Verfassungsgerichte bleibt dagegen für schwere Bedrohungen des Grundverhältnisses zwischen den Mitgliedstaaten und der Union sowie der Grundprinzipien ihrer Verfassungen in Reserve. Die nationalen Verfassungsgerichte behaupten auf diese Weise die substanzielle Eigenstaatlichkeit der Mitgliedstaaten und blockieren so zugleich eine Verstaatlichung der EU, die vielen als Endziel der europäischen Integration vorschwebt.

Die Gerichtsbarkeiten in der Gemeinschaft können infolgedessen nicht wie im Staat in einer einzigen hierarchischen Spitze gipfeln. So wie sich bei der Normsetzung die nationale und die europäische Ebene verschränken, kommt es auch zwischen den nationalen Verfassungsgerichten oder Obersten Gerichten und dem EuGH zu einer Wechselbeziehung, in der offenbleibt, wer das letzte Wort hat[44]. Das europäische Gericht kann zwar für gewöhnlich davon ausgehen, dass seine Rechtsprechung im Interesse der gleichen Anwendung des Gemeinschaftsrechts von den mitgliedstaatlichen Höchstgerichten respektiert wird. Es befindet sich diesen gegenüber aber nicht in einer Position, aus der es gemeinschaftsrechtliche Anforderungen unter allen Umständen so durchsetzen kann, wie das aus einer hierarchischen Spitzenposition möglich wäre. Wenn es den Zusammenprall zweier entgegengesetzter letztinstanzlicher Entscheidungen vermeiden will, muss es der Rechtsprechung der nationalen Verfassungsgerichte Beachtung schenken, um nicht auf unübersteigbare Grenzen zu treffen.

Die Verschränkung prägt auch das Verhältnis zwischen dem Europäischen Gerichtshof für Menschenrechte und den nationalen Verfassungsgerichten. Zwar ist die EMRK verglichen mit dem Gemeinschaftsrecht in der schwächeren Position, weil sie keinen Vorrang vor dem nationalen Recht beanspruchen kann. Sie ist aber auch nicht nachrangig. Die Urteile des EGMR sind für den Mitgliedstaat des Europarats, gegen den sich das Verfahren richtete, verpflichtend. Das Bundesverfassungsgericht hat dies gegenüber deutschen Gerichten, die Entscheidungen des EGMR innerstaatlich für unbeachtlich hielten, festgestellt und ihre Missachtung durch deutsche Gerichte als Verstoß gegen das Rechtsstaatsprinzip des Grundgesetzes gewertet[45]. Wie die Missachtung von Art. 234 EGV kann daher auch die Nichtbeachtung von EGMR-Entscheidungen vor dem Bundesverfassungsgericht gerügt werden. Dieses macht sich dadurch als nationales Höchstgericht zum Wahrer internationalen Rechts durch die nationale Justiz.

Auch dies geschieht aber nicht ohne Vorbehalt. Das Bundesverfassungsgericht hat gleichzeitig dargelegt, dass Beachtung nicht notwendig Befolgung heißt. Das nationale Recht ist gegenüber der EMRK nur insoweit nachgiebig, als es für den Anwender Interpretationsspielräume lässt. Diese sind im Sinn der Rechtsprechung des EGMR auszufüllen, selbst wenn dafür eine gefestigte nationale Rechtsprechung aufgegeben werden müsste. Wo es aber an einem solchen Spielraum fehlt, sei es weil die deutsche Rechtslage ihn nicht eröffnet, sei es weil die Berücksichtigung der EGMR-Entscheidung zu einem Verstoß gegen das Grundgesetz führen würde, steht die EMRK hinter dem nationalen Recht zurück. Das gilt nach der Rechtsprechung des Bundes-

verfassungsgerichts besonders dann, wenn es sich bei dem ein-
schlägigen nationalen Recht um ein ausbalanciertes Teilsystem
handelt, das verschiedene Grundrechtspositionen zum Ausgleich
bringt, in das sich die Rechtsprechung zur Menschenrechtskonvention nicht einfügen lässt.

Das zwingt wiederum den EGMR, sich mit der nationalen
Rechtslage, insbesondere mit den nationalen Grundrechten und
der nationalen Grundrechtsjudikatur, auseinanderzusetzen, wenn
er seiner Entscheidung die Umsetzung sichern will. Eine Hand-
habe dafür bietet der zu wenig beachtete Artikel 53 EMRK.
Danach darf der EGMR die Konvention nicht so auslegen, als
beschränke oder beeinträchtige sie die Menschenrechte und
Grundfreiheiten, die im nationalen Recht anerkannt sind. Diese
Bestimmung gewinnt insbesondere dann Bedeutung, wenn der
EGMR nationale Entscheidungen nachzuprüfen hat, die aus
einem zivilgerichtlichen Verfahren hervorgegangen sind, bei dem
sich beide Parteien auf Grundrechte berufen können und die
nationalen Gerichte einen vernünftigen Ausgleich zwischen zwei
gleichrangigen Grundrechtspositionen herbeiführen müssen.
Gibt der EGMR der Beschwerde der im nationalen Verfahren
unterlegenen Partei statt, führt dies zwangsläufig zur Verminderung des nationalen Grundrechtsschutzes für die im nationalen
Verfahren obsiegende Partei.

Der EGMR hat indessen kein Mandat zur Rechtsvereinheit-
lichung in Europa. Er soll einen von allen Mitgliedstaaten des
Europarats anerkannten Mindeststandard des Grundrechtsschutzes gewährleisten, nicht aber einen für alle gleichen Grund-
rechtsstandard durchsetzen. Gerade wo es um den verhältnis-
mäßigen Ausgleich kollidierender Grundrechtspositionen geht,
muss ausreichender Raum für nationale Lösungen bleiben. Die
Caroline-Rechtsprechung gibt dafür Anschauungsmaterial[46].
Bei der Lösung des Konflikts zwischen Pressefreiheit und Privatsphärenschutz gelangen die verschiedenen europäischen Staaten
zu unterschiedlichen Ergebnissen. Während etwa in Frankreich
im Allgemeinen der Privatsphärenschutz den Vorzug genießt, ist
es in England tendenziell umgekehrt. Deutschland nimmt, vom

Prinzip der praktischen Konkordanz zwischen kollidierenden Grundrechten geleitet, eine Mittelposition ein. Löst der EGMR diese Spannung zugunsten einer Extremposition auf, riskiert er, dass ihm der betroffene Staat aus Gründen seiner eigenen Verfassung nicht folgen kann.

Für ein kooperatives Verhältnis von staatlichen und überstaatlichen Gerichten in einem nichthierarchisch organisierten System sprechen auch die unterschiedlichen Kontexte, in denen die nationalen und internationalen Gerichte operieren. Nationale Gerichte sind gewöhnlich in einen dichteren Partizipations- und Verantwortungszusammenhang eingebettet als internationale. Gerichte genießen zwar funktionsbedingt Unabhängigkeit. Sie fallen deswegen aber nicht aus dem kulturell geprägten Kontext heraus, in dem nationales Recht entsteht und wirkt und Selbstverständnisse von richterlicher Funktion und Praxis sich herausbilden. Nationale Richter operieren zudem in einem wesentlich dichteren Diskussionszusammenhang, sowohl in allgemein gesellschaftlicher als auch in speziell fachlicher Hinsicht, der sich in ihrem Entscheidungsverhalten niederschlägt und sie in Verbindung mit der Gesellschaft hält, für die sie ihre Funktion ausüben. Internationalen Gerichten fehlt eine entsprechende Einbindung, die die Gesetzesbindung unterfängt. Sie sind daher freier als nationale Richter und müssen diese Freiheit durch erhöhte Sensibilität für nationale Eigenarten kompensieren.

8. Die Rolle der nationalen Verfassung bei der Umsetzung von Gemeinschaftsrecht

Die nationalen Verfassungen behalten schließlich Bedeutung, soweit der europäische Gesetzgeber von einer übertragenen Zuständigkeit in der Weise Gebrauch macht, dass seine Normen in den Mitgliedstaaten nicht ohne weiteres anwendbar sind, sondern noch einer Transformation oder Komplettierung durch die nationalen Rechtsetzungsorgane bedürfen. Das ist zum einen bei Rahmenbeschlüssen, zum anderen bei Richtlinien der Fall. Sie geben dem nationalen Gesetzgeber entweder Entscheidungsfreiheit oder räumen ihm zumindest Entscheidungsspielräume ein. Diese kann er dann nach seinen eigenen Vorstellungen, aber nicht im Widerspruch zur nationalen Verfassung nutzen. Dort, wo die gemeinschaftsrechtliche Bindung aufhört, fängt die verfassungsrechtliche Bindung an. Die nationalen Organe können sie nicht unter Hinweis darauf, dass sie europäisches Recht umsetzen, abstreifen.

Am freiesten ist der nationale Gesetzgeber gegenüber Rahmenbeschlüssen gemäß § 34 EU[47]. Sie sind in der dritten Säule der EU, der Zusammenarbeit in Fragen der inneren Sicherheit und des Rechts, vorgesehen, werden also außerhalb der supranationalen Entscheidungsstrukturen gefasst und gehören folglich nicht zum Gemeinschaftsrecht, sondern zum Völkerrecht. Rahmenbeschlüsse können daher nur einstimmig gefasst werden. Das Europäische Parlament hat bei ihnen kein Mitspracherecht, sondern wird lediglich angehört. Als Bestandteil des Völkerrechts sind Rahmenbeschlüsse ferner auf Transformation in nationales Recht angewiesen und nur hinsichtlich des Ziels bindend, während die Wahl der Form und der Mittel Sache der Mitgliedstaaten bleibt. Das nationale Parlament hat also die Möglichkeit, sie abzulehnen. Nimmt es sie an, so erlässt es ein Gesetz, das den unionsrechtlichen Rahmen unter Beachtung der nationalen Verfassung ausfüllt.

Weniger frei ist der nationale Gesetzgeber bei der Umsetzung europäischer Richtlinien. Richtlinien sind ein Instrument der Gemeinschaftspolitik. Sie folgen nicht den völkerrechtlichen Regeln, sondern denen des Gemeinschaftsrechts. Eine Transformation in nationales Recht entfällt hier. Das nationale Parlament ist hinsichtlich des Ziels gebunden, in der Mittelwahl aber frei. Soweit ihm das Gemeinschaftsrecht Spielräume gelassen hat, greift aber wiederum die Bindung der nationalen Verfassung ein. Maßgebend ist sowohl die bundesstaatliche Kompetenzverteilung als auch die Gewaltenteilung zwischen Parlament und Regierung. Maßgeblich sind ferner die nationalen Grundrechte. Sie bleiben nur insoweit außer Betracht, als eine Richtlinie des Gemeinschaftsrechts den Mitgliedstaaten keinen Umsetzungsspielraum lässt. Dann fehlt es an Gestaltungsmöglichkeiten für den nationalen Gesetzgeber, bei deren Nutzung die nationalen Grundrechte zur Wirkung kommen könnten.

Die Einhaltung der Verfassungsbindung der nationalen Rechtsetzungsorgane kann vom Bundesverfassungsgericht nachgeprüft werden. Hinsichtlich der Rahmenbeschlüsse ist das im Verfassungsbeschwerdeverfahren gegen das Umsetzungsgesetz zum Europäischen Haftbefehl geschehen[48]. Das Bundesverfassungsgericht kam hier zu dem Schluss, dass der Gesetzgeber nicht unbeschränkt vom Verbot der Auslieferung Deutscher ins EU-Ausland abweichen durfte, sondern den qualifizierten Gesetzesvorbehalt in Art. 16 Abs. 2 Satz 2 GG sowie das Verhältnismäßigkeitsprinzip zu beachten hatte. Als grundrechtsbeschränkendes Gesetz musste das Umsetzungsgesetz sämtlichen verfassungsrechtlichen Bindungen entsprechen und den im Rahmenbeschluss vereinbarten Grundrechtseingriff so schonend wie möglich ausgestalten. Da das Gesetz vom Bundestag verabschiedet worden war, ohne dass dieser im Bewusstsein seines Handlungsspielraums gehandelt hatte, hielt es die Mehrheit der Richter in seiner Gesamtheit für nichtig und veranlasste den Bundestag so zu einer vollständigen Neubewertung.

Für die Umsetzung von Richtlinien ist die Nachprüfbarkeit seit langem anerkannt. Das Bundesverfassungsgericht hat aber nunmehr unter Fortführung der Solange II-Entscheidung klargestellt, dass davon die innerstaatliche Umsetzung solcher Richtlinien, die den Mitgliedstaaten keinen Umsetzungsspielraum lassen, sondern zwingende Vorgaben machen, ausgenommen ist, solange es auf der europäischen Ebene einen wirksamen Grundrechtsschutz gibt, der dem grundgesetzlichen im Wesentlichen gleich zu achten ist[49]. Das war bisher nur für Verordnungen anerkannt. Es gilt aber nicht nur bei solchen Richtlinien, die, wie Verordnungen, unmittelbare Wirkung in den Mitgliedstaaten entfalten. Für die Nachprüfung des Umsetzungsgesetzes durch das Bundesverfassungsgericht kommt es allein darauf an, ob die Richtlinie dem nationalen Gesetzgeber Handlungsspielraum einräumt oder nicht.

Grundrechtsbindung besteht auch für die nationalen Gerichte und Verwaltungsbehörden, die Vorschriften eines Umsetzungsgesetzes gemeinschaftsrechtlicher Richtlinien anzuwenden haben, soweit diese dem nationalen Gesetzgeber einen Gestaltungsspielraum eröffnen. Die nationalen Stellen sind dabei jedoch eingeengt, denn nach der Rechtsprechung des EuGH lösen sich nationale Rechtsvorschriften, die Richtlinien umsetzen, nicht von der (selbst nicht unmittelbar anwendbaren) Richtlinie ab, auf die sie sich beziehen. Die fortbestehende Verbindung hat Auswirkungen auf die Interpretation. Sie muss richtlinienkonform vor sich gehen[50]. Das nationale Recht ist im Licht des Wortlauts und Zwecks der Richtlinie zu interpretieren. Das entnimmt der EuGH aus Artikel 10 EGV. Damit verengt sich aber auch die Nachprüfbarkeit durch das nationale Verfassungsgericht. Geraten richtlinienkonforme Auslegung und grundrechtsfreundliche Auslegung in Widerspruch, setzt sich die richtlinienkonforme Auslegung durch, vorausgesetzt der verminderte nationale Grundrechtsschutz wird durch den gemeinschaftsrechtlichen Grundrechtsschutz aufgefangen.

Daran würde sich auch nichts ändern, wenn die Grundrechtecharta der EU in Kraft träte. Zwar gelten die europäischen Grundrechte nicht nur für die Unionsorgane. Ihre Geltung erstreckt sich vielmehr auch auf alle nationalen Stellen, soweit sie Gemeinschaftsrecht anwenden. Die Grundrechtecharta überlagert aber die nationalen Grundrechte nicht in derselben Weise, wie die Grundrechte des Grundgesetzes gemäß Art. 142 die Grundrechte der Landesverfassungen überlagern. Wo die deutsche Staatsgewalt Gemeinschaftsrecht ausführt, ist sie an die Gemeinschaftsgrundrechte gebunden. Wo sie Gemeinschaftsrecht ausfüllt, ist sie an die nationalen Grundrechte gebunden. Aufgrund dieser Regel müssen sich die nationalen Staatsorgane, Gerichte und Behörden zwar an unterschiedliche Grundrechtsstandards halten, je nachdem ob sie zum Vollzug von Gemeinschaftsrecht oder nationalem Recht tätig werden. Es kann aber keine Lücke im Grundrechtsschutz auftreten.

9. Die nationale Verfassung in der Bilanz

Die Bedeutung, die der nationalen Verfassung nach den vorangegangenen Feststellungen verbleibt, wird von dem Umstand bestimmt, dass sie Staatsverfassung ist und sich daher keine höhere Relevanz bewahren kann, als sie dem Staat in einem vereinten Europa zukommt. In dem Maß, wie er Zuständigkeiten an europäische Institutionen abgegeben oder verloren hat, schrumpft auch die Bedeutung der nationalen Verfassung. Sie verengt sich auf die Regelung derjenigen öffentlichen Gewalt, die weiterhin Staatsgewalt ist. Selbst insoweit kann sie ihren Regelungsanspruch aber nicht mehr in vollem Umfang behaupten. Da die EU sich zur Erreichung ihrer Zwecke weitgehend auf die Verwaltungen und Gerichte der Mitgliedstaaten stützt, werden diese – wenn auch nicht zu Gemeinschaftsorganen[51], so doch – in mehr oder weniger großem Maß als Vollzugsorgane von Gemeinschaftsrecht tätig. Handeln sie in dieser Eigenschaft, müssen sie im Interesse seiner einheitlichen Anwendung in allen Mitgliedstaaten die Bindung an die nationale Verfassung hinter sich lassen.

Allerdings wäre es falsch, bei der Bilanz allein auf die Verlustseite zu sehen. Denn durch die Vergemeinschaftung ehedem exklusiv staatlicher Zuständigkeiten gewinnen die Mitgliedstaaten der Europäischen Union gleichzeitig Einflussmöglichkeiten auf der europäischen Ebene und vermittelt über sie auf die anderen Mitgliedstaaten. Bei der Wahrnehmung dieser Einflussmöglichkeiten liegt der Staat an der Leine der nationalen Verfassung, die auf diese Weise ihren Wirkungsbereich über die Staatsgrenzen hinaus ausdehnt, dort allerdings demselben Anspruch anderer Verfassungen begegnet. Der Einfluss der einzelnen Verfassung wird dadurch zwangsläufig gebrochen. In demjenigen Bereich, in dem europäische Entscheidungen Einstimmigkeit unter den Mitgliedstaaten voraussetzen, lassen sich Verstöße gegen Verbote der nationalen Verfassungen abwenden. Äußerstenfalls unterbleibt eine Regelung. Gebote der nationalen Verfassung, die nicht durch Unterlassen, sondern nur durch Handeln

175

erfüllbar sind, werden aber auch im Einstimmigkeitsbereich kaum durchzusetzen sein.

Am freiesten ist der Mitgliedstaat der EU nach wie vor dort, wo er seine eigene Grundordnung bestimmt. Die verfassunggebende Gewalt unterliegt keinen externen Bindungen. Rechtlich ist sie unbegrenzt. Darin unterscheidet sich die EU von einem Bundesstaat. Bestimmte Ausübungen dieser Freiheit würden allerdings einen Bruch mit der Staatengemeinschaft bedeuten und daher zum Austritt oder Ausschluss aus der EU führen[52]. Will ein Staat in der EU bleiben, kann er in seiner Verfassung weder die Voraussetzungen der Mitgliedschaft aufheben noch das Grundverhältnis zur Gemeinschaft umkehren. Das Erste wäre etwa der Fall, wenn ein Mitgliedstaat die Demokratie abschaffte oder wesentliche Elemente der Rechtsstaatlichkeit aufgäbe. Verschiedene Spielarten von Demokratie oder Rechtsstaatlichkeit bleiben aber möglich. Das Zweite wäre beispielsweise der Fall, wenn ein Staat in seiner Verfassung in Anlehnung an Artikel 31 GG bestimmen wollte: «Staatsrecht bricht Gemeinschaftsrecht.»

Im Übrigen ist die Freiheit keine vollständige mehr. Da die innerstaatliche Organisation und die Ausführung und Durchsetzung des Gemeinschaftsrechts weitestgehend Sache der Verwaltung und der Justiz der Mitgliedstaaten ist, kann deren Aufbau und Zuständigkeit der EU nicht gleichgültig sein. Die Gemeinschaft stellt Anforderungen an die innerstaatliche Organisation und die nationale Rechtsordnung, die Voraussetzung für die gleichmäßige Anwendung des Gemeinschaftsrechts sind. Die Simmenthal-Entscheidung des EuGH[53], die das Verwerfungsmonopol der italienischen Corte costituzionale betraf, ist ein Beispiel dafür. Großbritannien musste in seiner Rechtsordnung einstweiligen Rechtsschutz vorsehen[54]. Viele Mitgliedstaaten sahen sich vor der Notwendigkeit, ihr Staatshaftungssystem aus Gründen der Effektivität des Gemeinschaftsrechts zu ändern[55]. Sind die betreffenden nationalen Regelungen in einem Mitgliedstaat nicht im Gesetzesrecht, sondern in der Verfassung enthalten, wird er auch insoweit unter Anpassungsdruck gesetzt.

Was die Kompetenzübertragung auf die EU angeht, kann die

Verfassung zwar vorschreiben, unter welchen Bedingungen und in welchem Ausmaß sich der Staat an der überstaatlichen Gemeinschaft beteiligen darf. Die Wahrnehmung der abgetretenen Hoheitsrechte durch die EU unterliegt aber nicht mehr den Regeln der nationalen Verfassungen, weil das nichts anderes als unterschiedliche Geltung und Anwendung in jedem Mitgliedstaat hieße. Um das auszuschließen, hat der EuGH in einer langen Rechtsprechungskette den Einfluss der nationalen Verfassungen in ihrem eigenen Geltungsbereich kontinuierlich zurückgedrängt. Obgleich manche seiner Entscheidungen gerade wegen des schleichenden Kompetenzgewinns für die Gemeinschaft Widerstand hervorriefen, bot die Rechtsprechungslinie insgesamt doch wegen des punktuellen, zeitlich auseinandergezogenen, unpolitisch erscheinenden und die Öffentlichkeit immer erst im Nachhinein beschäftigenden Vorgehens, das Gerichten eigen ist, wenig Angriffsflächen für konzentrierte Umsteuerungsversuche. Es ist diese von der Rechtsprechung initiierte Entwicklung, die man gern als «Konstitutionalisierung» der Verträge bezeichnet[56].

Die nationalen Verfassungsgerichte stemmen sich nur noch gegen die äußerste Konsequenz der Bestrebungen, den Anwendungsbereich des nationalen Verfassungsrechts vollends dem Gemeinschaftsrecht unterzuordnen. Aber auch ohne diesen letzten Schritt ist die nationale Verfassung nicht mehr in der Lage, die ursprünglich mit ihr verbundenen Erwartungen zu erfüllen. Das gilt sowohl für ihre Ordnungs- als auch für ihre Legitimationsfunktion. Was die Ordnungsfunktion angeht, kann sie ihren Anspruch, die in ihrem räumlichen Geltungsbereich ausgeübte Herrschaftsgewalt umfassend zu regeln, nicht mehr einlösen. Es gibt entgegen diesem Anspruch extrakonstitutionelle Träger von Hoheitsgewalt und extrakonstitutionelle Wege und Mittel der Ausübung von Herrschaft auf dem Territorium des von ihr konstituierten Staates. Sie regelt die dort ausgeübte Herrschaft nur noch zum Teil. Ähnliche Erscheinungen im Innern der Staaten verstärken diese Tendenz[57].

Was die Legitimationsfunktion angeht, kann die nationale Verfassung ihren Anspruch, dass alle in ihrem räumlichen Geltungsbereich ausgeübte Herrschaft ihre Legitimation vom Volk erhält, nicht mehr einlösen. Zwar fehlt es der an die EU abgetretenen Herrschaftsgewalt nicht an einer Legitimationsgrundlage. Sie besteht aus den Verträgen, die die Gemeinschaft ins Leben gerufen haben und rechtlich regeln. Indessen hat dieses Recht seinen Ursprung nicht im Volk des Staates, das der Herrschaft unterworfen ist. Die Herrschaftsgewalt der Gemeinschaft geht von den Staaten aus. Dass diese selbst demokratisch sind, gibt der Rechtsgrundlage noch keine demokratische Legitimation in der Art, wie sie zu einer Verfassung gehört. Sie garantiert auch nicht, dass das Volk nur solchen Herrschaftsakten unterworfen ist, denen sein eigener Staat in einem demokratischen Verfahren zugestimmt hat. Es sichert jedem Mitgliedstaat ein Mitwirkungsrecht an der Rechtsetzung der Gemeinschaft, aber keine Rückbindung an das Volk[58].

10. Europäische Verfassung als Kompensation?

Der Bedeutungsgewinn, den die nationale Verfassung durch die größere Reichweite der Staatsgewalt in einem vereinten Europa erfährt, macht den Bedeutungsverlust in ihrem räumlichen Geltungsbereich nicht wett. Der Bedeutungsgewinn wird durch die Notwendigkeit des Zusammenwirkens zahlreicher Staaten, von denen jeder seiner eigenen Verfassung verpflichtet ist, relativiert, während der Bedeutungsverlust im Staatsinnern unabgeschwächt zu Buche schlägt. Damit ist freilich nicht gesagt, dass der Verlust an Staatlichkeit, den die Nationalstaaten durch die Vergemeinschaftung zahlreicher Politikfelder erleiden, schwerer wiege als der Gewinn an Problemlösungskapazität und Friedenssicherung, der ebenfalls mit ihr einhergeht. Die EU ist fraglos eine der großen und zukunftsträchtigen Innovationen im Bereich der politischen Institutionen. Dadurch erübrigt sich aber nicht die Frage, ob der Bedeutungsverlust der nationalen Verfassungen auf der europäischen Ebene kompensiert werden kann.

Die Hoffnungen richteten sich lange Zeit auf eine europäische Verfassung. Nach dem Scheitern des Verfassungsvertrages bei den Referenden in Frankreich und den Niederlanden ist sie fürs Erste begraben. Allerdings fehlte es schon vor den Bemühungen um eine europäische Verfassung nicht an einer Verrechtlichung der öffentlichen Gewalt, welche die EU ausübt. Diese Funktion, die auf der staatlichen Ebene die Verfassung erfüllt, übernahmen auf der europäischen Ebene die Verträge. Einer Verfassung bedurfte es dafür nicht. Was die Verträge von einer Verfassung im Vollsinn des Begriffs trennt, ist die fehlende Rückführung auf die Herrschaftsunterworfenen[59]. Nicht die Unionsbürger sind die Quelle der europäischen öffentlichen Gewalt, sondern die Mitgliedstaaten. Sie verfügen über die Rechtsgrundlage der EU, während die Unionsbürger damit weder als Aktivbürger noch auch nur als Zurechnungssubjekt der europäischen öffentlichen Gewalt etwas zu tun haben. Die Verträge erfüllen nicht die Legitimationsfunktion, die sich für die staatliche Herrschaft aus der verfassunggebenden Gewalt des Volkes speist.

Das ließe sich freilich ändern. Ohne Zweifel ist die Europäische Union, die mit ihrer Organisationsdichte und Kompetenzfülle dem Zentralstaat eines Bundesstaats nicht wesentlich nachsteht, ein «konstitutionsfähiger Gegenstand», anders als das mittelalterliche Gemeinwesen[60]. Um die Verträge, die zur Zeit die Rechtsgrundlage der Europäischen Union bilden, in eine Verfassung umzuwandeln, müssten die Mitgliedstaaten ihre Verfügungsgewalt über die Rechtsgrundlage der Union aus der Hand geben und auf diese übertragen. Sie wären dann nicht mehr «Herren der Verträge». Die Europäische Union könnte vielmehr über ihre Rechtsgrundlage selbst bestimmen, wie stark auch immer die Rolle der Mitgliedstaaten in dem verfassunggebenden Organ der Union ausgestattet wäre. Würde das Selbstbestimmungsrecht auf die Unionsbürger als Quelle der europäischen öffentlichen Gewalt zurückgeführt, wäre den Verträgen dasjenige Element hinzugefügt, welches sie derzeit noch von der Verfassung trennt.

Die Frage ist allein, ob eine solche Verfassung auch die Leistungen der nationalstaatlichen Verfassungen erbringen und damit deren Bedeutungsverlust auf höherer Ebene wettmachen könnte. Das hängt vor allem von ihrer Fähigkeit ab, der Europäischen Union diejenigen Legitimitäts- und Solidaritätsressourcen zuzuführen, über die der Nationalstaat immer noch verfügt[61]. Die Voraussetzungen dafür sind indessen nicht günstig[62]. Auch wenn man die Demokratiedefizite in den Mitgliedstaaten nicht verkennt, besitzen diese doch verhältnismäßig dichte zivilgesellschaftliche Strukturen, wirksame Vermittlungsinstanzen zwischen Staatsbürgern und Staatsorganen sowie ein breites Angebot an Medien, die den Kommunikationsfluss zwischen Staat und Gesellschaft aufrechterhalten und den verfassungsrechtlich vorgesehenen Legitimations- und Verantwortungszusammenhang so mit Leben erfüllen, dass jedenfalls im Großen und Ganzen von einer nicht nur formellen, sondern auch substanziellen Demokratie gesprochen werden kann.

In der EU sind diese gesellschaftlichen Voraussetzungen einer funktionstüchtigen Demokratie dagegen nur schwach ausgebildet oder fehlen ganz. Politische Kommunikation als Grundbedingung für Demokratie wird noch weithin von den national geprägten Aufmerksamkeitsstrukturen und Gewohnheiten bestimmt und macht an den nationalen Grenzen halt. Für europäisierte Medien mit erheblicher Breitenwirkung, die sich von der nationalen Perspektive freimachen, dürften die wirtschaftlichen Voraussetzungen noch auf längere Sicht fehlen. Selbst wenn man annimmt, dass nach einer Verstaatlichung der EU europäisierte Parteien nicht lange auf sich warten ließen, blieben die Vermittlungsstrukturen zwischen den Machthabern und der Basis doch erheblich lockerer als in den Staaten. Auch die Bereitschaft, aus nationalem Zusammengehörigkeitsgefühl Solidarbeiträge hinzunehmen, die im Staat immer noch vorausgesetzt werden kann, wird sich in einer stets wachsenden Union nur schwer einstellen.

Gleichzeitig würde eine sich selbst tragende Union von all dem aber mehr benötigen als eine von den Mitgliedstaaten getragene, ohne dass sie darauf hoffen könnte, deren Legitimitäts- und Solidaritätsressourcen auf sich umzulenken. Dies einer Verfassung zuzutrauen, hieße ihre Leistungskraft überschätzen. Da die Ursachen des Problems gesellschaftlicher Natur sind, lassen sie sich auch nicht durch institutionelle Reformen nach dem staatlichen Muster beheben. Vielmehr ist zu befürchten, dass eine aus der Verantwortung der Mitgliedstaaten gelöste EU sich die Legitimationszufuhr aus den Mitgliedstaaten abschnitte, ohne anschließend auf ein ähnliches Maß an Eigenlegitimation zurückgreifen zu können. Im Ergebnis stünde sie den Unionsbürgern ferner als zuvor. Das legt den Schluss nahe, dass die Grundverantwortung der Mitgliedstaaten für die EU eher gestärkt als reduziert werden muss. Eine europäische Verfassung im Vollsinn des Begriffs würde das Gegenteil bewirken.

Dies hat Konsequenzen für das Verhältnis von nationalem Verfassungsrecht und europäischem Gemeinschaftsrecht[63]. Zwar werden die nationalen Verfassungen ihre alte Bedeutung nicht wiedergewinnen können. Es muss aber im europäischen Interesse liegen, dass sie nicht auf die Bedeutungsstufe von Landesverfassungen im Bundesstaat absinken. In einem Staatenverbund wie der EU sind alle nationalen Verfassungen nur noch Teilverfassungen, die ihren umfassenden Regelungsanspruch nicht allein, sondern nur gemeinsam mit der verfassungsähnlichen Rechtsgrundlage der EU erfüllen können. Beide sind daher aufeinander angewiesen. In diesem Sinn mag es berechtigt sein, von einem «Verfassungsverbund»[64] zu sprechen. Wenn sich aber in den beiden Teilen des Verbundes das gleiche Legitimationsniveau nicht erreichen lässt, die nationalen Verfassungen vielmehr über die größeren Legitimitätsreserven verfügen, schadet es, wenn das Verhältnis nur unter Vorrangsgesichtspunkten betrachtet wird[65]. Die Errungenschaft des Konstitutionalismus würde damit ohne Not über das ohnehin unvermeidliche Maß hinaus gemindert.

IX.
Die Rolle der nationalen Parlamente
in der Europäischen Union

1. Allgemeine Entparlamentarisierungs-Tendenzen

Der Prozess der europäischen Integration führt zu einem Bedeutungsverlust der nationalen Parlamente und damit der legislativen Gewalt. Nutznießer dieses Bedeutungsverlustes ist nicht das Europäische Parlament. Er kommt vielmehr den nationalen Regierungen und damit der exekutiven Gewalt zugute. Der Kompetenzzuwachs, den das Europäische Parlament verlangte und erhielt, reicht nicht aus, den Bedeutungsverlust wettzumachen. Auch auf der europäischen Ebene bleibt das Parlament schwach, selbst im Vergleich mit den nationalen Parlamenten. Eine bessere Kompetenzausstattung ist vorstellbar, würde aber nicht die Legitimationsschwäche der EU beheben.

Das ist in komprimierter Form die Aussage dieses Beitrags. Bevor ich näher darauf eingehe, möchte ich aber erwähnen, dass der Bedeutungsverlust der Parlamente kein europäisches Spezifikum ist. Vielmehr kann man eine generelle Tendenz zur Entparlamentarisierung beobachten. Sie hat strukturelle Gründe, was die Hoffnungen auf eine Begrenzung oder gar Umkehr der Tendenz erschwert. Die strukturellen Gründe ergeben sich aus veränderten Bedingungen staatlicher Politik. Die Veränderungen sind zweifacher Art. Innerhalb der Staaten wurden sie durch den Übergang vom liberalen, ordnungswahrenden Staat zum sozialen, ordnungsgestaltenden Staat ausgelöst. Extern gehen sie auf die Umwandlung autonomer Nationalstaaten in Mitgliedstaaten internationaler Organisationen und die Übertragung öffentlicher

Gewalt an diese zurück. Da die Europäische Union eine besonders hoch integrierte internationale Organisation darstellt, fällt die Erosion der parlamentarischen Gewalt hier stärker aus als anderwärts.

Auf der internationalen Ebene wird der deliberative Entscheidungsmodus von einem negotiativen verdrängt. Parlamente können jedoch nicht verhandeln. Es sind stets die Regierungen, welche verhandeln. Wenn die Parlamente zum Zuge kommen, dann nur bei der Ratifikation der Verhandlungsergebnisse. Die Ratifikation erlaubt indes nicht so viel Einfluss wie die Gesetzgebung. Im Gesetzgebungsverfahren bestimmt das Parlament den Inhalt der Entscheidung, selbst wenn der Entwurf von der Regierung stammt. Das ist nicht nur eine theoretische Möglichkeit, sondern praktische Realität. Selten wird ein Entwurf der Regierung völlig unverändert Gesetz. Bei der Ratifikation steht der Inhalt der Entscheidung fest. Das Parlament kann ihn nur annehmen oder ablehnen. Die Ablehnung wäre jedoch eine Desavouierung der Regierung, die von der Parlamentsmehrheit getragen wird. Deswegen sind die politischen Kosten eines Nein gewöhnlich zu hoch. Die europäischen Verträge sind nur dort gescheitert, wo es ein Referendum gab.

Die Akzentverlagerung von der Deliberation zur Negotiation ist aber nicht nur extern bedingt. Sie wird auch intern vorangetrieben. Der Grund liegt in der Veränderung der Staatstätigkeit, die bereits im späten 19. Jahrhundert einsetzte und sich trotz einiger Detailkorrekturen bisher nicht umgekehrt hat. Der Staat ist nicht mehr nur der Garant einer bestehenden und als gerecht vorausgesetzten Gesellschaftsordnung, sondern entwickelt und verändert diese Ordnung kontinuierlich, um wechselnden Herausforderungen und Gerechtigkeitsansprüchen gerecht zu werden. Er trägt heute die Gesamtverantwortung für den Bestand und das Wohlergehen der Gesellschaft. Am wichtigsten sind die Förderung des Wirtschaftswachstums, der Umweltschutz und die Vorsorge gegen alle Arten von Risiken.

Viele dieser Aufgaben werden nicht mehr mit den spezifischen staatlichen Mitteln von Befehl und Zwang erfüllt. Zum Teil ist das faktisch unmöglich, zum Teil rechtlich nicht erlaubt, zum Teil inopportun. Der Staat ist dann zur Erfüllung seiner Aufgaben auf Kooperation mit den privaten Akteuren angewiesen, häufig gerade denjenigen, welche die Probleme verursachen, die anschließend staatliche Bearbeitung verlangen. Die privaten Akteure geraten dadurch in eine Vetoposition, die den Übergang zum Verhandlungsmodus begünstigt. Wenn die Umsetzung des Verhandlungsergebnisses ein Gesetz verlangt, führt kein Weg am Parlament vorbei. Aber es befindet sich dann in einer ähnlichen Situation wie bei der Ratifikation völkerrechtlicher Verträge. Es kann keinen Einfluss auf den Gesetzesinhalt nehmen, sondern ihn nur bestätigen oder ablehnen. Wenn die Verhandlungen in eine Absprache münden, in welcher die Regierung einen Verzicht auf gesetzliche Regelungen erklärt, während die privaten Problemverursacher Wohlverhalten versprechen, kommt das Parlament gar nicht ins Spiel. Ich lasse es mit diesen Bemerkungen zur allgemeinen Lage des Parlamentarismus bewenden und gehe nun auf die spezielle Frage nach der Rolle der nationalen Parlamente in der EU ein.

2. Die Situation in Europa

Bei der Beschreibung der europäischen Situation müssen drei Stadien unterschieden werden:

– die Übertragung von Hoheitsrechten von den Mitgliedstaaten auf die EU
– die Ausübung der übertragenen Hoheitsrechte durch die EU
– die Umsetzung europäischer Entscheidungen durch die Mitgliedstaaten.

In jedem dieser Stadien haben die nationalen Parlamente unterschiedliche Funktionen.

a) Die Übertragung von Hoheitsrechten auf die EU

Die Übertragung staatlicher Hoheitsrechte erfolgt im Wege des Abschlusses von Verträgen zwischen den Mitgliedstaaten. Der Inhalt der Verträge bildet das europäische Primärrecht. Übertragen werden in der Regel Hoheitsrechte, die im Staat dem Parlament zustehen, namentlich Gesetzgebungskompetenzen, durch die Schaffung der Währungsunion aber auch Haushaltskompetenzen, also Kernbefugnisse des Parlaments. Weitere Parlamentsbefugnisse wie die Regierungsbildung und die Kontrolle der Regierung sind von der Übertragung von Hoheitsrechten dagegen nicht betroffen.

Die Übertragung setzt Einstimmigkeit aller Mitgliedstaaten voraus. Die Übereinstimmung wird in Verhandlungen der Staats- und Regierungschefs erzielt, die Exekutive bestimmt den Inhalt. Das Verhandlungsergebnis erlangt Rechtsgeltung aber erst durch die Ratifikation in sämtlichen Mitgliedstaaten nach den Bestimmungen ihrer Verfassungen. In manchen Mitgliedstaaten ist dazu ein Referendum erforderlich, in einigen eine vorherige Verfassungsänderung, in den meisten ein vom Parlament beschlossenes Zustimmungsgesetz. Das Parlament steht dabei aber wiederum vor einer Ja-Nein-Entscheidung. Der Inhalt der völkerrechtlichen Verträge der Mitgliedstaaten kann im parlamentarischen Prozess nicht geändert werden. Immerhin kommt dem Parlament hier aber eine entscheidende Rolle zu. Es fungiert als Filter für die Abtretung von Hoheitsrechten.

Einige nationale Verfassungen stellen Bedingungen für die Übertragung auf. Besonders ausführlich ist dies im Grundgesetz geschehen. Gemäß Art. 23 Abs. 1 GG dürfen Hoheitsrechte nur übertragen werden, wenn die EU demokratischen, rechtsstaatlichen, sozialen und föderalen Grundsätzen sowie dem Grundsatz der Subsidiarität verpflichtet ist und einen dem Grundgesetz vergleichbaren Grundrechtschutz gewährleistet. Da jeder Kompetenztransfer das Grundgesetz ändert, ohne dass eine Textänderung erfolgte, gelten für die Ratifikation europäischer Verträge dieselben Regelungen wie für Verfassungsänderungen. Sie benötigen eine Zweidrittelmehrheit im Parlament und dürfen nicht gegen Art. 79 Abs. 3 GG verstoßen.

Die Folge ist freilich, dass nicht mehr alles, was im Grundgesetz steht, zutrifft. Wenn man sich über die aktuelle Verfassungssituation eines Mitgliedstaats der EU informieren will, darf man nicht allein auf den nationalen Verfassungstext vertrauen, sondern muss die europäischen Verträge hinzunehmen. So gibt zum Beispiel Art. 73 GG dem Bund das ausschließliche Gesetzgebungsrecht über das Währungs-, Geld- und Münzwesen, die Zölle etc. In Wirklichkeit sind alle diese Gesetzgebungsrechte auf die EU übertragen worden. Andere Gesetzgebungskompetenzen sind nur noch zum Teil wahr, etwa die ausschließliche Gesetzgebung über die Einwanderung.

Das Bundesverfassungsgericht hat den in Art. 23 Abs. 1 GG enthaltenen Bedingungen für die Übertragung von Hoheitsrechten weitere hinzugefügt, die es aus anderen Bestimmungen des Grundgesetzes abgeleitet hat. In unserem Zusammenhang ist am bedeutendsten, dass die Übertragung von Rechten auf die EU nicht zu einer Entleerung der Funktionen des Bundestages führen darf. Diese Übertragungsgrenze wird aus dem Wahlrecht des Art. 38 Abs. 1 GG abgeleitet. Das Bundesverfassungsgericht interpretiert das Wahlrecht nicht formell, sondern materiell. Es gibt den Staatsbürgern nicht nur das Recht, sich an der Bundestagswahl zu beteiligen. Der gewählte Bundestag muss vielmehr auch genügend politische Entscheidungssubstanz haben, um den Volkswillen in politische Maßnahmen umsetzen und die in der Wahl zum Ausdruck gekommenen Präferenzen der Wähler für den politischen Prozess folgenreich machen zu können.

Im Zusammenhang mit den Bedingungen für Kompetenzübertragungen unterscheidet das Bundesverfassungsgericht zwischen der Souveränität und Souveränitätsrechten oder Hoheitsrechten. Das Grundgesetz erlaubt in Art. 23 Abs. 1 nur die Übertragung von Hoheitsrechten, nicht die Übertragung der Souveränität. Selbst durch eine Verfassungsänderung könnte diese Hürde nicht überwunden werden, denn nach Auffassung des Gerichts ist die Souveränität der Bundesrepublik durch Art. 79 Abs. 3 GG auch vor Verfassungsänderungen geschützt. An einer Transformation der EU in einen europäischen Bundesstaat könnte die Bundesrepublik folglich unter der Geltung des Grundgesetzes nicht mitwirken.

Der Bundestag ist laut Bundesverfassungsgericht auch dafür verantwortlich, dass das Integrationsprogramm von den Mitgliedstaaten bestimmt wird. Blankoermächtigungen sind danach völlig ausgeschlossen. Aber auch bei den Einzelermächtigungen darf das Parlament nur Integrationsschritten zustimmen, deren Ausmaß vorhersehbar ist. Das hat Auswirkungen auf die Verhandlungen der Bundesregierung in der Konferenz der Staats- und Regierungschefs. Sie kann nur Ergebnisse akzeptieren, die der Bundestag auch ratifizieren darf. Darauf muss sie also schon in den Verhandlungen Bedacht nehmen, wenn sie später im Parlament oder letztlich vor dem Bundesverfassungsgericht nicht scheitern will.

Das volle Ausmaß der Machtverlagerung lässt sich aber erst erfassen, wenn man nicht allein auf die förmlichen Kompetenzübertragungen blickt, sondern auch die schleichende Erosion der Parlamentsbefugnisse in den Mitgliedstaaten der EU berücksichtigt. Quelle dieser Erosion sind nicht Vertragsänderungen, sondern Vertragsinterpretationen durch den Gerichtshof der Europäischen Union (ehedem EuGH, heute GHEU). Der Gerichtshof legt seiner Interpretation der Verträge das methodologische Prinzip des sogenannten *effet utile* zugrunde. Danach sind die Verträge so auszulegen, dass die EU ihre Befugnis uneingeschränkt ausschöpfen kann, was gleichzeitig bedeutet, dass die nationalen Kompetenzen so weit wie möglich zurückgedrängt werden.

Dieses Ziel hat der Gerichtshof mit missionarischem Eifer verfolgt, indem er von den nationalen Parlamenten beschlossenes Recht mittels einer extensiven Interpretation des Europarechts in erheblichem Umfang außer Anwendung gesetzt hat. Aber auch der Rat hat sich an der Ersetzung nationalen Parlamentsrechts durch europäisches Exekutivrecht beteiligt und dabei von dem Umstand profitiert, dass in der EU die Gesetzgebungskompetenzen nicht nach Sachmaterien, sondern nach einem Finalkriterium verteilt sind. Wo es zur Herstellung oder Aufrechterhaltung des Gemeinsamen Marktes nötig erscheint, ist die EU gesetzgebungsbefugt. Dadurch kann die EU auch in Bereichen Fuß fassen, in denen die Mitgliedstaaten keine Gesetzgebungskompetenzen übertragen haben. Nutznießer sind die vier wirtschaftlichen Grundfreiheiten, die auf diese Weise, anders als in den Mitgliedstaaten, zum beherrschenden Kriterium werden.

Als neues Instrument zur Einengung der nationalen Kompetenzen erweist sich die Europäische Grundrechtecharta in der Auslegung durch den GHEU. Gemäß Art. 51 bindet die Grundrechtecharta die europäischen Institutionen, die Mitgliedstaaten aber ausschließlich, wenn diese Unionsrecht durchführen. Eine Kompetenzausweitung durch die Grundrechtecharta ist ausdrücklich untersagt, außerdem in Art. 53 eine Verringerung des nationalen Grundrechtschutzes. Der GHEU versteht Art. 51 dahin, dass zur Durchführung von Unionsrecht auch die Durchführung von nationalem Recht gehört, vorausgesetzt, dass dieses in einem Zusammenhang mit Unionsrecht steht. Das ist bei dem inzwischen erreichten Verflechtungsgrad zwischen nationalem und europäischem Recht jedoch fast überall der Fall. Art. 51 verliert auf diese Weise seine Konturen.

Obwohl die Grundrechtecharta gemäß Art. 51 Abs. 2 keine neuen Zuständigkeiten jenseits der ausdrücklich übertragenen begründen darf, werden durch die Interpretation des Gerichtshofs doch die nationalen Gesetzgebungskompetenzen unterhöhlt. Der Datenschutz liefert dafür ein gutes Beispiel. Datenschutz ist kein Sachgebiet, sondern eine Querschnittsmaterie. Er ist bei jeder Tätigkeit des Staates zu beachten. Da nach der Rechtsprechung des GHEU die nationalen Grundrechte aber schon dort verdrängt sind, wo das nationale Recht irgendeine Berührung mit Unionsrecht hat, verschafft er sich auf diese Weise Zugang zu allerlei Gesetzgebungsmaterien, welche die Mitgliedstaaten nicht abgetreten haben.

Ähnlich verhält es sich auch mit der Garantie, dass ein höheres Schutzniveau der nationalen Grundrechte nicht durch die

Interpretation der Grundrechtecharta unterlaufen werden darf. Der GHEU will dies nur anerkennen, wenn es dadurch nicht zu einer Einschränkung der wirtschaftlichen Grundfreiheiten kommt. Wirtschaftliche Freiheit wird auf diese Weise zur Oberfreiheit. Vollends wird Art. 53 gefährdet, wenn nicht zweipolare, sondern dreipolare Rechtsverhältnisse in Frage stehen, weil dann der erhöhte Schutz eines Grundrechts zwangsläufig mit der Verminderung eines anderen einhergeht.

Gegen die Erosion ihrer Kompetenzen sind die nationalen Parlamente machtlos. Da die Verträge durch die Rechtsprechung des GHEU in Verfassungsrang erhoben worden sind und folglich Vorrang sowohl vor sekundärem Unionsrecht wie vor allem nationalem Recht beanspruchen, ist die Vertragsauslegung und -anwendung quasi Verfassungsvollzug. Die politischen Institutionen der EU, Rat und Europäisches Parlament, haben praktisch keine Möglichkeit, korrigierend einzugreifen. Das Bundesverfassungsgericht schätzt die Situation deswegen richtig ein, wenn es annimmt, dass das einzige Gegengewicht gegen die expansive Rechtsprechungstendenz des GHEU die nationalen Verfassungsgerichte bilden. Ihre Funktion besteht auch darin, die nationalen Parlamente und damit die nationale Demokratie vor einer weiteren Auszehrung zu schützen.

b) Die Ausübung übertragener Kompetenzen durch die EU

Sind nationale Kompetenzen einmal übertragen, richtet sich ihre Ausübung nicht mehr nach den nationalen Verfassungen, sondern nach europäischem Recht. Während das europäische Primärrecht von den Mitgliedstaaten beschlossen wird, ist die Setzung europäischen Sekundärrechts allein Sache der EU. Europäische Gesetzgebung erfolgt im Zusammenwirken von Kommission, die das Initiativrecht hat, Ministerrat, der den Gesetzesinhalt bestimmt, und Europäischem Parlament, dem abgestufte Mitentscheidungsbefugnisse zustehen. Der Hauptakteur ist der Rat, in dem die Regierungen der Mitgliedstaaten vertreten sind. Der einzige Weg für die nationalen Parlamente, Einfluss auf Setzung europäischen Sekundärrechts zu nehmen, führt also über die nationalen Regierungen.

Dafür gibt es eine Anzahl von Möglichkeiten, die von den üblichen Formen der Regierungskontrolle bis zu einem bindenden Mandat für die Regierungen reicht, wie in Großbritannien, Dänemark und Österreich. In Deutschland regelt Art. 23 Abs. 2 GG die Beteiligung des Parlaments in Angelegenheiten der europäischen Integration. Im Einzelnen erlegt die Vorschrift der Bundesregierung Informationspflichten auf; das Parlament erhält Gelegenheit zur Stellungnahme zu europäischen Rechtsetzungsakten, die die Bundesregierung dann wiederum bei Verhandlungen im Rat berücksichtigen muss. Soweit die europäische Gesetzgebung Materien betrifft, die innerstaatlich Länder-Sache wären, ist die Meinung des Bundesrats «maßgeblich» zu berücksichtigen. «Berücksichtigen» bedeutet nicht «folgen», verlangt aber nach guten, bei maßgebender Berücksichtigung nach schwerwiegenden Gründen im Fall der Abweichung.

Dass es in Deutschland kein bindendes Mandat gibt, erscheint angesichts der Eigenart europäischer Gesetzgebung zweckmäßig. Europäische Gesetzgebung ist ihrer Art nach nicht eine Sache der Deliberation zwischen unterschiedlichen politischen Richtungen, sondern der Negotiation zwischen unterschiedlichen nationalen Interessen. Der Erfolg einer Regierung bei der Formulierung der Gesetzestexte hängt von ihrem Verhandlungsspielraum ab. Wer nicht flexibel reagieren kann oder sich vor jedem Schritt beim eigenen Parlament rückversichern muss, kann schnell kompromissunfähig werden und dann nur mit einem Veto drohen. Diese Drohung bleibt allerdings, soweit für Ratsentscheidungen das Mehrheitsprinzip gilt, folgenlos. Generell kann man sagen, dass der Einfluss einer unflexiblen Regierung auf den Gesetzesinhalt sinkt.

Die innerstaatlichen Regeln finden auf der europäischen Ebene eine Unterstützung. Art. 12 EUV spricht davon, dass die nationalen Parlamente «aktiv zur guten Arbeitsweise der Union» beitragen. Zu diesem Zweck müssen sie umfänglich unterrichtet werden. Die Protokolle über die Rolle der nationalen Parlamente in der EU (Protokoll Nr. 1) und über die Anwendung der Grundsätze der Subsidiarität und Verhältnismäßigkeit (Protokoll Nr. 2) räumen den nationalen Parlamenten in Fragen des Subsidiaritätsprinzips überdies ein Recht zur Abgabe von Stellungnahmen ein, die von den europäischen Organen zu berücksichtigen sind. Um das Subsidiaritätsprinzip effektiver zu machen, werden die nationalen Parlamente außerdem gemäß Art. 5 EUV und Art. 8 des Protokolls Nr. 2 ermächtigt, ein Vertragsverletzungsverfahren vor dem GHEU in Gang zu setzen. Dieses Recht wird wiederum auf der nationalen Ebene verstärkt, indem das Grundgesetz in Art. 23 Abs. 1a den Bundestag zur Erhebung der Klage verpflichtet, wenn ein Viertel seiner Mitglieder das verlangt.

c) Die Durchführung von Unionsrecht auf der nationalen Ebene

Die EU verfügt über verschiedene Rechtsetzungsformen, von denen die Einflussmöglichkeiten der nationalen Parlamente abhängen. Europäische Verordnungen sind für die nationalen Institutionen unmittelbar bindend. Für eine Beteiligung der nationalen Parlamente ist daher kein Raum. Direktiven und Rahmenbeschlüsse sind für die Mitgliedstaaten hinsichtlich des Ziels bindend, lassen aber Raum bezüglich der Mittel und Wege zur Zielerreichung. Sie sind auf Umsetzung durch nationale Gesetze angelegt, so dass hier die nationalen Parlamente wieder ins Spiel kommen. Ein erheblicher Teil der nationalen Gesetze ist auf diese Weise durch europarechtliche Vorgaben veranlasst. Verlässliche Daten sind schwer zu beschaffen. Eine Untersuchung des Bundestages hat einen Anteil europäisch veranlasster Gesetze von 30 % an der gesamten Bundesgesetzgebung ergeben.

Auch die Wirkung der Richtlinien hat der GHEU ständig ausgeweitet. Im Fall fehlender oder ungenügender nationaler Umsetzung sind die Richtlinien direkt anwendbar, soweit ihre Fassung das zulässt. Das ist ein Anreiz, sie immer detaillierter auszugestalten. Unter Umständen tritt ihre Bindungswirkung sogar schon vor Ablauf der Umsetzungsfrist ein. Bei Nichtbefolgung können Strafzahlungen in beträchtlicher Höhe verhängt werden. Soweit ersichtlich ist bisher keine Richtlinie vom GHEU aufgehoben worden, weil sie den mitgliedstaatlichen Spielraum übermäßig eingeengt hat. Andererseits hat aber das Bundesverfassungsgericht den Gesetzgeber darauf aufmerksam gemacht, dass er den vorhandenen Spielraum auch auszunützen hat, um den nationalen Grundrechten zur Wirkung zu verhelfen.

d) Kompensationen für den Bedeutungsverlust
der nationalen Parlamente

Es gibt Versuche, für den Bedeutungsverlust der nationalen Parlamente in der EU Kompensationen zu schaffen, und zwar auf beiden Ebenen, der europäischen und der nationalen. Viele laufen auf eine verstärkte Einbeziehung der nationalen Parlamente in die europäische Gesetzgebung hinaus. Beteiligungsrechte und Klagemöglichkeiten auf der europäischen Ebene sind bereits erwähnt worden. Auf der nationalen Ebene kann es geradezu als Grundzug der Rechtsprechung des Verfassungsgerichts bezeichnet werden, dem Bundestag Verantwortung für den Fortgang der europäischen Integration zuzuweisen. Das Bundesverfassungsgericht hat seine Zweifel an der Verfassungsmäßigkeit des Maastricht- und des Lissabon-Vertrages überwunden, indem es die wesentlichen Integrationsschritte von einer Zustimmung des Deutschen Bundestages abhängig gemacht hat.

Indessen vermag keine dieser Maßnahmen den Bedeutungsverlust auszugleichen. Stets erschöpfen sie sich in der Beteiligung an Entscheidungen, die andere treffen. Das ist kein Äquivalent zu der Befugnis, selbst zu entscheiden. Es kommt hinzu, dass die Wahrnehmung der Beteiligungsrechte die Kapazitäten der nationalen Parlamente oft überfordert. Die schiere Masse der Informationen ist selbst für die Parlamente großer Mitgliedstaaten mit einem gut ausgebauten Apparat, wie ihn der Bundestag in Gestalt des parlamentarischen Hilfsdienstes besitzt, nicht zu bewältigen, geschweige denn für die Parlamente kleiner Mitgliedstaaten. Allein die Informationen aus Brüssel belaufen sich pro Jahr auf etwa 500, also mehr als eine pro Tag. Stellungnahmen des Bundestages, die nach Brüssel übermittelt werden, betreffen nicht mehr als 5 % dieser Informationen.

Ein spezieller Fall sind die Parlamentsbefugnisse zur Effektivierung des Subsidiaritätsprinzips. Das Prinzip ist bereits im Maastricht-Vertrag von 1992 anerkannt worden, aber vollständig unwirksam geblieben. Die Klagemöglichkeiten, die der Lissabon-Vertrag den nationalen Parlamenten einräumt, sollen nun dem Subsidiaritätsprinzip stärkere Geltung verschaffen. Da die nationalen Parlamente die Leidtragenden der Ineffektivität des Subsidiaritätsprinzips sind, erhofft man sich von ihnen ernsthafte Schritte zu seiner Durchsetzung. Ob das gelingen kann, ist jedoch zweifelhaft. Die Zweifel rühren zum einen von der geringen Bereitschaft des GHEU her, auf die rechtlich geschützten Interessen der Mitgliedstaaten einzugehen. Zum anderen sind sie in dem Umstand begründet, dass die Unwirksamkeit des Prinzips ihren tieferen Grund nicht in den bislang fehlenden Klagemöglichkeiten der nationalen Parlamente, sondern in der fehlenden Justitiabilität hat. Subsidiarität ist eine gute Leitlinie für die Einrichtung föderaler Systeme. Aber ohne weitere Konkretisierung bleibt das Prinzip zu ungenau für die gerichtliche Entscheidung von Fällen. Wenn etwas eine *political question* ist, dann die Feststellung, ob «die Ziele der in Betracht gezogenen Maßnahmen von den Mitgliedstaaten weder auf zentraler noch auf regionaler oder lokaler Ebene ausreichend verwirklicht werden können, sondern vielmehr wegen ihres Umfangs oder ihrer Wirkungen auf Unionsebene besser zu verwirklichen sind» (Art. 5 Abs. 3 EUV). Das Subsidiaritätsprinzip als Entscheidungsnorm ist derart inhaltsarm, dass sich der GHEU entweder gezwungen sieht, die Klage wegen fehlender Justitiabilität abzuweisen oder im Gewande der Rechtsanwendung in Wahrheit politisches Ermessen auszuüben. Das eine ist so unbefriedigend wie das andere.

194

3. Parlamentarisierung der EU als Kompensation?

Angesichts dieser Bilanz erhebt sich am Ende die Frage, ob denn das Europäische Parlament fähig ist, die Erosion der gesetzgebenden Gewalt auf der nationalen Ebene auf der europäischen Ebene zu kompensieren. Bei der Antwort muss man freilich in Erinnerung behalten, dass die EU kein Staat ist und ihr politisches System keine parlamentarische Demokratie. Sie ist eine Schöpfung souveräner Staaten, die sich das Recht, über Existenz, Aufgaben und Gestalt der Europäischen Union zu entscheiden, vorbehalten haben. Das kommt darin zum Ausdruck, dass der Rat trotz aller Vertragsänderungen das zentrale Organ der EU geblieben ist. Die Befugnisse des Europäischen Parlaments haben sich ständig erweitert, es ist mittlerweile mehr als ein bloßer Vetoplayer, bleibt aber noch weit von einer Gleichstellung mit dem Rat entfernt, von einer Überordnung ganz zu schweigen.

Es wird häufig vorgeschlagen, das zu ändern und das Europäische Parlament mit denjenigen Befugnissen auszustatten, die nationale Parlamente üblicherweise haben. Das Europäische Parlament würde dann ins Zentrum der EU treten und die Kommission würde zu einer parlamentarischen Regierung aufgewertet, während der Rat zu einer Zweiten Kammer des Europäischen Parlaments herabgestuft würde. Dahinter steht die Hoffnung, dass sich die europäische Legitimationsschwäche überwinden ließe, wenn erst einmal das von den Unionsbürgern direkt gewählte Organ die Geschicke Europas bestimmen könnte und nicht mehr der Rat, der nur national und auch nur mittelbar demokratisch legitimiert ist.

Würden sich diese Erwartungen erfüllen, wenn die EU in ein parlamentarisches System nach staatlichem Muster umgestaltet würde? Das könnte ja nur dann angenommen werden, wenn die Legitimationsprobleme der EU ihren Grund gerade in mangelhafter Kompetenzausstattung des Europäischen Parlaments hätten. Daran kann man freilich zweifeln. Es ist aufschlussreich, dass die Beteiligung an Europawahlen im selben Maß gefallen ist, wie das Europäische Parlament an Kompetenzen gewonnen hat. Das legt zumindest die Annahme nahe, dass zu geringe Parlamentsbefugnisse nicht die wichtigste Ursache der Lethargie oder sogar Abneigung gegen Europa in den nationalen Völkern sind.

Deswegen muss man sich fragen, ob die Ursachen der Akzeptanzprobleme nicht doch tiefer liegen. Einige sind auf der institutionellen Ebene zu finden. Die Repräsentativität des Europäischen Parlaments ist gering, weil die Europawahlen nicht wirklich europäisiert sind. Damit ist nicht nur gemeint, dass es trotz der Ankündigung im Lissabon-Vertrag bisher kein europäisches Wahlrecht gibt, sondern nach nationalem Wahlrecht gewählt wird. Vielmehr sind auch die politischen Parteien nicht wirklich europäisiert. Im Wahlkampf zum Europäischen Parlament kandidieren nationale Parteien, die mit nationalen Programmen um Wählerstimmen werben. Das Wahlergebnis wird durch die nationale Brille bewertet. Zur Zeit sind nicht weniger als 200 nationale Parteien im Europäischen Parlament vertreten.

Allerdings spielen die nationalen Parteien als solche im Europäischen Parlament keine entscheidende Rolle. Als Akteure im Europäischen Parlament treten vielmehr europäische Fraktionen, lockere Zusammenschlüsse ideologisch verwandter Parteien, auf, die in keiner Gesellschaft verwurzelt sind. So ergibt sich die merkwürdige Situation, dass diejenigen Parteien, welche man wählen kann, keine Rolle im Europäischen Parlament spielen, während diejenigen Parteien, die dort eine Rolle spielen, nicht zur Wahl stehen. Der Legitimationsstrom von den Unionsbürgern zu ihrem Vertretungsorgan ist verzerrt. Die Aufstellung von Spitzenkandidaten bei der letzten Europawahl hat an diesen Ungereimtheiten nichts geändert.

Diese im Institutionellen verankerten Probleme ließen sich beheben, wenn man zu einer Europäisierung des Wahlrechts und des Parteiwesens bereit wäre. Nur darf man nicht hoffen, damit alle Akzeptanzprobleme der Europäischen Union gelöst zu haben. Parlamente können ihre Funktion als Mittler zwischen Gesellschaften und politischen Organen nur erfüllen, wenn sie in der Gesellschaft, die sie repräsentieren, auch wurzeln und in einen dauernden öffentlichen Diskurs einbezogen sind, in dem sie gleichzeitig als Kommunikatoren und Rezipienten auftreten. Dieses Erfordernis ist aber nicht schon erfüllt, wenn nationale Medien über europäische Fragen aus der nationalen Perspektive berichten. Nötig wären vielmehr europäisierte Medien, für die die Bedingungen aber wegen der Sprachenunterschiede und unterschiedlichen Kommunikationsgewohnheiten fehlen.

Da auch die sonstigen Vermittlungsinstanzen, die in Nationalstaaten für eine breite Basisstruktur demokratischer Politik sorgen, in der EU schwach entwickelt sind, bleibt die europäische Demokratie ebenfalls schwach. Im Unterschied zu Wahlrecht und Parteirecht entzieht sich diese Frage aber weitgehend institutionellen Reformen und kann in keinem Fall schnelle Änderungen herbeiführen. Damit sind die Werte, die Parlamente entfalten, Transparenz, Diskussion, Kontrolle, in der EU unterentwickelt. Mehr noch als die nationalen Parlamente ist daher das Europäische Parlament von den eingangs beschriebenen allgemeinen Entparlamentarisierungs-Tendenzen bedroht. Die EU hat keine ausreichenden Ressourcen für eine Eigenlegitimation. Sie wird noch für längere Zeit von der Legitimation abhängen, die ihr die Mitgliedstaaten zuführen. Eine Vollparlamentarisierung würde aber gerade diese abschnüren. Sie liegt daher nicht im demokratischen Interesse.

X.
Die Rolle der nationalen Verfassungsgerichte in der europäischen Demokratie

1. Die nationalen Verfassungsgerichte

Die Verfassungsgerichte der Mitgliedstaaten der Europäischen Union sind die Hüter der nationalen Verfassungen. Diese richten sich wiederum an die nationalen Staatsorgane. Die Organe der EU sind ihnen nicht unterworfen. Wenn die nationalen Verfassungsgerichte eine Rolle in der europäischen Demokratie spielen, dann also vermittels der nationalen Staatsorgane. Sofern die nationalen Verfassungen Regeln für deren Verhalten zur EU aufweisen, können die nationalen Verfassungsgerichte diese gegenüber den nationalen Staatsorganen zur Geltung bringen, vorausgesetzt, das nationale Recht verleiht ihnen entsprechende Zuständigkeiten. Das kann dann freilich Auswirkungen auf das Unionsrecht haben, möglicherweise auch auf die europäische Demokratie.

In der Tat enthalten mehrere nationale Verfassungen Bestimmungen, die sich auf die Mitgliedschaft ihres Landes in der EU beziehen, besonders ausführlich die französische und die österreichische Verfassung. Andere begnügen sich mit Vorschriften über die internationalen Beziehungen, die in der Regel auf die EU anwendbar sind. Die meisten dieser Vorschriften betreffen die nationale Willensbildung hinsichtlich europäischer Rechtsakte, an denen der Mitgliedstaat mitwirkt. Aussagen zur europäischen Demokratie sind dagegen selten. Insofern bildet das Grundgesetz mit seinem in Art. 23 Abs. 1 enthaltenen Katalog von Grundsätzen, die in der EU verwirklicht sein müssen, damit Deutschland sich an der europäischen Integration beteiligen kann, eine Ausnahme.

Die Auswirkungen auf EU-Recht, welche die Anforderungen der nationalen Verfassungen an die nationalen Staatsorgane haben, soweit diese europäische Entscheidungen mitgestalten oder vollziehen, können auf drei Ebenen auftreten: erstens auf der Ebene des Vertragsschlusses, also bei der Übertragung nationaler Kompetenzen auf die EU und der Regelung, wie diese die Kompetenzen ausübt; zweitens auf der Ebene der Wahrnehmung der übertragenen Kompetenzen durch die EU, soweit daran nationale Staatsorgane beteiligt sind; drittens auf der Ebene der Anwendung europäischer Rechtsakte im nationalen Rechtsraum, weil die EU dabei mangels eigener Vollzugsorgane auf die Kooperation der Mitgliedstaaten angewiesen ist.

a) Ebene des Vertragsschlusses

Der Wirkungskreis der nationalen Verfassungsgerichte wird durch das nationale Verfassungsrecht definiert. Soweit es Bestimmungen über den Beitritt zur Europäischen Union oder den Verbleib in ihr enthält oder Voraussetzungen für die Übertragung von Hoheitsrechten auf internationale Organisationen im Allgemeinen oder die EU im Besonderen aufstellt, fungieren die nationalen Verfassungen als Filter für die Entstehung europäischen Primärrechts.[1] Das kann in unterschiedlichem Ausmaß geschehen. Filterwirkungen entfalten die nationalen Verfassungen jedenfalls in prozeduraler Hinsicht. Sie pflegen vorzuschreiben, welche Organe an der Aushandlung und Ratifikation der europäischen Verträge beteiligt sind und welche Verfahrensregeln sie dabei zu beachten haben. Materiellrechtliche Anforderungen sind dagegen seltener.

In Deutschland zählt allerdings der 1990 in das Grundgesetz eingefügte Art. 23 Abs. 1 eine Reihe materieller Grundsätze auf, deren Geltung und Beachtung in der EU Voraussetzung für die deutsche Beteiligung an der europäischen Integration sind. Sie umfassen die obersten Ordnungsprinzipien, wie sie für die Bundesrepublik in Art. 20 und 28 GG festgelegt und von Art. 79 Abs. 3 GG für unabänderlich erklärt worden sind, unter ihnen die Demokratie. Zusätzlich wird auf der europäischen Ebene ein dem deutschen adäquater Grundrechtsschutz gefordert, der über Art. 1 Abs. 1 GG ebenfalls Rückhalt in Art. 79 Abs. 3 GG hat. Schließlich muss das Subsidiaritätsprinzip beachtet werden. Art. 79 GG wird von Art. 23 Abs. 1 Satz 3 GG ausdrücklich ins Spiel gebracht, indem er anordnet, dass für Vertragsänderungen oder vergleichbare Regelungen, durch die das Grundgesetz seinem Inhalt nach geändert oder ergänzt wird, die Absätze 2 und 3 gelten.

Damit werden auch der Verfassungsänderung zur Ermöglichung weiterer Integrationsschritte Grenzen gezogen. Der Identitätskern des Grundgesetzes in Art. 79 Abs. 3 GG darf der europäischen Einigung nicht geopfert werden. Ein Mandat dazu habe das deutsche Volk seinen Vertretern und Organen nicht erteilt, stellt das Bundesverfassungsgericht fest. In einer Verletzung von Art. 79 Abs. 3 GG sieht es daher zugleich einen Eingriff in die verfassunggebende Gewalt des Volkes. Insbesondere gebe es keine Ermächtigung, durch einen Eintritt in einen europäischen Bundesstaat das Selbstbestimmungsrecht des deutschen Volkes in Gestalt der völkerrechtlichen Souveränität Deutschlands aufzugeben. Das Grundgesetz setze die Souveränität Deutschlands nicht nur voraus, es garantiere sie auch. Die Entscheidung, die Bundesrepublik in einen europäischen Bundesstaat einzugliedern, sei daher «allein dem unmittelbar erklärten Willen des Deutschen Volkes vorbehalten».[2]

Anhaltspunkte dafür, dass die Anforderungen von Art. 23 Abs. 1 und 79 Abs. 3 GG nicht justiziabel seien oder der Jurisdiktion des Bundesverfassungsgerichts entzogen worden wären, bestehen nicht. Habermas' Auffassung, die nationalen Gerichte seien «nicht dazu autorisiert (wie das Bundesverfassungsgericht fälschlicherweise meint), die Grenzen der Übertragung nationaler Hoheitsrechte auf die europäische Ebene zu kontrollieren»[3], findet im Verfassungsrecht keine Bestätigung. Da Habermas aber im selben Satz die verfassungsgerichtliche Prüfung der «Unversehrtheit derjenigen nationalen Verfassungsprinzipien, die für den demokratischen und rechtsstaatlichen Aufbau des jeweiligen Mitgliedstaates konstitutiv sind», bejaht, geht es ihm möglicherweise nicht um Hoheitsrechte überhaupt, sondern um die Liste von Gesetzgebungsmaterien, die das Bundesverfassungsgericht im Lissabon-Urteil für besonders nations-affin erklärt hat[4].

Ob diese Liste als Grenze für die Übertragung von Gesetzgebungskompetenzen zu verstehen ist, erscheint jedoch fraglich. Das Bundesverfassungsgericht gelangt zu der Aufzählung über Art. 38 Abs. 1 GG. Das Wahlrecht ist seiner Ansicht nach nicht auf die Teilnahme an der Wahl beschränkt. Es garantiert auch, dass das gewählte Organ genügend Befugnisse hat, dem Volkswillen Ausdruck zu geben und ihn in politische Maßnahmen umzusetzen. Daher darf die Übertragung von Hoheitsrechten nicht zu einer Situation führen, in der dem Deutschen Bundestag so wenig Regelungsgegenstände belassen würden, dass das Wahlrecht seine Substanz verlöre. Diese Gefahr sieht es besonders bei den aufgelisteten Gegenständen. Von einem Übertragungsverbot ist aber nicht die Rede, und auch eine Rechtsfolge für den Fall, dass die EU auf einem dieser Felder tätig wird, fehlt. Das Urteil verneint im Gegenteil, «dass eine von vornherein bestimmbare Summe oder bestimmte Arten von Hoheitsrechten in der Hand des Staates bleiben müssten».[5]

Die Prüfungsaufgabe, die sich dem Bundesverfassungsgericht damit stellt, führt freilich in die Grenzbereiche richterlichen Vermögens. Mag es für den Übergang zu einem europäischen Bundesstaat noch relativ klare Kriterien in Gestalt der Abtretung der verfassunggebenden Gewalt und der Kompetenz-Kompetenz geben, so ist das bei den anderen Grenzen nicht der Fall. Zur Konkretisierung des Aushöhlungsverbots aus Art. 38 Abs. 1 GG bleibt dem Gericht nur eine Art gewichteter Bilanz der im Entscheidungszeitpunkt beim Staat verbliebenen und an die EU abgetretenen Kompetenzen. Nicht weniger schwer ist die Bestimmung der aus Art. 23 Abs. 1 GG folgenden Anforderungen an die europäische Demokratie. Auch hier lässt sich der erforderliche Demokratiegrad nicht generell und abstrakt festlegen, sondern hängt «vom Umfang der übertragenen Hoheitsrechte und vom Grad der Verselbständigung europäischer Entscheidungsverfahren ab», wie das Gericht selber feststellt.[6]

b) Ebene der Ausübung von EU-Kompetenzen

In ihrer Entscheidung, welche Kompetenzen sie der EU übertragen wollen, sind die Mitgliedstaaten frei von europarechtlichen Vorgaben. Hier zählen nur die Vorschriften der nationalen Verfassungen. Kein Mitgliedstaat muss sich der Mehrheit der übrigen Staaten beugen. Es gibt auch keinen Folgezwang. Dass ein Teilgebiet übertragen ist, begründet keine Pflicht, weitere Teile folgen zu lassen. Sobald eine Kompetenz wirksam übertragen worden ist, unterliegt ihre Ausübung durch die europäischen Organe aber nicht mehr den Anforderungen der nationalen Verfassungen, sondern denen der europäischen Verträge. Deswegen sind die nationalen Verfassungen jedoch noch nicht völlig aus dem Spiel. Das hängt mit der Regelung der europäischen Rechtsetzung zusammen.

Die Setzung von europäischem Sekundärrecht ist auf drei Organe verteilt: Die Kommission hat das Initiativrecht, der Rat fasst den Gesetzesbeschluss, das Europäische Parlament hat abgestufte Mitwirkungsrechte. Die zentrale Rolle ist vom Primärrecht also dem Rat zugewiesen, einem Organ, das sich aus Vertretern der Regierungen der Mitgliedstaaten zusammensetzt. Er ist freilich keine Staatenkonferenz, sondern ein Unionsorgan. Was rechtliche Geltung erlangt, bestimmt sich folglich nach Unionsrecht. Davon ist aber das Verhalten der nationalen Regierungen bei Ratsbeschlüssen zu unterscheiden. Als nationale Regierungen sind sie ihrem nationalen Verfassungsrecht verpflichtet. Was das im Einzelnen bedeutet, lässt sich allerdings nicht unabhängig von den Bedingungen bestimmen, unter denen Gesetzgebung im Rat vor sich geht.

Gesetzgebung im Rat ist keine Sache der Deliberation zwischen unterschiedlichen politischen Richtungen wie in den nationalen Parlamenten, sondern eine Sache der Negotiation zwischen unterschiedlichen nationalen Interessen. Das setzt für die Regierungsvertreter Verhandlungsspielräume und Kompromissfähigkeit voraus. Eine vollständige Verfassungsbindung wäre hinderlich und könnte der Verfassung im Ergebnis mehr schaden als nutzen. Deswegen kann es sich bei der Verfassungsbindung der Regierungsvertreter nur um eine abgestufte handeln. Wo das Unionsrecht Einstimmigkeit verlangt, ist die Bindung hoch, wo nach Unionsrecht das Mehrheitsprinzip herrscht, ist sie geringer. In keinem Fall darf der deutsche Regierungsvertreter jedoch einem europäischen Gesetz seine Zustimmung geben, das mit Artikel 23 Absatz 1 GG unvereinbar wäre. Die Einhaltung dieser Bindungen kann das Bundesverfassungsgericht nachprüfen.

c) Ebene der Rechtsanwendung

Es gehört zu den Eigenarten der EU, dass die Durchführung des europäischen Rechts im Wesentlichen in den Händen der Mitgliedstaaten, ihrer Regierungen, Verwaltungen und Gerichte, liegt. Die daraus resultierende Gefahr uneinheitlicher Rechtsanwendung wird durch den Vorrang von Europarecht vor nationalem Recht gebannt. In den Römischen Verträgen war das nicht vereinbart. Er war auch nicht stillschweigend vorausgesetzt. Der EuGH hat den Vorrang vielmehr gegen mitgliedstaatlichen Widerstand aus dem Zweck der Vergemeinschaftung abgeleitet, der sonst nicht erreichbar wäre[7]. Im Kern ist das heute nicht mehr strittig. Das Protokoll zum Amsterdamer Vertrag von 1997 hat es bestätigt. Strittig ist aber noch, ob der Vorrang unbedingt gilt oder Grenzen hat und wer im Streit um den Vorrang das letzte Wort spricht.

Unumstritten ist freilich, dass die Europäische Union keine potentielle Allzuständigkeit besitzt wie ein Staat, sondern auf dem Prinzip der begrenzten Einzelermächtigung beruht. Daher gibt es keine Zuständigkeitsvermutung zu ihren Gunsten. Jede ihrer Entscheidungen mit Wirkung für die Mitgliedstaaten bedarf einer ausdrücklichen Kompetenzgrundlage. Wo diese fehlt, handelt die EU *ultra vires*. Die Handlung ist rechtswidrig. Im Streit ist allein, wer im Konfliktfall letztverbindlich darüber entscheidet, ob ein europäischer Rechtsakt durch eine Ermächtigung seitens der Mitgliedstaaten gedeckt ist oder nicht. Der EuGH nimmt diese Befugnis für sich in Anspruch, aber auch verschiedene nationale Verfassungsgerichte tun es, darunter das Bundesverfassungsgericht.

Der EuGH kann sich auf seine vertraglich begründete Kompetenz zur Vertragsauslegung berufen. Das Bundesverfassungsgericht kann ins Feld führen, dass Unionsrecht in Deutschland nur aufgrund des nationalen Rechtsanwendungsbefehls gilt, und daraus das Recht zur Prüfung ableiten, ob Deutschland diesen Befehl im Ratifikationsgesetz erteilt hat. Beide Gerichte müssen zur Beantwortung der Kompetenzfrage die Verträge auslegen. Es lässt sich nicht ausschließen, dass sie dabei zu verschiedenen Ergebnissen kommen, ohne dass zwischen diesen immer eindeutig nach richtig und falsch unterschieden werden könnte. Widersprechende Urteile in ein und derselben Sache sind also denkbar, wenn auch bisher nicht vorgekommen.

Sollte der Konfliktfall eintreten, gibt es dafür keine juristische Lösung. Das ist eine Folge des Umstandes, dass sich im Verhältnis von EU und Mitgliedstaaten keine geschlossene Hierarchie herausgebildet hat, wie das in einem Bundesstaat der Fall ist. Allerdings sind Auflösungsmöglichkeiten im Gespräch. Eine Möglichkeit wird in einem vom EuGH und den nationalen Höchstgerichten paritätisch besetzten Kompetenzkonfliktgericht gesehen, eine andere in der Befugnis des Rates, Entscheidungen des EuGH in Kompetenzstreitigkeiten nach Art der kanadischen override clause an sich zu ziehen und unter bestimmten Voraussetzungen außer Kraft zu setzen[8]. Beide Möglichkeiten könnten jedoch nur durch einstimmige Vertragsänderung erreicht werden.

Die Kompetenzproblematik ist genau besehen keine Frage der Grenze des Vorrangs. Vorrang hat jedenfalls nur der rechtmäßige Unionsrechtsakt. Der Streit betrifft lediglich die Befugnis, über die Rechtmäßigkeit zu entscheiden. Das ist anders bei dem vom

Bundesverfassungsgericht in Anspruch genommenen Recht, europäischen Rechtsakten die Anwendung in Deutschland zu versagen, welche die Verfassungsidentität der Bundesrepublik beeinträchtigen.[9] Einige andere Verfassungsgerichte verhalten sich ebenso. Im Unterschied zur Ultra-vires-Kontrolle knüpft die Identitätskontrolle nicht an die Frage der Kompetenzwidrigkeit europäischer Akte an. Das Identitätsproblem stellt sich erst, wenn ein europäischer Akt in kompetenzieller Hinsicht nicht zu beanstanden ist.

Verfassungsrechtlich ist die Befugnis zur Identitätskontrolle darauf gestützt, dass das Grundgesetz den deutschen Staatsorganen keine Ermächtigung zur Preisgabe seiner eigenen Identität erteilt. Art. 79 Abs. 3 GG schließt das aus. In diesem Punkt kann es nicht zu einer Rivalität zwischen den Gerichten kommen. Dass über die Identität des Grundgesetzes nur national entschieden werden kann, steht außer Streit. Fraglich ist, ob der Identitätsvorbehalt auch eine europarechtliche Grundlage hat. Dafür kommt Artikel 4 Absatz 2 EUV in Betracht, in dem es heißt, dass die Union die nationale Identität der Mitgliedstaaten achtet, «die in ihren grundlegenden politischen und verfassungsmäßigen Strukturen» zum Ausdruck kommt. Hätten die Verträge selbst den Vorrang des Unionsrechts insoweit eingeschränkt, wäre das Konfliktpotential beseitigt. Der EuGH müsste seinen unbedingten Vorranganspruch für das Unionsrecht zurücknehmen.[10]

Während die Wahrscheinlichkeit eines Konflikts im Kompetenzbereich durch den Honeywell-Beschluss des Bundesverfassungsgerichts erheblich gesunken ist[11], könnte sie im Identitätsbereich wachsen, auch wenn man einen Übergang zu einem europäischen Bundesstaat für die nähere Zukunft ausschließt. Einen naheliegenden Konfliktherd bilden vielmehr die Grundrechte. Das mag angesichts der Solange II-Entscheidung von 1986 überraschen, mit der das Bundesverfassungsgericht den europäischen Grundrechtsschutz für befriedigend erklärt hat, so dass es seine – fortbestehende – Prüfungskompetenz seitdem ruhen lässt.[12] Mittlerweile macht sich aber eine Kluft zwischen der Auslegung der nationalen Grundrechte durch die Verfassungsgerichte und derjenigen der wirtschaftlichen Grundfreiheiten in Art. 26 Abs. 2 AEUV durch den EuGH bemerkbar, die der Identitätsfrage Nahrung geben könnte.[13]

2. Die europäische Demokratie

a) Monistische Legitimation am Anfang

Die Europäischen Gemeinschaften traten als Zweckschöpfung von Staaten zur Schaffung eines einheitlichen Wirtschaftsraums ins Leben. Damit verband sich zugleich die Erwartung, dass die wirtschaftliche Interessenverflechtung künftig Kriege zwischen den Nationalstaaten verhindern werde. Da die Staaten zur Erreichung dieses Zwecks Teile ihrer öffentlichen Gewalt auf die Gemeinschaft übertrugen und diese mit Organen versahen, die die Gemeinschaftsinteressen gegenüber den Staaten selbständig wahrnahmen, entstand ein Bedarf an demokratischer Legitimation in Europa, der mit jedem Integrationsschritt wuchs. Legitimationsbedürftig war sowohl die Institution als ganze wie auch ihr Output, die kollektiv verbindlichen Entscheidungen, welche nun nicht mehr in den demokratisch organisierten nationalen Verfahren fielen, sondern aus einem übernationalen Entscheidungsprozess hervorgingen.

Zwischen diesen beiden Aspekten sollte unterschieden werden. Dass die Gründung einer überstaatlichen Einrichtung mit hoheitlichen Befugnissen demokratisch legitimiert ist, heißt noch nicht, dass auch die hoheitlichen Akte, die von ihr ausgehen, demokratischen Anforderungen genügen. Das hängt vielmehr von der Ausgestaltung der Organe und Verfahren dieser Einrichtung ab. Die demokratische Legitimation der EU als Organisation ergibt sich daraus, dass die Staaten, welche sie 1957 gründeten, und diejenigen, welche ihr später beitraten, selbst demokratisch sind und die Gründung oder den Beitritt in demokratischen Verfahren nach den Vorschriften ihrer jeweiligen Verfassungen beschlossen. Die Schaffung einer europäischen öffentlichen Gewalt, die folglich die nationale öffentliche Gewalt beschränkte, entsprach dem demokratisch gebildeten Willen der Mitgliedstaaten.

Auch für die Ausübung der öffentlichen Gewalt zehrten die Europäischen Gemeinschaften anfänglich allein von der demokratischen Legitimation, welche die Mitgliedstaaten ihren Akten verliehen. Europäisches Sekundärrecht kam bis 1986 nur durch einstimmigen Beschluss im Rat zustande. Unter diesen Umständen war es ausgeschlossen, dass ein Mitgliedstaat einem Recht unterworfen war, dem er nicht durch seine nationale Regierung zugestimmt hatte, die zuhause wiederum demokratisch gewählt und demokratisch verantwortlich war, auch für ihr Abstimmungsverhalten im Rat. Auf der Rechtsanwendungsebene stellte sich, wie es schien, kein Demokratieproblem, weil die Anwendungsorgane, Kommission und EuGH, strikt an das von den Staaten vereinbarte Primärrecht und das von ihnen im Rat gesetzte Sekundärrecht gebunden waren.

b) Zwischenzeitliche Veränderungen

Darin sind im Lauf der Zeit Änderungen eingetreten. Auf der *Rechtsetzungsebene* betreffen sie allerdings nicht das europäische Primärrecht. Die Rechtsgrundlage der EU wird nach wie vor von den Mitgliedstaaten im Wege des Abschlusses völkerrechtlicher Verträge bestimmt. Nur für das Vorbereitungsstadium von Vertragsänderungen hat der Lissabon-Vertrag zusätzliche Akteure eingeschaltet, deren Entscheidungen die Mitgliedstaaten beim Vertragsschluss aber nicht binden. Auch im vereinfachten Änderungsverfahren, das allein für den dritten Teil des AEUV zur Verfügung steht, bleiben die Mitgliedstaaten tonangebend. Lediglich im Brückenverfahren, in dem es um den Übergang von Einstimmigkeit zur qualifizierten Mehrheit bei Abstimmungen im Rat sowie vom besonderen zum ordentlichen Gesetzgebungsverfahren geht, ist der Europäische Rat zuständig und bedarf der Zustimmung des Europäischen Parlaments, während den nationalen Parlamenten eine Vetomöglichkeit eingeräumt ist.

Anders aber bei der Setzung europäischen Sekundärrechts. Die Einheitliche Europäische Akte von 1986 hat das Einstimmigkeitsprinzip im Rat aufgelockert. Durch den Lissabon-Vertrag ist das Mehrheitsprinzip zur Regel, das Einstimmigkeitserfordernis zur Ausnahme geworden. Seitdem ist den Mitgliedstaaten nur noch die Beteiligung an Gesetzesbeschlüssen zugesichert, nicht mehr das Recht, sie zu verhindern. Vielmehr besteht die Möglichkeit, dass ein Mitgliedstaat einem Recht unterworfen ist, das seine demokratisch gewählten Repräsentanten ausdrücklich abgelehnt haben. Insoweit reicht also die staatlich vermittelte Legitimation nicht mehr. Mit dem Übergang zum Mehrheitsprinzip entstand ein Bedarf nach europäischer Eigenlegitimation. Folgerichtig wurde das Europäische Parlament, das bereits seit 1979 direkt gewählt wird, an der Setzung von Sekundärrecht in wachsendem Umfang beteiligt. Die monistische Legitimation ist einer dualistischen gewichen.

Auf der *Rechtsanwendungsebene* setzten die Veränderungen schon wesentlich früher ein, und zwar durch die Rechtsprechung des EuGH. Am Beginn stehen die beiden fundamentalen Entscheidungen Van Gend & Loos von 1963 zur direkten Geltung des Gemeinschaftsrechts in den Mitgliedstaaten und zur Umwandlung der vier wirtschaftlichen Grundfreiheiten von Handlungsvorgaben für die Rechtsetzung zu subjektiven Rechten der Einzelnen sowie Costa v. ENEL von 1964 zum Vorrang des Gemeinschaftsrechts vor dem nationalen Recht, wie in Internationale Handelsgesellschaft und pointiert in Simmenthal klargestellt wurde, auch vor dem nationalen Verfassungsrecht[14]. Diese Gerichtsentscheidungen haben diejenige Entwicklung eingeleitet, welche die Sonderstellung der Europäischen Gemeinschaften unter den internationalen Organisationen begründete.

Die Bedeutung dieser Entwicklung ist in ihrem vollen Ausmaß lange nicht erkannt worden, und zwar wohl gerade deswegen, weil sie auf judikativen Pfaden ablief, das heißt in Gestalt richterlicher Entscheidungen, bei denen bestehendes Recht auf

Einzelfälle angewandt wurde. Zwischen die Norm und ihre Anwendung schiebt sich freilich die juristische Interpretation. Keine Anwendung einer generellen und abstrakten Norm auf einen konkreten Sachverhalt ohne vorgängige Überbrückung dieser Differenz mittels Interpretation. Die Ebene der juristischen Interpretation entgeht oft der verdienten Aufmerksamkeit, weil sie als bloßer Nachvollzug längst getroffener Entscheidungen angesehen wird. Interpretation ist aber mehr als nur Ermittlung eines im Normtext immer schon deponierten Sinns, sie konstituiert diesen Sinn vielmehr mit. Die Interpretationsmethode bildet dabei einen eigenständigen Faktor. In der Methodenwahl fallen Vorentscheidungen für das Ergebnis.[15]

c) Die Folge: Ein Demokratieproblem

Deswegen ist nicht nur die Rechtsetzung, sondern auch die Rechtsanwendung von demokratischem Interesse. Um Rechtskonflikte unbeeinflusst von außerrechtlichen Kriterien oder gar Pressionen entscheiden zu können, genießt die Rechtsprechung Unabhängigkeit. Sie ist aus dem demokratischen Zusammenhang von politischer Wahl und politischer Verantwortung für die Aufgabenerfüllung herausgenommen. Das ist demokratisch akzeptabel, weil sie keine freien politischen Entscheidungen fällt, sondern strikt rechtsgebunden ist. Wenn sich aber herausstellt, dass die Rechtsbindung nur begrenzte Determinationskraft entfaltet und die Gerichte den Sinn der Normen, welche sie anwenden, zum Teil selbst generieren, entsteht insoweit eine demokratische Lücke. Das Problem spitzt sich zu, wenn Gerichte befugt sind, Entscheidungen der demokratisch gewählten Mehrheit für ungültig zu erklären.

Das Problem ist freilich kein spezifisch europäisches, sondern ein allgemeines. Im Allgemeinen wird es indessen dadurch entschärft, dass die Politik, wenn sie die mit dem Gesetz verbundenen Absichten in der Interpretation der Gerichte nicht wiedererkennt, diese durch Gesetzesänderungen für die Zukunft umprogrammieren kann. Die Möglichkeit politischer Korrektur einer Rechtsprechungslinie ist so ein notwendiges Korrelat der unvollkommenen Rechtsbindung der richterlichen Gewalt. Im Fall der Verfassungsgerichtsbarkeit sind politische Korrekturen allerdings schwieriger als gegenüber der gewöhnlichen Justiz. Verfassungsrechtsprechung lässt sich nicht wie Gesetzesanwendung durch Gesetzesänderung mit einfacher Mehrheit umsteuern, sondern nur durch Verfassungsänderung, die in aller Regel von erhöhten Anforderungen abhängt.

Die Bindung an das Gesetz ist zudem nicht die einzige Bindung, der Richter bei der Rechtsanwendung unterliegen. Zur Entschärfung des Demokratieproblems trägt auch der Kontext bei, in dem sich Rechtsprechung gewöhnlich vollzieht. Zwei Faktoren spielen hier eine Rolle. Zum einen operieren Gerichte in einem rechtskulturellen Umfeld, in dem sich überindividuelle Verständnisse über die Grenzen der richterlichen Gewalt, die Arbeitsteilung zwischen Judikative und Legislative, die Rationalitätskriterien der Rechtsanwendung, die Begründung juristischer Entscheidungen etc. herausbilden, die eher still, aber deswegen umso nachhaltiger wirken und sich nicht von einem Tag auf den andern ändern lassen. Sie flankieren die Gesetzesbindung und verringern den Entscheidungsspielraum, den diese offenlässt.

Zum anderen vollzieht sich Rechtsprechung unter ständiger Beobachtung durch eine allgemeine Öffentlichkeit und eine spezielle juristische Fachöffentlichkeit. Die Reaktionen der allgemeinen Öffentlichkeit auf die Entscheidungen der Justiz mögen überwiegend ergebnisgeleitet sein, bringen darin aber durchaus ein vorherrschendes Rechtsempfinden zum Ausdruck. Die Fachöffentlichkeit, namentlich die Rechtswissenschaft, sieht ihre Aufgabe sowohl in der fallübergreifenden, systematischen Entfaltung und Erläuterung des Rechtsstoffs, derer sich die Justiz bedient, als auch in der fallbezogenen Diskussion anhängiger Rechtsfragen und der Kritik juristischer Entscheidungen und ihrer Begründungen. Beide Diskurse tragen in schwer bestimmbarem, aber gleichwohl wirksamem Maß dazu bei, die rechtsprechende Gewalt im Kontakt mit der Gesellschaft zu halten, für die sie Recht spricht, und so die Akzeptanz ihrer Entscheidungen zu erhöhen.

d) Zuspitzung in Europa

Das Besondere an der EU ist, dass einerseits der Bereich, in dem die Justiz politisch umprogrammiert werden kann, hier erheblich enger ausfällt als im Staat, andererseits aber die Mechanismen, die im Staat das demokratische Dilemma der Rechtsprechung entschärfen, weitgehend außer Kraft gesetzt sind. Der EuGH ist auf diese Weise erheblich freier als nationale Gerichte. Das ergibt sich aus einer Kumulation von Faktoren, die ihre Ursachen teils in Eigenarten des Unionsrechts, teils in der Art und Weise seiner Interpretation durch den EuGH, teils in dem Kontext europäischer Rechtsprechung haben. Das Demokratieproblem der Rechtsprechung spitzt sich in der EU also zu. Da es oft übersehen oder in seiner Bedeutung unterschätzt wird, muss es etwas näher erläutert werden, ehe das Verhältnis von nationaler Verfassungsgerichtsbarkeit und europäischer Demokratie aufgegriffen wird.

Ausgangspunkt ist eine grundlegende methodologische Weichenstellung des EuGH. Was die Interpretationsmethoden angeht, bestehen zwischen Völkerrecht und nationalem Recht Unterschiede. Im Völkerrecht kommt es für die Ermittlung des Sinns einer Norm in Bezug auf ein konkretes Problem vor allem auf den Willen der vertragschließenden Parteien an. Souveränitätsbeschränkende Normen werden eng ausgelegt. Im nationalen Recht herrscht dagegen eine Auslegung nach dem objektiven Zweck einer Norm vor. Die nationale Rechtsanwendung emanzipiert sich also tendenziell stärker von dem politischen Normsetzer, ist dafür aber stärker von dem nationalen rechtskulturellen Kontext und der Möglichkeit politischer Rechtsänderung abhängig als die internationale Rechtsanwendung. Obwohl die europäischen Verträge ihrer Rechtsnatur nach völkerrechtliche Verträge sind, hat sie der EuGH von Beginn an aber nicht wie internationales Recht, sondern wie nationales Recht ausgelegt.

Die Bedeutung von Van Gend & Loos erschöpfte sich nicht darin, dass zur Anwendbarkeit vom Gemeinschaftsrecht in den Mitgliedstaaten keine Transformation nötig ist. Das ließ sich bereits den Verträgen selbst entnehmen. Die eigentliche Neuerung lag vielmehr darin, dass die vier wirtschaftlichen Grundfreiheiten (freier Verkehr von Waren, Personen, Dienstleistungen und Kapital), die im Vertrag als verbindliche Vorgaben formuliert waren, welche durch Gesetzgebung verwirklicht werden sollten, als unmittelbar geltende subjektive Rechte der privaten Wirtschaftsakteure interpretiert wurden, die diese vor den nationalen Gerichten gegen ihre Staaten einklagen können. Gesetzgeberische Maßnahmen waren dadurch nicht ausgeschlossen, aber zur Herstellung des Binnenmarktes nicht mehr nötig. Über das Vorabentscheidungsverfahren konnte der EuGH allein bestimmen, wie die Grundfreiheiten zu verstehen waren und welches nationale Recht ihnen widersprach.

Die Bedeutung von Costa v. ENEL lag darin, dass nationales Recht, wenn es nach Auffassung des EuGH im Widerspruch zum Gemeinschaftsrecht stand, ohne weiteres seine Anwendbarkeit verlor. Der nationale Gesetzgeber war dagegen machtlos. Auch das Verwerfungsmonopol des Bundesverfassungsgerichts aus Art. 100 GG war unterlaufen. Die Feststellung, dass ein demokratisch beschlossenes Gesetz gegen höherrangiges Recht verstößt, die das Grundgesetz aus Respekt vor dem demokratischen Gesetzgeber allein dem Bundesverfassungsgericht vorbehalten wollte, durfte nun, gestützt auf Europarecht, jedes Gericht, ja, jede Behörde treffen. Die vom EuGH in Gang gesetzte Entwicklung wurde alsbald als Konstitutionalisierung der Verträge gedeutet: Obwohl ihrer Entstehung nach Völkerrecht, wirkten sie aufgrund der Rechtsprechung wie eine Verfassung, und der EuGH stand auch nicht an, sie ausdrücklich als solche zu bezeichnen.[16]

Sein volles Gewicht gewann dieser Vorgang aber erst im Zusammenhang mit einem weiteren Umstand: dem Umfang der Verträge. Sie wirken zwar nun wie eine Verfassung, gleichen aber nicht einer Verfassung. Während die Verfassung auf der nationalen Ebene dasjenige Gesetz ist, welches die Gesetzgebung regelt, die Entscheidung über den Inhalt der Gesetze aber den politischen Organen überlässt und auf diese Weise vom Wahlausgang abhängig macht, sind auf der europäischen Ebene viele Materien bereits umfassend im Vertrag geregelt und also dem gesetzgeberischen Zugriff entzogen. Das heißt aber zugleich, dass auch die Vertragsinterpretation des EuGH vom Gesetzgeber nicht korrigiert werden kann, selbst wenn er meint, dass sie den Intentionen, die mit der Regelung ursprünglich verbunden waren, widerspricht.

Der EuGH ist also wegen des Verfassungsrangs in Verbindung mit Umfang und Inhalt der Verträge viel stärker gegenüber demokratischen Einflüssen immunisiert als nationale Gerichte. Korrekturen der Rechtsprechung setzen Vertragsänderungen voraus. Dazu genügt aber nicht, wie in den Mitgliedstaaten, eine qualifizierte Mehrheit, die gewöhnlich eine Einigung zwischen wenigen nationalen Parteien erfordert. Erforderlich ist vielmehr die Einstimmigkeit von 28 Staaten. Da auch die kontextualen Bindungen angesichts des Zusammentreffens vieler Rechtskulturen und einer rudimentären europäischen Öffentlichkeit schwach sind, ist das Demokratieproblem der Gerichtsbarkeit in der EU größer als in jedem Nationalstaat einschließlich der von diesem Problem geradezu besessenen USA.

e) Der unpolitische Entscheidungsmodus

Die Folgen der Konstitutionalisierung der Verträge bei gegebenem Umfang des Primärrechts enden hier aber nicht. Sie wirkten sich auch auf den Entscheidungsmodus aus. Was vom Primärrecht schon geregelt ist, hängt nicht mehr von der gesetzlichen Umsetzung ab, kann durch Gesetz aber auch nicht mehr geändert werden. Hier geht es nur noch um Rechtsverwirklichung. Dabei sind die nichtpolitischen Organe Kommission und Gerichtshof unter sich. Die auf demokratischen Wahlen beruhenden Organe Rat und Parlament haben dagegen mit der Auslegung und Anwendung von Unionsrecht nichts zu tun. Auf diese Weise ist im Anwendungsbereich des Primärrechts auch das einzige Unionsorgan, das mitgliedstaatliche Interessen vertritt, aus dem Spiel. Weitreichende Entscheidungen für die Mitgliedstaaten fallen so auf administrativen und judikativen Wegen in einem unpolitischen Modus.

Der unpolitische Entscheidungsmodus ist indessen nicht auf Gegenstände von geringem politischen Gewicht beschränkt. Viele Entscheidungen, die auf diese Weise fielen, waren im Gegenteil politisch außerordentlich folgenreich. Nach der Vollendung der Zollunion als erster Etappe bei der Herstellung der Wirtschaftsgemeinschaft ging die Kommission in einem zweiten Schritt zur Verwirklichung des Binnenmarkts über. Als wichtigster Hebel fungierte der seinerzeitige Art. 28 EGV (heute Art. 34 AEUV), der mengenmäßige Einfuhrbeschränkungen sowie «Maßnahmen gleicher Wirkung» zwischen den Mitgliedstaaten verbietet. Diese Worte interpretierte der EuGH nicht im ursprünglich gemeinten Sinn des Antiprotektionismus, sondern im Sinn der Antiregulierung. Gleiche Wirkung wie Einfuhrquoten wurde allen Maßnahmen zugeschrieben, die geeignet waren, den innergemeinschaftlichen Handel unmittelbar oder mittelbar, tatsächlich oder potentiell zu behindern.[17] Die Vorschrift war damit fast völlig entgrenzt.

Umgekehrt wurden die Ausnahmebestimmungen zugunsten von Maßnahmen, die legitime staatliche Ziele verfolgten, eng interpretiert und staatliche Regelungen einer strikten Verhältnismäßigkeitsprüfung unterzogen. Die wichtigste Folge dieser Rechtsprechung bestand darin, dass Produkte, die in ihrem Ursprungsland legal hergestellt worden waren, auch in allen anderen Mitgliedstaaten ungeachtet der dort geltenden Regelungen in Verkehr gebracht werden durften.[18] Die Mitgliedstaaten verloren auf diese Weise die Befugnis, ihre Schutzstandards, etwa im Umweltrecht, im Gefahrenabwehrrecht, im Konsumentenschutzrecht, auf ihrem Territorium durchzusetzen. Zwar hätten sie für inländisch produzierte und vertriebene Waren beibehalten werden können, wären dann aber in Inländer-Diskriminierung umgeschlagen und hätten die einheimischen Wettbewerber belastet.

Seit der Vollendung des Binnenmarkts konzentriert sich die Politik der Kommission in einer dritten Integrationsstufe vor allem auf eine möglichst umfassende Durchsetzung des Wettbewerbsprinzips. Als Hebel fungiert hier vor allem das Beihilfeverbot des seinerzeitigen Art. 80 EGV (heute Art. 107 AEUV). Danach sind staatliche Beihilfen gleich welcher Art, die durch Begünstigung bestimmter Unternehmen oder Produktionszweige den Wettbewerb verfälschen, verboten, soweit sie den zwischenstaatlichen Handel beeinträchtigen. Auch hier herrscht eine weite Definition des Beihilfebegriffs vor, die zum Beispiel die Rundfunkgebühr als Beihilfe erscheinen lässt. So verstanden trifft das Verbot nicht nur private Unternehmen, die staatliche Hilfen erhalten, sondern zunehmend öffentliche Einrichtungen, die Dienstleistungen für die Bewohner erbringen. Sofern es private Konkurrenten gibt, erscheint die öffentliche Finanzierung oder Risikoabsicherung als Beihilfe, die rechtfertigungsbedürftig ist.

Welche Leistungen vom öffentlichen, welche vom privaten Sektor erbracht werden, hängt stark von nationalen Traditionen ab und variiert daher von Mitgliedstaat zu Mitgliedstaat. Die Gründe für öffentliche Dienstleistungen sind mannigfach. Häufig steht hinter der Entscheidung für die öffentliche Aufgabenerledigung die Erfahrung, dass das fragliche Gut vom Markt nicht oder nicht in der erwünschten oder sogar verfassungsrechtlich gebotenen Art bereitgestellt werden kann. Dem trägt zwar eine Reihe von Ausnahmetatbeständen Rechnung. Doch drohen die Gemeinwohlgründe der Mitgliedstaaten hinter der Wettbewerbsfixierung der EU zu verkümmern. Die Entscheidung, welche Leistungen dem Markt überlassen, welche in öffentlicher Regie erledigt werden sollen, ist den Mitgliedstaaten aufgrund der Vertragsauslegung durch Kommission und EuGH weithin aus der Hand genommen.

f) Strukturelle Begünstigung der Liberalisierung

Die Wirkungen beschränken sich aber nicht auf die Verlagerung von Entscheidungen hohen politischen Gewichts in einen unpolitischen Entscheidungsmodus. Der unpolitische Entscheidungsmodus begünstigt auch strukturell die Liberalisierung der Wirtschaft. Die Erklärung dafür liegt in der Differenz zwischen positiver und negativer Integration, die das Gemeinschaftsrecht durchzieht.[19] Negative Integration, das heißt die Deregulierung auf der nationalen Ebene zum Zweck der Marktöffnung, konnte im unpolitischen Entscheidungsmodus ungehindert vonstattengehen. Positive Integration, das heißt die Re-Regulierung auf der europäischen Ebene zur Korrektur von Marktversagen, war auf politische Entscheidungen angewiesen, die aber wegen der Konsenserfordernisse im Rat, vor allem vor dem Erlass der EEA, wesentlich schwerer zu erreichen waren.[20] Ein Ausgleich auf europäischer Ebene für die Abschaffung nationaler Schutzstandards unterblieb daher häufig.

In der Öffentlichkeit wird gewöhnlich die europäische Überregulierung als Problem wahrgenommen. Nicht weniger problematisch ist jedoch die europäische Unterregulierung in Bereichen, die auf der Ebene der Mitgliedstaaten aus Gründen des Gemeinwohls reguliert worden waren. Auch die im unpolitischen Modus vorangetriebene Privatisierung ehedem öffentlich erbrachter Leistung weist in Richtung auf Marktsteuerung statt staatlicher Daseinsvorsorge, ohne dass sich dadurch die Versorgungsbedingungen in jedem Fall verbessert hätten. Auch wenn in etlichen Bereichen die Konsumenten finanziell günstiger dastehen als vorher, ist die flächendeckende und sozial verträgliche Versorgung ohne staatliche Gewährleistung gefährdet, die ihrerseits aber wieder ins Visier der Europäischen Kommission zu geraten droht.

Vor allem aber verschlechtert die Liberalisierung die Bedingungen für eine sozialstaatlich orientierte Politik der Mitgliedstaaten. Zwar bleibt die Sozialpolitik auch nach dem Vertrag von Lissabon im Wesentlichen ihnen vorbehalten. Doch verengt die auf Wettbewerb gerichtete Wirtschaftspolitik der EU im Verein mit den Auswirkungen der Globalisierung die tatsächlichen Spielräume staatlicher Sozialpolitik. Je intensiver sie betrieben wird, desto mehr Wettbewerbsnachteile bringt sie der einheimischen Wirtschaft. Die staatliche Sozialpolitik gerät daher unter Druck. Für eine Kompensation auf europäischer Ebene fehlen dagegen nicht nur die rechtlichen Voraussetzungen, sondern angesichts der ausgeprägten Disparität der Systeme sozialer Sicherheit in den Mitgliedstaaten auch die politischen Möglichkeiten. Was wie eine sozialfreundliche Rechtsprechung des EuGH erscheint wie etwa die Inklusion von Personen in die nationalen Sozialversicherungssysteme, die der Solidargemeinschaft nicht angehören und zu ihr auch nicht beitragen, wirkt sich langfristig eher als Desintegration dieser Systeme aus.[21]

Schließlich führt die im unpolitischen Entscheidungsmodus vorangetriebene Liberalisierung oft zu Abwägungssituationen zwischen den grundrechtlich uminterpretierten wirtschaftlichen Grundfreiheiten der europäischen Verträge auf der einen und nationalen Grundrechten auf der anderen Seite. Tendenziell überwiegen dabei auf der europäischen Ebene die wirtschaftlichen Grundfreiheiten die personalen, kommunikativen, sozialen und kulturellen Grundrechte der nationalen Verfassungen, die dort in der Regel stärker ausgebildet sind als die wirtschaftlichen Grundrechte. Eine ungleichmäßige Anwendung des Verhältnismäßigkeitsprinzips: streng gegenüber nationalem Recht, großzügig gegenüber Unionsrecht, verstärkt die Tendenz.[22] Zusammengenommen geht das über einen diskriminierungsfreien Binnenmarkt weit hinaus und zielt auf ein System allgemeiner Wirtschaftsfreiheit, das vom nationalen Verfassungsrecht gerade ausgeschlossen werden sollte.[23]

g) Demokratieminderung

Die Ausgestaltung und Handhabung des europäischen Primärrechts entfaltet indessen nicht nur eine strukturell begründete wirtschaftsliberale Schlagseite, sondern hat auch eine entdemokratisierende Wirkung. Soweit die Entscheidungen von Kommission und Gericht im Gewand der Vertragsinterpretation ergehen, sind sie dem demokratischen Prozess entzogen. Die demokratisch legitimierten Instanzen sind daran weder beteiligt noch können sie sie im Weg der Gesetzgebung korrigieren. Dem steht der Verfassungsrang der Verträge entgegen. Dagegen ist die Ersetzung nationaler Regulierungen, die für unvereinbar mit Unionsrecht erklärt wurden, durch europäische Regeln möglich. Doch bilden das alleinige Initiativrecht der Kommission und die Konsensanforderungen für europäische Gesetze eine beträchtliche Hürde.

Die Ursachen des europäischen Demokratiedefizits werden überwiegend auf der institutionellen Ebene gesucht: Die Rechtsgrundlage der Europäischen Union komme ohne Mitwirkung der Unionsbürger zustande; das Europäische Parlament sei nicht das Entscheidungszentrum der EU, sondern bleibe hinter dem gouvernemental besetzten Rat zurück. Die Umwandlung der Verträge in eine Verfassung durch ein Verfassungsreferendum sowie die Ausstattung des Europäischen Parlaments mit den üblichen Befugnissen nationaler Parlamente und die Umgestaltung des Rats in eine Zweite Parlamentskammer sind die geläufigen Antworten darauf. Dagegen wird seit längerem eingewandt, dass das Demokratiedefizit seine Wurzeln nicht so sehr in der Organstruktur der EU als vielmehr in den gesellschaftlichen Voraussetzungen von Demokratie und Konstitutionalismus hat[24], die sich nicht kurzfristig ändern lassen.

Gleichzeitig wird das Demokratieproblem, das in der Kluft zwischen demokratischer Legitimation und politischer Entscheidungsmacht besteht, vernachlässigt. Wie sich gezeigt hat, ist die Entscheidungsmacht der demokratisch legitimierten Organe Europäisches Parlament und Rat in den von den europäischen Verträgen geregelten Bereichen gering, während hier die Entscheidungsmacht derjenigen Organe besonders hoch ist, deren demokratische Legitimation erheblich schwächer ist. Legitimation und Verantwortung driften so auseinander. Diese Kluft könnte zum Teil durch institutionelle Veränderungen wie die

Ausweitung der Parlamentsbefugnisse verkleinert werden. Vor allem würde sie aber eine strukturelle Veränderung der Verträge verlangen.

Was in den Verträgen steht, ist ebenso wie das, was in einer Verfassung steht, der politischen Entscheidung entzogen. Wahlen bewirken insoweit nichts. Deswegen ist es eine Forderung der Demokratie, die Differenz zwischen Verfassung und Gesetz zu wahren und die Verfassungsebene nicht mit Gesetzgebungsmaterien zu überfrachten. Wenn die Verträge schon konstitutionalisiert worden sind, so sollten sie auch verfassungsmäßig ausgestaltet, also um jene Materien, die im Staat Sache der Gesetzgebung sind, erleichtert werden. Wahrscheinlich ist das freilich ebenso wenig wie eine Verwirklichung des Vorschlags von Scharpf, den im Rat versammelten Mitgliedstaaten Verteidigungsmöglichkeiten zu geben, die über das Recht, Nichtigkeitsklage zu erheben, hinausgingen, das sich wegen der relativ geringen Sensibilität des EuGH für die Rechte der Mitgliedstaaten als wirkungsarm erwiesen hat.[25]

3. Europäische Demokratie und nationale Verfassungsgerichte

Die Rolle der nationalen Verfassungsgerichte für die europäische Demokratie kann nicht ohne Rücksicht auf Eigenart und Zustand dieser Demokratie bestimmt werden. Allerdings dürfen dabei keine falschen Erwartungen an die EU gerichtet werden. Zum einen ist die EU kein Staat und europäische Demokratie deswegen nicht dasselbe wie staatliche Demokratie. Dessen ungeachtet liegt vielen Beschreibungen des europäischen Demokratiedefizits und vielen Vorschlägen zu seiner Behebung gerade die staatliche Demokratie als Maßstab zugrunde. Die europäische Demokratie kann dann nur schlecht abschneiden. Zum anderen darf nicht außer Acht gelassen werden, dass die staatlichen Demokratien ihrerseits nicht frei von Defiziten sind. Ein Vergleich europäischer

Realitäten mit staatlichen Idealen wäre methodologisch fragwürdig, sein Ergebnis von geringem Nutzen.

Die europäische Demokratie, ursprünglich allein durch die Mitgliedstaaten vermittelt, ruht heute auf zwei Pfeilern. Zu der demokratischen Legitimation durch die Mitgliedstaaten als «Herren der Verträge» und als maßgebliche Akteure im Europäischen Rat und im Rat ist eine Eigenlegitimation der Union getreten, die von den Unionsbürgern ausgeht und durch das von ihnen gewählte Europäische Parlament wirksam wird. Auch wenn man dem Parlament nicht die Repräsentativität für die Unionsbürgerschaft abspricht, bleibt die von ihm vermittelte Legitimation doch in mehrfacher Hinsicht hinter der von den Mitgliedstaaten vermittelten Legitimation der EU zurück. Die beiden Pfeiler sind ungleich tragfähig.

Die Eigenlegitimation erstreckt sich nicht auf die Rechtsgrundlage der EU, sondern erfasst nur Akte, die auf der Basis dieser Grundlage ergehen. An der «verfassunggebenden Gewalt» haben die Unionsbürger trotz Habermas' Konstruktion einer europäischen Volkssouveränität[26] keinen Anteil, weil ihr Repräsentant, das Europäische Parlament, an Vertragsschluss und Ratifikation nicht mitwirkt. Die Eigenlegitimation der EU leidet ferner darunter, dass die Bedingungen, unter denen das Europäische Parlament gewählt wird, nicht dazu beitragen, die unionsbürgerschaftliche Rolle ins Bewusstsein zu heben. Gewählt wird getrennt nach Mitgliedstaaten, es gilt das nationale Wahlrecht, es kandidieren die nationalen Parteien, der Wahlkampf wird von den nationalen Themen beherrscht und das Wahlergebnis vornehmlich in Bezug auf seine nationale Bedeutung gewürdigt.

Des Weiteren kann sich die demokratische Legitimation, die die Unionsbürger den Entscheidungen der EU vermitteln, nur im Rahmen der Befugnisse entfalten, über die das Europäische Parlament verfügt. Wo es keine Mitsprache hat, kommt auch die europäische Eigenlegitimation nicht zum Tragen. Das Europäische Parlament verfügt mittlerweile über weitgehende Mitwirkungsrechte an der Rechtsetzung, steht aber nach wie vor nicht mit dem Rat auf gleichem Fuß. Ähnlich verhält es sich mit

der Feststellung des Budgets. Sein Einfluss erstreckt sich mittlerweile jedoch auf die Kommission. Es wählt den Präsidenten auf
Vorschlag des Europäischen Rats. Die Kommission als ganze
bedarf der Zustimmung des Europäischen Parlaments. Durch
Misstrauensvotum kann es sie wiederum zum Rücktritt zwingen. Insofern partizipiert sie an der Eigenlegitimation. Das bewirkt aber noch nicht, dass die Kommission bei ihrem Handeln die Europawahl im Blick haben müsste, wie eine nationale
Regierung. Der Wahlausgang bleibt für ihre Politik relativ
folgenlos.

Allein ein Vergleich der beiden Legitimationsstränge, die unterschiedlichen gesellschaftlichen Voraussetzungen demokratischer
Herrschaft nicht mitgerechnet, offenbart also, dass die europäische
Demokratie immer noch stärker von der Legitimation zehrt, die
ihr die Mitgliedstaaten vermitteln. Unter diesen Umständen liegt
aber eine funktionstüchtige nationale Demokratie, die den Staatsbürgern den Eindruck von Responsivität der Politik für ihre Bedürfnisse geben kann, im Eigeninteresse der EU. Ihre Liberalisierungspolitik lässt das jedoch nicht erkennen. Sie greift tief in
nationalstaatliche Strukturen ein, und zwar gerade in solche, in
denen sich lang verwurzelte gesellschaftliche Vorstellungen von
Solidarität, staatlicher Daseinsvorsorge, Produktion öffentlicher
Güter etc. niedergeschlagen haben. Die Auszehrung der staatlichen
Politikebene ist eine wesentliche Quelle der Euroskepsis.[27]

Dass über die Liberalisierungspolitik ohne Mitwirkung der
Mitgliedstaaten im unpolitischen Modus der Vertragsdurchsetzung entschieden wird, führt zu einer weiteren Belastung der
nationalen Demokratie. Zu vollziehen sind die Entscheidungen
mangels europäischer Vollzugsinstanzen von den mitgliedstaatlichen Regierungen. Diese werden vom Publikum in der Regel
für die Folgen politisch verantwortlich gemacht, obwohl sie
ihnen nicht zugerechnet werden können, während die europäischen Entscheidungsinstanzen, Kommission und Gerichtshof, weder demokratisch zur Verantwortung gezogen werden
können noch zur Zielscheibe organisierten Protestes aus den
Mitgliedstaaten werden. Die Delegitimation der mitgliedstaat-

lichen Institutionen, die daraus erwächst, trifft nicht nur die gerade an der Macht befindliche Regierung, sondern das demokratische System.

Soweit europäische Entscheidungen im unpolitischen Modus fallen, können sich die Mitgliedstaaten dagegen nur mit der Nichtigkeitsklage verteidigen, deren Erfolgsaussichten aber erfahrungsgemäß gering sind. Gegenbeispiele aus der Rechtsprechung des EuGH, die es gibt, leiten noch keine Tendenzwende ein.[28] Demgegenüber greift die Kommission häufig zum Mittel des Vertragsverletzungsverfahrens, um ihre Politik gegenüber den Staaten zur Geltung zu bringen. Da die Kommission es vorzieht, jeweils gegen einzelne Mitgliedstaaten Verfahren einzuleiten, und da der EuGH stets den Einzelfall entscheidet, kommt es auch in der Regel nicht zum gemeinsamen Vorgehen ganzer Gruppen von Mitgliedstaaten. «Eine solidarische Reaktion aller Mitgliedstaaten, oder auch nur derer mit ähnlichen institutionellen Bedingungen und politischen Präferenzen, ist also so gut wie ausgeschlossen. Vor der Kommission und dem Gericht steht jeder allein und verliert jeder für sich»[29].

Wenn es um die Gefahren geht, die der nationalen Demokratie von der Auslegung und Anwendung des Unionsrechts drohen, darf sich der Blick nicht allein auf die schleichende Kompetenzausweitung richten. Die einst vom Bundesverfassungsgericht selbst geförderte Grundrechtsjudikatur des EuGH kehrt sich mittlerweile tendenziell gegen das hoch entwickelte, nicht auf wirtschaftliche, sondern personale Freiheit gegründete Karlsruher Grundrechtsverständnis, das die Identität und Legitimität der bundesrepublikanischen Ordnung wesentlich mitgeprägt hat. Die Charta der Grundrechte hat viel davon aufgenommen. Sie verdrängt die Grundrechte der Mitgliedstaaten auch nicht, sondern bindet diese gemäß Art. 51 Abs. 1 Satz 1 nur bei der Durchführung von Unionsrecht. Durchführung von Unionsrecht ist allerdings kein geringfügiger Teil des Rechtsvollzugs in den Mitgliedstaaten. Vor allem gilt diese Einschränkung aber nicht für die wirtschaftlichen Grundfreiheiten des AEUV. Ob sich der EuGH durch die Charta zu einer Modifikation seiner Rechtsprechung zu den wirtschaftlichen Grundfreiheiten veranlasst sieht, ist ungewiss.

Wenn es um die Rolle der nationalen Verfassungsgerichte in der europäischen Demokratie geht, muss all dies mitbedacht werden. In der gegenwärtigen Konstellation sind die Verfassungsgerichte die einzigen Institutionen, die ein Gegengewicht gegen die demokratiemindernden Mechanismen bilden, welche in der EU am Werk sind. Die Schwächung der nationalen Demokratie ist kein abstraktes Risiko, sondern eine konkrete Gefahr. Die Demokratiesorge des Bundesverfassungsgerichts im Lissabon-Urteil sollte deswegen nicht als Souveränitätsversessenheit missdeutet werden. Staatliche und europäische Demokratie hängen zusammen, indes nicht nach Art kommunizierender Röhren. Die Verluste der staatlichen Demokratie schlagen nicht als Gewinne der europäischen zu Buche. Solange die europäische Eigenlegitimation die staatliche Legitimationszufuhr nicht ersetzen kann, muss der EU an dieser gelegen sein.

Der Beitrag der nationalen Verfassungsgerichte zur europäischen Demokratie besteht unter den jetzigen Umständen vor allem darin, dass sie die Auszehrung der nationalen Demokratie durch Europarecht in Grenzen halten und die europäischen Institutionen zu verstärkter Achtung der aus den nationalen demokratischen Prozessen hervorgehenden Entscheidungen anhalten. Das sollte nicht nur als Integrationsbedrohung, sondern auch als Demokratiebeitrag verstanden werden. Kompetenz- und Identitätskontrolle sind die Hebel der Verfassungsgerichte. Die Frage, ob sie diese Befugnisse zu Recht beanspruchen, ist ebenfalls in ihrem Demokratiebezug zu sehen: Jede vertragswidrige Inanspruchnahme von Kompetenzen bedeutet Demokratieschwächung. Das gilt freilich in beiden Richtungen. Das Bundesverfassungsgericht hat dem im Honeywell-Beschluss Rechnung zu tragen versucht. Der reziproke Schritt des EuGH, der bei der Bekräftigung des Prinzips der begrenzten Einzelermächtigung und des Achtungsgebots für nationale Identitäten des Art. 4 EUV ansetzen müsste, steht noch aus.

XI.
Das Grundgesetz als Riegel
vor einer Verstaatlichung der Europäischen Union

Zum Lissabon-Urteil
des Bundesverfassungsgerichts

1. Zwiespältige Aufnahme

Der Fortgang der europäischen Integration scheitert nicht am deutschen Grundgesetz, findet in ihm aber Grenzen. Das ist das Ergebnis der 145-seitigen Entscheidung des Bundesverfassungsgerichts zum Vertrag von Lissabon[1]. Der erste Aspekt des Urteilsspruchs hat allgemeine Erleichterung hervorgerufen, bezüglich des zweiten mischen sich Zustimmung und Ablehnung. Das Urteil schöpft seine Erkenntnis freilich nicht aus dem Nichts. Es reiht sich in eine lange Rechtsprechungstradition ein, ohne deren Berücksichtigung nicht feststellbar ist, was es an Neuem enthält und wo es lediglich frühere Aussagen bestätigt. Ebensowenig lässt es sich ohne Verständniseinbußen aus dem Kontext der Entwicklung lösen, welche die europäische Integration in den letzten 20 Jahren genommen hat, und zwar nicht allein durch die Vertragsänderungen seit Maastricht, sondern auch durch die Interpretation der Verträge und die Praxis der Unionsorgane und der Mitgliedstaaten.

2. Das Lissabon-Urteil im Kontext von früherer Rechtsprechung und fortschreitender Integration

a) Vorläufer des Urteils

Seit ihren Anfängen im zehnten Jahr nach Gründung der Europäischen Wirtschaftsgemeinschaft ziehen sich einige Konstanten durch die Europa-Rechtsprechung des Bundesverfassungsgerichts. Sie geht davon aus, dass die europäischen Verträge keinen europäischen Staat begründet haben, sondern eine Gemeinschaft eigener Art[2], die das Gericht später als Verbund souverän bleibender Nationalstaaten beschreibt, der von diesen getragen wird und ihre Identität achtet[3]. Nicht die Souveränität ist übertragen worden, sondern eine Reihe von Hoheitsrechten, die sich jedoch bei der Europäischen Union nicht zur Souveränität verdichten[4]. Die Souveränität der Mitgliedstaaten wird durch das Prinzip der begrenzten Einzelermächtigung gesichert; die Kompetenz-Kompetenz liegt bei ihnen[5]. Sie entscheiden, welche Befugnisse sie der Gemeinschaft übertragen, nicht entscheidet die Gemeinschaft, welche Befugnisse sie sich von den Staaten nimmt. Sie sind die «Herren der Verträge»[6].

Daraus hat das Bundesverfassungsgericht verschiedene Schlüsse gezogen: Nationales und europäisches Recht bilden eigenständige Rechtsordnungen. Das Gemeinschaftsrecht gehört weder dem nationalen Recht noch dem Völkerrecht an, sondern fließt aus einer autonomen Rechtsquelle[7]. Europäisches Recht gilt infolgedessen in Deutschland nicht aus sich heraus, sondern nur aufgrund des deutschen «Rechtsanwendungsbefehls»[8]. Es ist abgeleitetes Recht. Der Rechtsanwendungsbefehl «öffnet» die deutsche Rechtsordnung für Recht aus nicht-staatlichen Quellen[9]. Darin unterscheidet er sich von der Transformation internationalen Rechts. Der Rechtsanwendungsbefehl ist durch Abschluss und Ratifikation der Gemeinschaftsverträge pauschal erteilt worden. Die auf der Grundlage der Verträge ergehenden sekundären europäischen Rechtsakte bedürfen daher keiner

Ratifikation mehr. Sie finden in Deutschland unmittelbar Anwendung[10].

Im Prinzip gilt dasselbe für den Vorrang des Gemeinschaftsrechts vor nationalem Recht. Er war vom Europäischen Gerichtshof schon etabliert worden[11], ehe sich das Bundesverfassungsgericht erstmals mit dem Verhältnis von europäischem und nationalem Recht beschäftigen musste. Es wandte sich gegen die Annahme, der Vorrang sei bereits durch Art. 24 GG angeordnet worden[12]. Ebenso wenig akzeptierte es die Behauptung, er wohne dem Gemeinschaftsrecht inne, weil es anders seine Funktion nicht zu erfüllen vermöchte. Diesem Argument des EuGH hielt das Bundesverfassungsgericht entgegen, die Geltung des Gemeinschaftsrechts werde durch den fehlenden Vorrang nicht in Frage gestellt. Gleichwohl gesteht es dem Gemeinschaftsrecht den Vorrang zu. Es entnimmt ihn aber wie schon die unmittelbare Geltung aus dem deutschen Rechtsanwendungsbefehl[13]. Dieser ist für die Geltung des Gemeinschaftsrechts in Deutschland konstitutiv.

Art. 24 GG ermächtigt nach Ansicht des Gerichts allerdings nicht zu einer grenzenlosen Öffnung der deutschen Rechtsordnung. Einer Übertragung von Hoheitsrechten, durch welche die Identität des Grundgesetzes angetastet würde, dürfen die deutschen Staatsorgane nicht zustimmen[14]. Ferner ergeben sich Grenzen aus dem demokratischen Prinzip des Grundgesetzes[15]. Da die demokratische Legitimation der EU von den Staatsvölkern über deren Parlamente vermittelt wird, benötigen diese hinreichend bedeutsame eigene Aufgabenfelder, auf denen sich das Staatsvolk artikulieren und den Prozess der politischen Willensbildung steuern kann. Weil das Volk sein Teilhaberecht im Wesentlichen durch die Wahl des Bundestages ausübt, muss sichergestellt sein, dass dieser über «die Mitgliedschaft Deutschlands in der Europäischen Union, ihren Fortbestand und ihre Entwicklung» bestimmt[16]. Das scheint dem Gericht nur möglich, wenn das «Integrationsprogramm» in den Verträgen hinreichend bestimmt und für das ratifizierende Parlament voraussehbar festgelegt ist. «Generalermächtigungen» erlaubt das Grundgesetz in keinem Fall[17].

Allerdings führt die Übertragung von Hoheitsrechten auf die Gemeinschaft zwangsläufig zu Demokratieeinbußen auf der nationalen Ebene. Einen Verstoß gegen das Demokratieprinzip sieht das Gericht darin angesichts der Integrationsoffenheit des Grundgesetzes nicht. Doch muss eine vom Volk ausgehende demokratische Legitimation auch in dem Staatenverbund gesichert sein. Dafür sorgen zuvörderst die nationalen Parlamente, die der Übertragung von Hoheitsrechten zustimmen müssen und die auf der europäischen Ebene handelnden nationalen Regierungen kontrollieren. Mit wachsender Kompetenzfülle der EU wird es aber nötig, dass die Legitimation durch ein europäisches Parlament hinzutritt, auch wenn es die nationalen Parlamente nicht ersetzen kann, weil die außerrechtlichen Voraussetzungen von Demokratie auf der europäischen Ebene unterentwickelt sind[18]. Überdies verlangt das Demokratieprinzip, dass die Gemeinschaftsgewalt von einem Organ ausgeübt wird, das von den mitgliedstaatlichen Regierungen «beschickt» wird, die ihrerseits demokratischer Kontrolle unterstehen[19].

Die Wahrnehmung der übertragenen Hoheitsrechte muss sich in dem Rahmen der Übertragung halten. Die Rechtsgrundlage der Gemeinschaft kann nur von den Mitgliedstaaten als den «Herren der Verträge» geändert werden. Änderungen des von den Mitgliedstaaten vereinbarten Integrationsprogramms durch die Gemeinschaftsorgane sind von deutschen Zustimmungsgesetzen nicht gedeckt[20]. Beansprucht die Gemeinschaft eine Befugnis, die ihr von der Bundesrepublik nicht übertragen worden ist, können Rechtsakte, die darauf gestützt werden, in Deutschland keine Geltung erlangen. Dem steht die konstitutive Wirkung des deutschen Rechtsanwendungsbefehls entgegen[21]. Die Position der Mitgliedstaaten darf auch durch Vertragsinterpretation nicht ausgehöhlt werden. Der Raum für Rechtsfortbildung durch Interpretation ist daher begrenzt[22]. Interpretationen, die einer Vertragsänderung gleichkämen, stehen den Gemeinschaftsorganen nicht zu. Auf solche Interpretationen gestützte Rechtsakte können die deutsche Staatsgewalt ebenfalls nicht binden[23].

Auch bezüglich der Frage, wem die Prüfungskompetenz darüber zukommt, ob Gemeinschaftsrechtsakte mit den Verträgen vereinbar sind, gibt es eine lange Rechtsprechungstradition. Zwar hat das Bundesverfassungsgericht schon frühzeitig Verfassungsbeschwerden, die sich unmittelbar gegen Entscheidungen von Gemeinschaftsorganen wenden, für unzulässig erklärt, weil diese nicht an das Grundgesetz gebunden seien. Kein noch so dringendes rechtspolitisches Bedürfnis vermöge eine derartige Ausweitung zu rechtfertigen[24]. Das Bundesverfassungsgericht ließ aber offen, ob im Rahmen einer zulässigen (also gegen Akte der deutschen Staatsgewalt gerichteten) Verfassungsbeschwerde Gemeinschaftsrecht am Grundgesetz gemessen werden könne. Das hänge von der Beantwortung der Vorfrage ab, ob die Bundesrepublik bei der Übertragung von Hoheitsrechten gemäß Art. 24 Abs. 1 GG die Gemeinschaftsorgane von grundrechtlichen Bindungen freistellen dürfe[25].

Die Antwort folgte sieben Jahre später in der Solange I-Entscheidung. Danach gehört zur Identität des Grundgesetzes, die nicht preisgegeben werden darf, ein ausreichender und effektiver Grundrechtsschutz gegenüber der öffentlichen Gewalt[26]. Solange es an einem solchen Schutz auf europäischer Ebene fehle, werde das Bundesverfassungsgericht Gemeinschaftsrecht an den nationalen Grundrechten messen. Vorlagen deutscher Gerichte an das Bundesverfassungsgericht sind demzufolge zulässig und geboten, wenn die Gerichte Gemeinschaftsrecht für unvereinbar mit dem Grundgesetz halten, allerdings erst nach Einholung der Entscheidung des EuGH über die Auslegung des Gemeinschaftsrechts und nur, wenn die verfassungsrechtlichen Bedenken durch die Vorabentscheidung nicht ausgeräumt worden seien[27].

Nachdem auch fünf Jahre später noch offengeblieben war, ob sich die Situation geändert habe[28], kam das Gericht 1986 aufgrund einer ausführlichen Würdigung der Grundrechtsjudikatur des EuGH zu der Überzeugung, dass mittlerweile ein ausreichender Schutz entstanden sei. In der Solange II-Entscheidung erklärte es, seine Prüfungskompetenz nicht mehr ausüben zu wollen, solange dieser Zustand anhalte[29]. Es ließ aber keinen Zweifel daran, dass die Übertragung von Hoheitsrechten auf zwischenstaatliche Einrichtungen weiterhin ihre Grenze an der Identität der Verfassungsordnung findet, zu der die Rechtsprinzipien des Grundrechtsteils der Verfassung gehören, und dass folglich die Prüfungsbefugnis bei gegebenem Anlass jederzeit wieder wahrgenommen werden kann. Das Maastricht-Urteil hat daran nichts geändert. Es ist kein Solange III.[30]

Dagegen hat das Bundesverfassungsgericht erst im Maastricht-Urteil die prozessualen Konsequenzen aus der schon früher getroffenen Feststellung gezogen, dass Gemeinschaftsrechtsakten, die in den Verträgen keine Grundlage finden, die Anwendung in Deutschland versagt ist. Es beansprucht auch die Prüfungskompetenz dafür, ob Gemeinschaftsrecht vom deutschen Rechtsanwendungsbefehl gedeckt ist oder aus dem vertraglich festgelegten Kompetenzrahmen ausbricht[31]. Erst damit begibt es sich auch in die Konkurrenz zum EuGH, welche es bei der Solange-Rechtsprechung noch vermieden hatte. Diese verlangte lediglich eine Interpretation des Grundgesetzes, gefolgt von einer Subsumtion des strittigen Gemeinschaftsrechtsakts, während die Feststellung, ob ein Gemeinschaftsrechtsakt aus den Verträgen ausbricht, nur aufgrund einer Interpretation des Vertrages (wenn auch lediglich in seiner Eigenschaft als integraler Teil des deutschen Zustimmungsgesetzes) getroffen werden kann, die aber der EuGH für sich beansprucht.

Einerseits gilt also Gemeinschaftsrecht in Deutschland nicht ohne jede Rücksicht auf das Grundgesetz. Andererseits wird aber auch nicht alles Gemeinschaftsrecht, das mit dem Grundgesetz unvereinbar ist, von der Anwendung in Deutschland ausgenommen. Es ist im Gegenteil anerkannt, dass mit der Ermächtigung, Hoheitsrechte auf die Gemeinschaft zu übertragen, die Möglichkeit einer Abweichung von den Anforderungen der deutschen Verfassung zwangsläufig einhergeht[32]. Das hindert den Vorrang des Gemeinschaftsrechts nicht. Die Ausnahmen sind auf Identitätsverletzungen der deutschen Verfassung und ultra vires-Handlungen der Gemeinschaftsorgane begrenzt. Es gibt bisher keinen Fall, in dem einem Gemeinschaftsrechtsakt die Anwendbarkeit versagt worden wäre. Wohl aber gibt es Entscheidungen, in denen

der Vorrang des Gemeinschaftsrechts vom Bundesverfassungsgericht gegen widerstrebende deutsche Fachgerichte durchgesetzt wurde[33].

b) Grundlinien des Urteils

Das neue Urteil nimmt diese Rechtsprechung auf. Da das Gericht
das Zustimmungsgesetz zum Lissabon-Vertrag und damit auch
den Vertrag selbst für vereinbar mit dem Grundgesetz erklärt,
kann es den Gefahren, die der Verfassungsordnung der Bundesrepublik dessen ungeachtet drohen, nur auf der innerstaatlichen
Ebene begegnen. Das geschieht auf dreierlei Weise. Erstens markiert das Gericht die Grenzen, die die Organe der Bundesrepublik
bei künftigen Strukturveränderungen oder Kompetenzausweitungen der EU nicht überschreiten dürfen. Zweitens schreibt es
für zulässige Kompetenzausweitungen auch in den Fällen, in denen das Gemeinschaftsrecht keine innerstaatliche Ratifikation
verlangt, eine parlamentarische Mitwirkung in der Bundesrepublik vor. Schließlich bestätigt es die verfassungsrechtlichen Grenzen für den Vorrang des Gemeinschaftsrechts in Deutschland
und beharrt auf seinem Prüfungsrecht, ob europäische Organe
diese Grenzen eingehalten haben.

Prüfungsmaßstab ist wie schon im Maastricht-Urteil das
Wahlrecht aus Art. 38 GG. Erst dieses subjektive Recht eröffnet
dem Bürger die Möglichkeit, ein verfassungsgerichtliches Prü-
fungsverfahren gegen das Zustimmungsgesetz zum Lissabon-Vertrag einzuleiten. Da die Wahl der grundlegende Mechanismus
zur Verwirklichung des Demokratieprinzips ist, weitet sich die
Prüfung aber auf Verstöße gegen Art. 20 GG aus. Dieser ist wiederum im Grundsatz jeder Änderung entzogen. Insofern kommt
auch die Ewigkeitsgarantie des Art. 79 Abs. 3 GG ins Spiel. Er
wird als Schutz der Identität des Grundgesetzes interpretiert. Von
der Verfassungsidentität schlägt das Bundesverfassungsgericht
schließlich die Brücke zur Souveränität, die freilich im Text des
Grundgesetzes nicht vorkommt. Das Grundgesetz setze die «sou-

veräne Staatlichkeit Deutschlands» nicht nur voraus, es garantiere sie auch[34].

Diese Verweisungskette vom Wahlrecht bis zur Souveränität gelingt freilich nur bei einem materiellen Verständnis von Art. 38 GG. Erschöpfte sich sein Inhalt in der Teilnahmeberechtigung an Wahlen, wäre nicht ersichtlich, wie diese durch das Zustimmungsgesetz zum Lissabon-Vertrag beeinträchtigt sein könnte. Ein solch formales Verständnis des Wahlrechts hat der Verfassungsrechtsprechung aber nie zugrunde gelegen. Art. 38 GG gewährleistet neben anderem auch, dass das aus den Wahlen hervorgehende Staatsorgan über eine Kompetenzausstattung verfügt, die die Wahlentscheidung des Volkes folgenreich macht. Eine Wahl, mit der das Volk keinen Einfluss mehr auf die Politik nehmen könnte, würde das demokratische Urrecht um seine Funktion bringen. Deswegen ist nicht nur das Demokratieprinzip, sondern auch das Wahlrecht des Bürgers verletzt, wenn die Rechte des Bundestages wesentlich geschmälert werden und damit ein «Substanzverlust demokratischer Gestaltungsmacht» für das durch die Wahl unmittelbar demokratisch legitimierte Organ eintritt[35].

Eine Beschneidung der Gestaltungsmacht des Parlaments ist allerdings unter der Geltung von Art. 23 und 24 GG, die zur Übertragung von Hoheitsrechten auf die EU und andere zwischenstaatliche Einrichtungen ermächtigen, unvermeidlich. Was auf die supranationale Ebene abwandert, steht auf der nationalen nicht mehr zur Verfügung. Es muss auch in Kauf genommen werden, dass die Wahrnehmung der übertragenen Kompetenzen nicht den Anforderungen folgt, die das Grundgesetz für Akte der deutschen Staatsgewalt aufstellt. Das ist eine zwangsläufige Folge der europäischen Integration, von der das Bundesverfassungsgericht im Lissabon-Urteil, weiter gehend als in früheren Urteilen, sagt, dass die Bundesrepublik zur Beteiligung an ihr nicht nur ermächtigt, sondern verfassungsrechtlich verpflichtet ist. Staatliche Souveränität gibt es daher nur in den Grenzen der Völkerrechtsfreundlichkeit und Europarechtsfreundlichkeit des Grundgesetzes[36].

Andererseits bildet die «souveräne Verfassungsstaatlichkeit»[37] der Bundesrepublik aber auch die Grenze der Integration. Dem Urteil zufolge enthält das Grundgesetz keine Ermächtigung, die Souveränität aufzugeben. Selbst eine Verfassungsänderung könne dies nicht bewirken. Sie würde an Art. 79 Abs. 3 GG scheitern. Er entzieht den Identitätskern der Verfassung der Verfassungsänderung. Eine Überschreitung dieser Grenze wäre daher ein Übergriff in die verfassunggebende Gewalt des Volkes. Den Übergang zu einem europäischen Bundesstaat könne allein das Volk in einer neuen Verfassung erlauben. Die EU darf folglich kein Staat werden, sondern muss ein Staatenverbund bleiben. Darunter versteht das Gericht «eine enge, auf Dauer angelegte Verbindung souverän bleibender Staaten, die auf vertraglicher Grundlage öffentliche Gewalt ausübt, deren Grundordnung jedoch allein der Verfügung der Mitgliedstaaten unterliegt und in der die Völker – das heißt die staatsangehörigen Bürger – der Mitgliedstaaten die Subjekte demokratischer Legitimation bleiben»[38].

Zu den Merkmalen des Staatenverbundes, auf die sich die grundgesetzliche Änderungssperre erstreckt, gehört es, dass die EU ihre Rechtsgrundlage von den Mitgliedstaaten im Wege des Vertragsschlusses empfängt. Sie kann sich nicht im Wege der Verfassungsgebung selbst verfassen. Das hat namentlich Bedeutung für die Ausstattung der Union mit Kompetenzen. Die Kompetenzen werden ihr von den Mitgliedstaaten vertraglich nach dem Grundsatz der begrenzten Einzelermächtigung eingeräumt und können ihr auf demselben Weg wieder entzogen werden. Die Kompetenz-Kompetenz darf nicht auf die Union übergehen. Sollte sie sich aus ihrer Abhängigkeit von den Mitgliedstaaten lösen und in eine selbsttragende Einrichtung verwandeln, müsste die Bundesrepublik von ihrem Austrittsrecht Gebrauch machen. Dieses darf im Vertrag nicht ausgeschlossen werden.

Soweit die Verträge Vertragsänderungen, die das Prinzip der begrenzten Einzelermächtigung nicht berühren, durch die Organe der EU, also ohne erneuten Vertragsschluss mit anschließender Ratifikation in den Mitgliedstaaten, ermöglichen, muss dafür innerstaatlich ein Ausgleich geschaffen werden, der den Anforderungen des Art. 23 Abs. 1 GG genügt. Die deutschen Verfassungsorgane haben insoweit eine «dauerhafte Integrationsverantwortung»[39]. Sie muss durch Gesetz wahrgenommen werden. Der Gesetzesvorbehalt ist zur Wahrung der Integrationsverantwortung so auszulegen, dass er jede textliche Veränderung der Verträge erfasst. Dazu zählen auch Vertragsänderungen im vereinfachten Verfahren, Vertragsabrundungen und Veränderungen des Entscheidungsverfahrens der EU. Die Wahrnehmung der Integrationsverantwortung muss verfassungsgerichtlich überprüfbar sein.

Diese Grenzen dürfen auch durch die Auslegung der Verträge nicht unterlaufen werden. Das «Integrationsprogramm»[40] muss vom Vertrag bestimmt sein. So wie die Bundesregierung verfassungsrechtlich gehindert wäre, Blankettermächtigungen ihre Zustimmung zu geben, darf der Effekt von Blankoermächtigungen auch nicht durch Vertragsauslegung herbeigeführt werden. Zwar sind Auslegungen des Gemeinschaftsrechts mit der Tendenz zur Besitzstandswahrung (acquis communautaire) und zur effektiven Kompetenzwahrnehmung (implied powers, effet utile) hinzunehmen. Eine Auslegung, die das Primärrecht erweiterte oder veränderte, drohte aber das Prinzip der begrenzten Einzelermächtigung zu verletzen und könnte am Ende zur Verfügungsbefugnis der Union über ihre vertragliche Grundlage führen. Deswegen müssen jedenfalls für den Extremfall Kontrollmöglichkeiten oder Bremsen bestehen, die einer Lösung der EU aus der Abhängigkeit von den Mitgliedstaaten entgegenwirken.

Da die Organe der EU eine «Tendenz zu ihrer politischen Selbstverstärkung»[41] aufweisen, genügt es nicht, dass Zustimmungsgesetze und innerstaatliche Begleitgesetzgebung zu weiteren Integrationsschritten so beschaffen sind, dass das Prinzip der begrenzten Einzelermächtigung gewahrt bleibt und die EU keine Möglichkeit hat, «sich der Kompetenz-Kompetenz zu bemächtigen»[42] oder die integrationsresistente Verfassungsidentität Deutschlands zu verletzen. Vielmehr muss überdies eine externe Prüfungsmöglichkeit durch das Bundesverfassungsgericht bestehen, ob sich die EU im konkreten Fall innerhalb ihrer vertraglich festgelegten

Handlungsgrenzen gehalten und die Verfassungsidentität der Bundesrepublik gewahrt hat. «Anders können die von Art. 4 Abs. 2 Satz 1 EUV-Lissabon anerkannten grundlegenden politischen und verfassungsmäßigen Strukturen souveräner Mitgliedstaaten bei fortschreitender Integration nicht gewahrt werden»[43].

Schließlich leitet das Bundesverfassungsgericht aus Art. 23 Abs. 1 GG ab, dass die Europäische Union dort, wo sie autonom handeln darf, ihrerseits demokratischen Grundsätzen zu folgen hat und die demokratischen Herrschaftssysteme in den Mitgliedstaaten nicht aushöhlen darf. Was die europäische Demokratie anbelangt, muss sie weder inhaltlich noch organisatorisch dem staatlichen Muster entsprechen. Die demokratischen Anforderungen an die EU richten sich vielmehr nach dem «Umfang und dem Gewicht supranationaler Herrschaftsmacht»[44]. Nimmt diese zu, muss das demokratische Legitimationsniveau ebenfalls steigen, wenn der Machtzuwachs in Deutschland zustimmungsfähig sein soll. Beim gegenwärtigen Entwicklungsstand der EU reiche das bestehende Legitimationsniveau aus. Sollte die Entwicklung der EU aber eine staatsanaloge Richtung nehmen, müsste die Bundesrepublik auf Veränderungen hinwirken und, falls das erfolglos wäre, ihre Mitgliedschaft in der EU aufgeben.

Was die nationale Demokratie anbelangt, entnimmt das Gericht dem Grundgesetz zusätzliche Grenzen für die Übertragung von Hoheitsrechten auf die EU, auch wenn die Schwelle der verfassunggebenden Gewalt des deutschen Volkes und die staatliche Souveränität noch nicht erreicht ist. Die Bundesrepublik muss ausreichenden Raum zur politischen Gestaltung der wirtschaftlichen, kulturellen und sozialen Lebensverhältnisse in Deutschland besitzen, insbesondere die Verfügungsgewalt in Angelegenheiten behalten, «die die Lebensumstände der Bürger, vor allem ihren von den Grundrechten geschützten privaten Raum der Eigenverantwortung und der persönlichen und sozialen Sicherheit prägen, sowie für solche politische Entscheidungen, die in besonderer Weise auf kulturelle, historische und sprachliche Vorverständnisse angewiesen sind, und die sich im parteipolitisch und parlamentarisch organisierten Raum einer politischen Öffentlichkeit diskursiv entfalten»[45].

Bei der Subsumtion des Lissabon-Vertrages unter diese Maßstäbe stellt das Bundesverfassungsgericht ein Demokratiedefizit der EU im Vergleich zum Legitimationsniveau von Staaten fest. Die Ursache dafür sieht es vor allem in dem ungleichen Wahlrecht zum Europäischen Parlament. Die europäische Demokratie sei in einem «Wertungswiderspruch»[46] befangen und «überföderalisiert»[47], weil sie im Wahlrecht dem Gesichtspunkt der Staatengleichheit erhebliches Gewicht einräume und so das Stimmengewicht des einzelnen Wählers unterschiedlich festlege. Das auf diese Weise gewählte Europäische Parlament sei keine Repräsentation eines europäischen Volkes, sondern eine Vertretung der Völker der Mitgliedstaaten. Das Defizit werde auch durch andere Regelungen des Lissabon-Vertrages wie die Bürgerinitiative, die doppelte Mehrheit im Rat oder die Beteiligungsrechte der nationalen Parlamente nicht ausgeglichen. «Der Vertrag von Lissabon führt nicht auf eine neue Entwicklungsstufe der Demokratie»[48].

Gleichwohl soll das Legitimationsniveau beim jetzigen Umfang der Zuständigkeiten und Grad der Verselbständigung der Entscheidungsverfahren «noch» den verfassungsrechtlichen Anforderungen genügen, vorausgesetzt dass das Prinzip der begrenzten Einzelermächtigung innerstaatlich über das von den Verträgen versprochene Maß hinaus gesichert werde. Ausschlaggebend für die Billigung des Vertrags von Lissabon durch das Gericht ist es, dass er die EU nicht in einen Staat umwandelt und also die souveräne Staatlichkeit der Bundesrepublik unangetastet lässt. Das Prinzip der begrenzten Einzelermächtigung schütze die Staaten vor einer Aushöhlung ihrer Staatlichkeit. Sie blieben «verfasster politischer Primärraum»[49], die EU trete nur sekundär für die ihr übertragenen Aufgaben hinzu und sei zudem zur Achtung der nationalen Identität der Mitgliedstaaten verpflichtet und durch das Subsidiaritätsprinzip und den Verhältnismäßigkeitsgrundsatz samt dem neuen Frühwarnsystem gebunden.

Die außerordentlichen Änderungsverfahren, die der Lissabon-Vertrag einführt oder ausweitet, billigt das Bundesverfassungsgericht aber nur unter dem Vorbehalt eines innerstaatlichen Ausgleichs für die von ihnen ausgehenden Gefahren für die deutsche Staatlichkeit. Das vereinfachte Verfahren gemäß Art. 48 Abs. 6 EUV-Lissabon muss innerstaatlich wie eine Übertragung von Hoheitsrechten behandelt werden, die ein Gesetz im Sinn des Art. 23 Abs. 1 Satz 2 und 3 GG voraussetzt. Auch für das sogenannte Brückenverfahren gemäß Art. 48 Abs. 7 EUV-Lissabon wird eine gesetzliche Ermächtigung für die deutschen Vertreter im Rat gemäß Art. 23 Abs. 1 Satz 2 und gegebenenfalls Satz 3 GG vorgeschrieben. Desgleichen verlangt die Ausübung der Vertragsabrundungskompetenz gemäß Art. 352 AEUV innerstaatlich eine gesetzliche Ermächtigung mit verfassungsändernder Mehrheit. Nur wenn diese Voraussetzung erfüllt ist, darf der deutsche Vertreter im Rat seine Zustimmung erklären.

An der Bestätigung des Vorrangs des Gemeinschaftsrechts durch die dem Vertrag beigefügte Erklärung Nummer 17 nimmt das Bundesverfassungsgericht keinen Anstoß. Sie unterstreiche nur die geltende Rechtslage. Der Vorrang bleibe auch bei Inkrafttreten des Vertrags von Lissabon ein durch völkerrechtliche Vereinbarung übertragenes Institut, das erst durch den Rechtsanwendungsbefehl im Zustimmungsgesetz innerstaatliche Wirkung entfalte. Diese Wirkung gelte folglich nur im Rahmen des Rechtsanwendungsbefehls. Der Vertrag hindere die Mitgliedstaaten nicht daran, vom Rechtsanwendungsbefehl nicht gedeckten Rechtsakten der EU die innerstaatliche Geltung zu versagen. Das Bundesverfassungsgericht dürfe europäische Rechtsakte daraufhin überprüfen und auch kontrollieren, ob europäische Organe ihre Befugnisse so ausübten, dass sie die Verfassungsidentität des Grundgesetzes nicht verletzten. Das «Recht zur Prüfung der Einhaltung des Integrationsprogramms»[50] bleibe den Staaten erhalten.

Eine Aufgabe des Staatsgebiets der Bundesrepublik trete durch den Lissabon-Vertrag nicht ein. Die EU verfüge nicht über eine umfassende Gebietshoheit. Es gebe auch kein unionsunmittelbares Territorium. Ebenso wenig löse sich durch den Vertrag das Staatsvolk in eine allgemeine Unionsbürgerschaft auf. Die Unionsbürgerschaft konstituiere kein Unionsvolk mit Selbstbestimmungsrecht über die Art seiner politischen Vergemeinschaftung. Sie bleibe ein von der Staatsbürgerschaft abgeleiteter und sie ergänzender Status. Die vom Lissabon-Vertrag begründeten neuen Rechte der Unionsbürger, namentlich die Bürgerinitiative, begründeten ebenfalls kein «selbständiges personales Legitimationssubjekt auf europäischer Ebene»[51]. Schließlich bewirke die Erweiterung der Kompetenzen der EU keine Aushöhlung der Staatlichkeit der Mitgliedstaaten. Der Deutsche Bundestag behalte ausreichende Gestaltungsmöglichkeiten.

c) Würdigung des Urteils

Führt man das umfangreiche Urteil auf seinen Kern zurück, so geht es ihm darum, die EU an ihrer vertraglich begründeten Grundstruktur als von Staaten getragene, aber selbst nicht staatliche Einrichtung festzuhalten und eine offene oder schleichende Verstaatlichung zu verhindern. Deswegen legt das Bundesverfassungsgericht auf Seiten der Union so viel Gewicht auf den Vertragscharakter der Grundordnung, die von den Staaten abgeleitete, nicht originäre öffentliche Gewalt, die Fremdbestimmung ihrer Kompetenzen, das Prinzip der begrenzten Einzelermächtigung. Umgekehrt geht es darum, die Staatlichkeit der Mitgliedstaaten und ihre Bestimmungsbefugnis über die Grundstruktur der EU zu behaupten. Deswegen spielen auf Seiten der Mitgliedstaaten der Souveränitätsbegriff, die Herrschaft über die Verträge, der Rechtsanwendungsbefehl, die Kompetenz-Kompetenz und die Verfassungsidentität eine herausragende Rolle. Die beiden Seiten werden durch die Notwendigkeit demokratischer Legitimation überwölbt, die auch im Prozess der europäischen Integration gewahrt werden muss.

Damit geht das Lissabon-Urteil über die bisherige Rechtsprechung hinaus, ohne aber von ihr abzurücken. Es stützt sich vielmehr auf sie. Die Prämissen der Entscheidung zum Geltungsgrund des Gemeinschaftsrechts und zu seinem Verhältnis zum nationalen Recht sind von dort übernommen, ebenso die Befugnisse des Bundesverfassungsgerichts zur Überprüfung von Gemeinschaftsrecht am Grundgesetz. Das gilt auch für die Identitätskontrolle. Sie steht bereits im Zentrum der Solange-Rechtsprechung. Der Grundrechtsschutz wird dort als wesentlicher Teil der Verfassungsidentität angesehen. Die frühere Judikatur wird aber erweitert oder anders akzentuiert. Stärker als in den älteren Entscheidungen tritt vor allem die Souveränität der Bundesrepublik hervor. Die Kernaussage, diese habe ihre Souveränität nicht verloren, sondern nur eine Reihe von Hoheitsrechten abgetreten, zieht sich aber ebenfalls schon durch die vorangegangenen Entscheidungen.

Neu sind dagegen die innerstaatlichen Kautelen, die unter der Integrationsverantwortung des Bundestages zusammengefasst werden. Sie erweitern den Parlamentsvorbehalt für die deutsche Zustimmung zu Ratsbeschlüssen über das in Art. 23 GG vorgesehene Maß hinaus. Allerdings waren sie durch neuartige oder erweiterte Möglichkeiten im Lissabon-Vertrag zur Veränderung der Kompetenz- und Verfahrensvorschriften durch den Rat und also ohne innerstaatliche Parlamentsbeteiligung veranlasst. Neu ist auch die daran anschließende verfassungsgerichtliche Prüfungskompetenz. Die auffälligste Neuerung liegt aber in dem prospektiven Charakter des Urteils. Es begnügt sich nicht damit, die Vereinbarkeit des Lissabon-Vertrages mit dem Grundgesetz zu prüfen, sondern entwickelt auch Grenzen künftiger Integrationsschritte, die der Lissabon-Vertrag weder unternimmt noch vorbereitet.

Dadurch verändert sich die Funktion einiger Grundprinzipien des europäischen Einigungswerks wie die Herrschaft der Mitgliedstaaten über die Verträge, ihre Kompetenz-Kompetenz und das Prinzip der begrenzten Einzelermächtigung, die auch im Maastricht-Urteil schon eine Rolle gespielt hatten. Während das Bundesverfassungsgericht dort nur ihre Beachtung durch den zu prüfenden Vertrag feststellte, so dass dieser für vereinbar mit dem Grundgesetz befunden werden konnte, erklärt es sie im Lissabon-Urteil zu Bedingungen für die Verfassungsmäßigkeit künftiger Vertragsänderungen und also für die Mitwirkung Deutschlands an weiteren Integrationsschritten. Die vorbeugenden Feststellungen gipfeln in der Verneinung der vom Maastricht-Urteil noch offengelassenen Frage, ob das Grundgesetz die Umwandlung der EU in einen Bundesstaat erlaube.

An den Grundzügen der Entscheidung, die das Ergebnis tragen, ist verfassungsrechtlich nichts auszusetzen. Es entfaltet konsequent die nie aufgegebene Prämisse, das Gemeinschaftsrecht verdanke seine unmittelbare und vorrangige Geltung in Deutschland dem staatlichen Rechtsanwendungsbefehl und dieser erstrecke sich nicht auf eine Verstaatlichung der EU. Das zeugt weder von Europarechtsunfreundlichkeit noch von Nationalismus. Die Staatlichkeit der Mitgliedstaaten wird von vornherein als Mitgliedstaatlichkeit verstanden und akzeptiert. Das Versprechen der Präambel, das deutsche Volk wolle «als gleichberechtigtes Glied in einem vereinten Europa dem Frieden der Welt» dienen, wird nicht dementiert. Wie es zu verstehen ist, ergibt sich aus Art. 23 Abs. 1 GG, demzufolge die EU ein Mittel zur Erreichung des vereinten Europa ist, weswegen die Bundesrepublik ihr zu diesem Zweck Hoheitsrechte übertragen darf, vorausgesetzt die Union erfüllt bestimmte Bedingungen, von denen nach den Vorstellungen des Grundgesetzes die Legitimität öffentlicher Gewalt abhängt.

Ob das Gericht in diesem Zusammenhang auf den Begriff der Souveränität zurückgreifen durfte oder ob damit von vornherein eine ergebnispräjudizierende Blickverengung eintrat, ist eine Frage des Begriffsverständnisses. Absonderlich wirkt jedenfalls die Behauptung, auf die Souveränität habe die Entscheidung schon deswegen nicht gestützt werden dürfen, weil das Wort im Grundgesetz nicht vorkomme[12]. Wenn es zuträfe, dass zur Sinnermittlung von Rechtsnormen nur Begriffe verwendet werden dürften, die im Normtext vorkommen, wäre die fundamentale EuGH-Entscheidung im Fall Costa v. ENEL zum Vorrang des Gemeinschaftsrechts ebenso unvertretbar wie die Lissabon-Entscheidung des Bundesverfassungsgerichts. Es ist aber nicht so, es sei denn, man bekenne sich methodologisch zur krudesten Form des Gesetzespositivismus oder wolle ihn gar nur den nationalen

Gerichten zur Pflicht machen, internationale Gerichte davon aber entbinden.

Das Grundgesetz ermächtigt den Bund – von Anfang an und allgemein in Art. 24 Abs. 1, später speziell auf die EU bezogen in Art. 23 Abs. 1 – zur Übertragung von Hoheitsrechten. Verstünde man unter Souveränität den Vollbesitz der öffentlichen Gewalt auf einem bestimmten Territorium, dann gäbe es in der Tat keine Souveränität mehr. Souveränität als Inbegriff der öffentlichen Gewalt wäre schon bei Abtretung eines einzigen Hoheitsrechts zur autonomen Ausübung durch einen anderen Träger aufgegeben. Dieser Souveränitätsbegriff, der lange Zeit vorherrschend, aber nie unumstritten war, ist indes seit dem Ende des Zweiten Weltkriegs unter der Entwicklung des Völkerrechts, die mit der Gründung der Vereinten Nationen begann, nicht mehr haltbar[53]. Wenn der Begriff heute weiter verwendet wird, handelt es sich stets um eine Souveränität, die mit der Existenz und Wirksamkeit supranationaler öffentlicher Gewalt vereinbar ist. Das macht auch das Bundesverfassungsgericht im Lissabon-Urteil klar[54].

Ob das Maß an öffentlicher Gewalt, das den Staaten, auch den Mitgliedstaaten supranationaler Organisationen, weiterhin bleibt, ihnen eine Rechtsposition verleiht, die sich als «souverän» kennzeichnen lässt, wird kontrovers diskutiert. Fraglich ist, ob sich die Souveränität durch die Veränderungen nach 1945 wieder in ihre Bestandteile, die einzelnen Hoheitsrechte, aufgelöst hat oder ob sie auch dann noch bestehen kann, wenn auf einem Territorium mehrere autonome Träger Hoheitsrechte ausüben. Die Frage kann hier nicht ausführlich erörtert werden. Es genügt zu sagen, dass die Mehrheit der Autoren der letzteren Auffassung zuzuneigen scheint und die bleibende Funktion der Souveränität darin erblickt, dass sie die Selbstbestimmung einer politischen Einheit gerade unter den Bedingungen der Verlagerung von öffentlicher Gewalt auf die internationale Ebene sichert, wo ihre demokratisierte Legitimation nur schwach ausgebildet ist oder gänzlich fehlt.

Geht man davon aus, ist die Unterscheidung zwischen Souveränität und Hoheitsrechten, wie sie dem Urteil des Bundesverfassungsgerichts zugrunde liegt, nicht verfehlt. Souveränität wird dann von einer Frage des Alles oder Nichts zu einer graduellen Frage. Nach wie vor gilt, dass eine politische Gemeinschaft, die über ihre Grundordnung nicht selbst bestimmen kann, nicht souverän ist. Im Übrigen richtet sich die Antwort in Mehrebenensystemen danach, wer über die Verteilung der Hoheitsrechte bestimmt und wie sie quantitativ verteilt sind. Souverän in einem Mehrebenensystem ist dann, wer die Kompetenz-Kompetenz besitzt und von dieser nicht in einer Weise Gebrauch gemacht hat, die ihm nur noch Restbestände der Hoheitsgewalt belässt. Vereinzelte Hoheitsrechte genügen nicht zur Begründung von Souveränität. Auch hier gibt es einen Umschlag von Quantität in Qualität.

Dass das Urteil der EU trotz der Fortschritte im Lissabon-Vertrag ein – verglichen mit dem staatlichen – unzureichendes demokratisches Legitimationsniveau bescheinigt, hat ihm viel Kritik eingetragen[55]. Weil die staatlichen Verhältnisse zum Maßstab erhoben werden, findet die Stärkung der demokratischen Legitimation durch den Lissabon-Vertrag im Urteil in der Tat wenig Beachtung. Vor allem wirkt hier aber die Begründung irritierend. Gemäß dem Maßstabsteil lautet die Frage, ob die im Vertrag von Lissabon erweiterte öffentliche Gewalt der EU demokratisch ausreichend legitimiert sei. Das Urteil liest sich dagegen stellenweise so, als käme es darauf an, dass die EU das Legitimationsniveau von demokratischen Staaten erreiche. Damit wäre ihr allerdings eine Falle gestellt. Das fehlende staatsanaloge Demokratieniveau bringt die EU in die Grauzone der Grundgesetzwidrigkeit, das erreichte staatsanaloge Demokratieniveau machte es der Bundesrepublik unmöglich, in der EU zu bleiben. Indessen kam es darauf nicht an, wie das Urteil am Ende selbst klarstellt, weil die EU gerade kein Staat ist und auch keiner werden darf.

Dass dieses Hindernis selbst durch eine Verfassungsänderung nicht beseitigt werden könnte, schließt das Bundesverfassungsgericht aus Art. 79 Abs. 3 GG, der die dort genannten Grundsätze von Verfassungsänderungen ausnimmt. Art. 79 Abs. 3 GG schützt in der Tat die Identität des Grundgesetzes selbst gegenüber dem verfassungsändernden Gesetzgeber. Diese «Ewigkeitsklausel» erklärt sich aus den Erfahrungen von 1933. Das bedeutet aber nicht, dass ihre Funktion sich darin erschöpfte, die Wiederkehr einer nationalsozialistischen Diktatur auf legalem Weg zu verhindern. Die Grundsätze sind gegen jedweden Gegner der identitätsbegründenden Verfassungsprinzipien geschützt. Ob Art. 79 Abs. 3 GG auch einen Integrationsschritt ausschlösse, bei dem die identitätsbegründenden Prinzipien nicht abgeschafft, sondern auf höherer Ebene befestigt würden, ist dagegen nicht von vornherein ausgemacht.

Hier steht nicht zur Debatte, ob ein europäischer Bundesstaat, gerade unter demokratischen Gesichtspunkten, erstrebenswert wäre, sondern nur, ob die Bundesrepublik sich ihm eingliedern dürfte, falls er auf dem von Art. 79 Abs. 3 GG vorausgesetzten demokratischen Niveau etabliert werden könnte. Das Bundesverfassungsgericht schlägt die Brücke vom unaufgebbaren Demokratieprinzip zum Verbot der Eingliederung Deutschlands in einen europäischen Bundesstaat mit einem einfachen «damit»: Mit Art. 79 Abs. 3 GG setze das Grundgesetz die souveräne Staatlichkeit Deutschlands nicht nur voraus, sondern garantiere sie auch[56]. Dieser Schluss wäre unanfechtbar, wenn Demokratie allein im Staat verwirklicht werden könnte. Die Demokratievoraussetzungen mögen in der EU ungünstiger sein als im Staat, das demokratische Niveau des Grundgesetzes mag dort noch auf lange Sicht unerreichbar bleiben. Dass es unter keinen Umständen erreicht werden könnte, steht damit aber nicht fest. Insofern wäre an dieser entscheidenden Stelle mehr zu sagen gewesen.

Allerdings würde mit der Einordnung der Bundesrepublik in einen europäischen Oberstaat ein Schritt von solcher Tragweite getan, dass er nicht im routinemäßigen Verfassungsänderungsverfahren erfolgen könnte. Mit der Herrschaft über die Verträge wäre es dann ebenso vorbei wie mit der Kompetenz-Kompetenz. Die EU würde aus der Verfügungsgewalt der Mitgliedstaaten entlassen und in eine selbsttragende Einrichtung umgewandelt. Damit erlangte sie die Selbstbestimmung über ihre Rechtsgrundlage, während die Mitgliedstaaten sie verlören. Fortan könnte die EU bestimmen, welche Kompetenzen sie den Mitgliedstaaten noch belassen möchte. Zu dieser Aufgabe der souveränen Staatlichkeit bedürfte es einer unmittelbaren Willensäußerung des Trägers der Staatsgewalt. Das ist dem Lissabon-Urteil jedenfalls zuzugeben. Die Voraussetzungen für einen solchen Volksentscheid sind derzeit im Grundgesetz nicht vorhanden. Sie könnten aber durch eine Verfassungsänderung geschaffen werden. Eine völlige Verfassungsneuschöpfung würden sie nicht erfordern.

Unklar ist ebenfalls die Herleitung der Liste von Gesetzgebungsmaterien, die das Gericht als «besonders sensibel für die Selbstgestaltungsfähigkeit eines Verfassungsstaats» betrachtet. Erörtert werden sie im Zusammenhang mit der Politiksubstanz, die dem Deutschen Bundestag bleiben muss, wenn das Zustimmungsgesetz vor Art. 38 und 20 GG bestehen soll. Indessen bewegen auch sie sich im Bereich der obiter dicta. Weder wird gesagt, dass diese Felder der EU gänzlich versperrt sind, noch ist eine Rechtsfolge für den Fall angeordnet, dass sie sich zu tief in sie hineinbegibt. Es heißt im Gegenteil, «eine von vornherein bestimmbare Summe oder bestimmte Arten von Hoheitsrechten»[57], die den Staaten aus Souveränitätsgründen erhalten bleiben müssten, ließen sich aus dem Demokratieprinzip nicht ableiten. Man muss sie daher als Warnung nehmen, dass hier eine Gefahr für die in Art. 6 Abs. 3 EUV verbürgte Identität der Mitgliedstaaten lauert, die das Bundesverfassungsgericht zur Wachsamkeit nötigt.

Das Bundesverfassungsgericht kann dann den Lissabon-Vertrag gerade deswegen billigen, weil er der Bundesrepublik die Souveränität in diesem Sinn nicht streitig macht. In Bedrängnis wird es aber durch die vereinfachten Vertragsänderungs- und Kompetenzergänzungsverfahren gebracht, die im Lissabon-Vertrag vorgesehen sind und Rechtspositionen betreffen, die die Bundesrepublik nicht aufgeben darf. Zwar sind die Mitgliedstaaten hier vor Majorisierung geschützt, weil die Beschlüsse Einstimmigkeit im Europäischen Rat voraussetzen, also nicht ohne Zustimmung Deutschlands gefasst werden können. Gleichwohl sind sie nicht Beschlüsse der «Herren der Verträge», sondern eines Organs der EU und insofern Selbstermächtigungen. Das Gericht lässt den Vertrag an seinen berechtigten Bedenken, dass hier Schlupflöcher zu einer staatsanalogen Entwicklung der Europäischen Union geöffnet werden, aber nicht scheitern, sondern begnügt sich mit Vorkehrungen auf der staatlichen Ebene.

Stellenweise beruhigt es sich mit verfassungskonformen Auslegungen der Verträge, die es freilich, anders als im nationalen Bereich, auf Gemeinschaftsebene nicht verbindlich machen kann. Vor allem aber verlangt es Sicherungen auf der nationalen Ebene, die verhindern, dass die deutsche Haltung im Rat bei solchen Abstimmungen allein von der Regierung bestimmt wird. Das von Art. 48 Abs. 7 EUV-Lissabon vorgesehene Vetorecht für die nationalen Parlamente reicht dem Gericht nicht, weil es dem Bundestag kein Tätigwerden abverlangt. Deswegen fordert es, diese Form der Vertragsänderung innerstaatlich wie Übertragungen von Hoheitsrechten zu behandeln. Der Verlust an innerstaatlicher Demokratie, der durch den gemeinschaftsrechtlichen Verzicht auf das Ratifikationsverfahren droht, soll durch eine der Ratifikation entsprechende Beteiligung des Parlaments kompensiert werden, der dieses sich nicht entziehen kann.

Darin ist eine Bevormundung des Parlaments gesehen worden. Das Parlament dürfe ohnehin alles, wozu es nunmehr vom Bundesverfassungsgericht verpflichtet werde. Verzichte es darauf, seine Befugnisse wahrzunehmen, sei das als Ausdruck seines demokratischen Willens zu akzeptieren[58]. Freilich begründen Handlungsbefugnisse in der Regel keine Handlungspflichten. Handlungspflichten im Kompetenzbereich des Parlaments sind dem Grundgesetz aber auch nicht fremd. Es gibt Verantwortlichkeiten, denen sich das Parlament nicht entziehen darf. Insbesondere ist die Delegation von Gesetzgebungskompetenzen in Reaktion auf Weimarer Erfahrungen und das Ermächtigungsgesetz vom März 1933 stark beschränkt worden. Das Bundesverfassungsgericht hat den Kreis der Delegationsverbote zusätzlich ausgeweitet. Wo aus Grundrechten Schutzpflichten folgen, ist parlamentarisches Handeln sogar geboten. Die Übertragung von Befugnissen auf die EU reiht sich in diese Linie ein.

Dass verfassungsrechtliche Pflichten eines Staatsorgans vom

Bundesverfassungsgericht durchgesetzt werden können, ist im Rechtsschutzsystem des Grundgesetzes normal. Ohne eine verfassungsgerichtliche Kontrollkompetenz für die Integrationsverantwortung des Bundestages entstünde in diesem Rechtsschutzsystem eine Lücke. Aber auch die schon früher beanspruchte Kompetenz zur Identitäts- und ultra vires-Kontrolle ist als Folge der konstitutiven Wirkung des Rechtsanwendungsbefehls, auf der die Rechtsprechung des Bundesverfassungsgerichts fußt, nicht zu beanstanden. Sie bleibt auch nach dem Lissabon-Urteil auf Extremfälle beschränkt und ist weit davon entfernt, die europäische Integration «unter Karlsruher Totalaufsicht» zu bringen[59]. Ohnehin wird die Pluralisierung der Rechtsordnung, die wegen der konkurrierenden Kompetenzbehauptungen von EuGH und nationalen Verfassungsgerichten eintreten kann, heute nicht mehr nur negativ bewertet[60].

Das grundgesetzliche Verbot für die deutschen Staatsorgane, an der Umwandlung der EU in einen Bundesstaat mitzuwirken, gehört genauso wie die Liste der sensiblen Materien zu den vielen obiter dicta, die im Maßstabsteil des Urteils enthalten sind. Sie tragen zur Fallentscheidung nichts bei und werden folglich auch bei der Subsumtion nicht benötigt. Man kann es sich daher mit einem Tadel leicht machen. Doch sollte dabei der Kontext nicht außer Acht gelassen werden, in dem das Urteil steht. Die Verstaatlichung der EU ist keine bloß theoretische Möglichkeit. Viele können sich die Vollendung der europäischen Integration nur in Form eines europäischen Bundesstaats vorstellen und richten daran auch ihre Reformüberlegungen für die Institutionen aus. Noch wichtiger erscheint aber, dass entscheidende Veränderungen des Integrationsprogramms nicht durch Vertragsänderungen, sondern durch die Auslegung und Anwendung der Verträge durch Kommission und EuGH, also ohne Mitwirkung der Mitgliedstaaten sowie der politischen Organe der EU, auf administrativen und judikativen Pfaden erfolgt sind.

Das wird durch einige Eigentümlichkeiten des Gemeinschaftsrechts erleichtert, die nicht immer genügend beachtet werden. Zu ihnen gehört namentlich der Umstand, dass die europäischen Verträge durch die Rechtsprechung des EuGH «konstitutionalisiert» worden sind, im Unterschied zu Staatsverfassungen aber nicht nur die inhaltlichen Grundprinzipien der Gemeinschaftsordnung sowie ihre Organe und Verfahren regeln, sondern überdies zahlreiche Materien, die in den Mitgliedstaaten zum einfachen Recht gehören. Die Auswirkungen dieses Unterschieds sind beträchtlich. Was bereits auf der vertraglichen Ebene geregelt ist, bedarf keiner Regelung auf der gesetzlichen Ebene mehr, kann aber durch Gesetzgebung auch nicht geändert werden. Die exekutiven und judikativen Instanzen der EU haben die Möglichkeit, es in der von ihnen für richtig gehaltenen Interpretation durchzusetzen, ohne dass die politischen Instanzen, Rat und Parlament, sie durch Gesetzesänderung umprogrammieren könnten, wenn sie die Folgen der Interpretation für schädlich halten.

Die Auswirkungen der Konstitutionalisierung erstrecken sich aber auch in den Bereich, der für Gesetzgebung offen ist, und machen sich dort in Form der bekannten Asymmetrie zwischen positiver und negativer Integration bemerkbar[61]. Während die negative Integration, also die Deregulierung auf der nationalen Ebene zur Herstellung des Binnenmarktes, im administrativen Modus erfolgen kann, ist die positive Integration, also die Re-Regulierung auf der europäischen Ebene zur Korrektur von Marktversagen, auf den politischen Entscheidungsmodus, die Rechtsetzung in Rat und Parlament angewiesen, für die die Konsensschwellen erheblich höher und die Erfolgschancen entsprechend geringer sind. Dadurch kommt es zu einem faktischen Übergewicht für Liberalisierungsbestrebungen, das selbst die nur schwach vergemeinschaftete Sozialpolitik ergreift. Die Staaten haben hier zwar rechtlich weiter freie Hand, können in einem liberalisierten Umfeld faktisch ihr sozialpolitisches Niveau aber nicht aufrechterhalten, weil sie damit den nationalen Wirtschaftsstandort schädigen würden[62].

Die Tendenz zur schleichenden Aushöhlung der staatlichen Gesetzgebungsbefugnisse verstärkt sich durch die Art der vertikalen Kompetenzverteilung. Sie erfolgt in der EU, anders als in Bundesstaaten, nicht gegenstandsbezogen, sondern final. Das

Ziel, die Herstellung und Aufrechterhaltung des Gemeinsamen Marktes, wirkt entgrenzend. Da jedes nationale Recht sich als Hemmnis für die vier Grundfreiheiten des Art. 14 Abs. 2 EGV auswirken kann, das Scheidungsrecht wie das Schulrecht, das Strafrecht wie das Denkmalschutzrecht, hängt es weitgehend von der Auslegung des Gemeinschaftsrechts und den Initiativen der Kommission zu seiner Durchsetzung in den Mitgliedstaaten sowie von der Einstellung des EuGH ab, in welchem Maß Gemeinschaftsrecht nationale Regelungen verdrängt. Selbst Regelungsvorbehalte zugunsten der Mitgliedstaaten und die Grenze zwischen vergemeinschafteter und intergouvernementaler Rechtsetzung gerät dabei unter Druck[63].

Die Wirkungen erstrecken sich bis zu den Grundrechten. Union und Mitgliedstaaten teilen hier zwar ihre Wertgrundlagen. Zwischen den verschiedenen grundrechtlich gewährleisteten Werten treten aber häufig Widersprüche auf. Die Auflösung dieser Widersprüche erfolgt auf der europäischen Ebene tendenziell anders als auf der nationalen[64]. Während auf der staatlichen Ebene die wirtschaftlichen Grundrechte regelmäßig am schwächsten ausgestaltet sind und nationale Maßnahmen zur Wirtschaftsregulierung auch von den Verfassungsgerichten weniger streng geprüft werden als Beschränkungen der personalen Grundrechte, ist es auf der europäischen Ebene umgekehrt. Hier setzen sich tendenziell die wirtschaftlichen Grundrechte gegen die personalen, kommunikativen, sozialen und kulturellen Garantien durch. Wo der nationale Gesetzgeber nach nationalem Verfassungsrecht die größte Freiheit besitzt, hat er nach europäischem Recht die geringste.

Identitätsgefährdungen und Kompetenzaushöhlungen drohen also nicht nur auf der Vertragsebene, sondern auch auf Anwendungsebene. Ihnen könnte nur durch Vertragsrevisionen begegnet werden. Die Aussichten, dass solche Revisionen zustande kommen, sind freilich gering. In den letzten Vertragsänderungsverfahren spielten sie keine Rolle. Da auf der europäischen Ebene der EuGH den Schlussstein des Systems bildet und diese Position tendenziell gemeinschaftsfreundlich genutzt hat[65], kommen allein die nationalen Höchstgerichte, insbesondere die Verfassungsgerichte, als Gegenkraft in Frage. Das allein würde es ihnen freilich nicht erlauben, von ihren Korrekturmöglichkeiten Gebrauch zu machen, wenn es dafür keine rechtliche Grundlage gäbe. Das Bundesverfassungsgericht hat in ständiger Rechtsprechung aber plausibel begründet, wie sich seine Position und Kontrollbefugnis aus den Prämissen des Gemeinschaftsrechts ergibt und von der nationalen Verfassung gefordert ist.

3. Kein Integrationsstop

Dass mit dem Lissabon-Urteil des Bundesverfassungsgerichts die europäische Integration an ihr Ende gekommen sei, wie befürchtet wird, lässt sich nur behaupten, wenn man als Ziel der Integration den europäischen Bundesstaat vor Augen hat. Über die Frage, ob er erstrebenswert ist, kann man streiten. Selbst wenn er erstrebenswert wäre, wird er nicht schnell erreichbar sein. Solange die EU aber eine Gemeinschaft von Staaten ist, deren Identität gewahrt werden soll, haben Vertragsherrschaft, Kompetenz-Kompetenz und Prinzip der begrenzten Einzelermächtigung in der EU ihren berechtigten Platz. Unterhalb dieser Grundsätze, insbesondere bei der Setzung von Sekundärrecht, ändert sich durch das Urteil ohnehin nichts, wie die Billigung des Lissabon-Vertrages zeigt. Bestenfalls verhilft das Urteil der EU zu vermehrter Rücksicht darauf, dass sie auch weiterhin von der Demokratie der Mitgliedstaaten zehrt und dieses Kapital nicht leichthin aufs Spiel setzen sollte.

(

XII.
Nicht Pragmatismus, sondern Prinzipien-orientierung benötigt Europa

1.

In der gegenwärtigen Schuldenkrise macht sich die Unklarheit über die Kernfragen der europäischen Integration besonders nachteilig bemerkbar. Die Europäische Union ist über eine Wirtschaftsgemeinschaft längst hinausgewachsen. Aber auf die Frage nach dem Ziel der Entwicklung fehlt es an einer Antwort. Sollen am Ende des Integrationsprozesses die Vereinigten Staaten von Europa stehen oder soll es bei einer Zweckgemeinschaft der Mitgliedstaaten für Angelegenheiten bleiben, die sich gemeinsam besser lösen lassen als getrennt? Ungeklärt ist ferner die Zugehörigkeit zu Europa, also die Frage nach Inklusion und Exklusion, und ungeklärt ist ebenfalls das Verhältnis von Einheit und Vielfalt sowie von Marktwirtschaft und Sozialstaatlichkeit.

Die Verträge schweigen zu diesen Fragen und begnügen sich mit der dynamischen Formel von der «immer engeren Union der Völker Europas». Wie eng sie am Ende sein soll, muss irgendwann politisch entschieden werden. Aber die Politik scheut die Finalitätsdiskussion und reagiert auf Forderungen nach prinzipieller Klärung mit der Vertröstung, diese Fragen würden erörtert, wenn sie zur Entscheidung anstünden. Der Verweis auf die Zukunft hindert die Politik allerdings nicht daran, unter Ausblendung der Zielfrage heute Entscheidungen zu fällen, die morgen Folgezwänge entfalten und die Antwort auf die Finalitätsfrage präjudizieren. Treten die Folgezwänge zutage, ist es für eine Diskussion über ihre Wünschbarkeit gewöhnlich zu spät.

Die derzeitige Krise liefert dafür das beste Beispiel. Als vor zwanzig Jahren mit dem Vertrag von Maastricht die Europäische Währungsunion begründet wurde, gab es hinlängliche Warnungen, dass eine Währungsunion von Staaten höchst ungleicher Wirtschaftskraft die Bereitschaft zur Vergemeinschaftung der Finanz- und Wirtschaftspolitik oder zur Haftung der Stärkeren für die Schulden der Schwächeren voraussetze. Die Diskussion, ob diese Bereitschaft in den Mitgliedstaaten bestand, wurde seinerzeit gemieden. Heute gibt man den Warnern Recht, aber die Diskussion über die Bereitschaft lässt sich nicht mehr nachholen. Das Versäumnis von 1992 begründet den Handlungszwang von heute, jedenfalls wenn man meint, dass es bei der Integration keinen Schritt zurück geben darf.

Die Aussichten auf Änderung sind gleichwohl gering, weil die Vermeidung der Finalitätsdiskussion eine Erfolgsbedingung für die Fortschritte der Integration war. Wären die Folgewirkungen anstehender Entscheidungen im Licht der Zielfrage offen diskutiert worden, hätte der demokratische Prozess in den Mitgliedstaaten womöglich zu ihrer Ablehnung geführt. Die Integration wäre hinter dem inzwischen erreichten Stand zurückgeblieben. Wer allerdings glaubte, der mit Prinzipienscheu erkaufte Fortschritt sei kostenlos zu haben, verfiele einem Irrtum. Die EU zahlt den Preis in Form ihres Legitimationsdefizits. Dem Integrationsfortschritt fehlt der gesellschaftliche Rückhalt. Die Mitgliedstaaten zahlen den Preis in Form des Misstrauens ihrer Bürger, die sich immer neuen Anforderungen ausgesetzt sehen, über deren Notwendigkeit sie im Unklaren gelassen wurden.

Ähnlich wie mit der Währungsunion verhält es sich mit der Forderung nach einer europäischen Verfassung, die wenige Jahre nach dem Scheitern des Verfassungsvertrages nun wieder erhoben wird, unter anderem vom deutschen Außenminister. Auch eine Verfassung, wenn sie diese Bezeichnung verdient und nicht nur ein neuer völkerrechtlicher Vertrag mit dem Etikett «Verfassung» ist, präjudiziert die Finalitätsfrage. Von einem Vertrag unterscheidet sich die Verfassung dadurch, dass es nicht mehr die Mitgliedstaaten sind, welche über die Rechtsgrundlage der EU bestimmen, sondern die EU selber. Nicht mehr die Mitgliedstaaten einigen sich dann, welche Befugnisse sie der EU übertragen, sondern die EU beschließt, welche Befugnisse sie sich von den Mitgliedstaaten nimmt. Damit wäre der Schritt in den europäischen Staat getan, ob das den Regierenden und ihren Völkern bewusst war oder nicht.

In die Nähe eines europäischen Staates führt auch die Umgestaltung der europäischen Institutionen nach staatlichem Muster, die in der Krise wieder vermehrt gefordert wird. Der Rat soll dann eine Zweite Kammer des Parlaments werden, die Kommission die Regierung und über allem thront Europas Präsident. Der Rat verdankt seine herausgehobene Stellung bei Zielbestimmung und Gesetzgebung der EU aber gerade dem Umstand, dass die EU eine Veranstaltung der Staaten ist, keine sich selbst tragende politische Einheit. Im selben Maß wie der Rat degradiert wird, verselbständigt sich die EU von der Trägerschaft durch die Staaten, ohne doch die Legitimation, welche ihr zur Zeit von diesen zufließt, durch eine entsprechende Eigenlegitimation ersetzen zu können.

Man kann also die Veränderungen der Organstruktur nach staatlichem Vorbild und die Umwandlung der Verträge in eine Verfassung nicht betreiben und zugleich die Frage eines europäischen Staates auf einen späteren Zeitpunkt vertagen. Die EU ist dann bereits in einer Weise verändert, die die Erörterung der Staatsfrage überflüssig macht. Die Politik preist ihre Prinzipienscheu in Europafragen als Pragmatismus an, so jüngst wieder Finanzminister Schäuble (12. 1. 2013). Sie ist aber in Wirklichkeit ein Schleichweg zur Verschleierung der Prinzipienfrage und schlägt sich daher als Legitimitätsproblem nieder, weil der sogenannte Pragmatismus die Völker vor vollendete Tatsachen stellt, zu denen sie sich keinen Willen bilden konnten und die sie deswegen als ihnen oktroyiert, nicht als von ihnen autorisiert empfinden.

2.

Mehr Prinzipienorientierung und mehr Folgenaufklärung sind daher nötig, doch wo sollen sie herkommen, wenn sie der Politik das Geschäft zu erschweren statt zu erleichtern scheinen? Wo sollen sie herkommen, wenn man Integrationsfortschritte eher durch Vermeidung der Finalitätsfrage als durch ihre Erörterung erzielt und überdies davon ausgehen kann, dass man die politische Bühne verlassen hat, wenn die Entscheidungsfolgen Jahre später auftreten? Schaut man sich um, fällt der Blick wieder einmal auf das Bundesverfassungsgericht. So wie es in nationalen Fragen immer mehr die Funktion übernommen hat, einer kurzatmigen Politik die langfristig gültigen Prinzipien des Gemeinwesens in Erinnerung zu rufen, mahnt es auch in der Europapolitik mehr Rücksicht auf das Prinzipielle an.

Anders als in nationalen Fragen ist es in europäischen Fragen jedoch in seiner Wirkung eingeschränkt. Es kann sich nur defensiv, nicht wegweisend äußern, weil das Grundgesetz zur Ausgestaltung Europas schweigt und auch schweigen muss, denn diese hängt nicht allein von Deutschland, sondern auch von den übrigen Mitgliedstaaten ab, für die das Grundgesetz nicht verbindlich ist. Aus dem Grundgesetz ergeben sich lediglich einige Bedingungen und Grenzen, die gewahrt sein müssen, wenn die Bundesrepublik einem vereinten Europa angehören will, zum Beispiel, dass die EU demokratischen Grundsätzen entspricht und die Grundrechte respektiert. Diesen Bedingungen und Grenzen hat das Bundesverfassungsgericht gegenüber der deutschen Politik Geltung zu verschaffen. Zielvorgaben für Europa kann es nicht durchsetzen.

Dem Lissabon-Urteil zufolge verläuft die äußerste Grenze dort, wo die souveräne deutsche Staatlichkeit aufgegeben und die Bundesrepublik in einen europäischen Bundesstaat eingegliedert würde. Nach Ansicht des Gerichts führt kein verfassungsrechtlich gangbarer Weg zu diesem Ziel. Das Hindernis könne selbst durch eine Verfassungsänderung nicht beseitigt werden, weil es die

Grundlagen der Demokratie berühre, die nach Artikel 79 Absatz 3 des Grundgesetzes von Änderungen ausgenommen sind. Wer einen europäischen Staat als Endziel der Integration vor Augen hat, muss also bereit sein, das Grundgesetz zu opfern, und eine neue Verfassung fordern, die diesen Schritt ausdrücklich erlaubt. Das kann die Politik dann freilich nicht unter sich ausmachen. Sie muss das Volk einbeziehen. Geht es um die Existenz der Bundesrepublik als selbständiger Staat, hat es das letzte Wort.

Das Bundesverfassungsgericht ist gerade für diese Schlussfolgerung viel gescholten worden, weil die Frage gar nicht zur Entscheidung angestanden habe. In der Tat unternimmt der Lissabon-Vertrag nichts zur Verstaatlichung der EU. Für die Entscheidung, ob er mit dem Grundgesetz vereinbar ist, kam es also nicht darauf an, ob das Grundgesetz eine solche äußerste Grenze zieht. Es handelt sich um ein obiter dictum, das zur Lösung des Falles nichts beiträgt, sondern eine Warnung für einen noch nicht gegebenen, aber möglicherweise eintretenden Fall ausspricht. Obiter dicta gelten gewöhnlich als richterliche Untugend. Angesichts der politischen Untugend, die Frage nach der Finalität der europäischen Integration zu meiden, dessen ungeachtet aber Schritte zu tun, die sie präjudizieren, erscheint das Urteil jedoch in einem anderen Licht.

Dem Bundesverfassungsgericht ist freilich bewusst, dass die Grenze zu einem europäischen Staat nicht nur offen in einem großen Schritt, sondern auch schleichend durch viele kleine Schritte überquert werden kann, die in der Summe dasselbe bewirken. Deswegen insistiert es auf Beibehaltung derjenigen Bestandteile der Grundordnung der EU, die diese von einem Staat unterscheiden. Die Entscheidung über die Grundordnung der EU, also quasi deren verfassunggebende Gewalt, muss in den Händen der Mitgliedstaaten bleiben und darf nicht den Organen der EU ausgehändigt werden, wie es Minister Schäuble kürzlich für unumgänglich erklärt hat. Das neue Vertragsänderungsverfahren hat dem Bundesverfassungsgericht daher einige Schwierigkeiten bereitet.

Ferner muss das Prinzip der begrenzten Einzelermächtigung erhalten bleiben. Die Kompetenz-Kompetenz, also die Befugnis, über die Kompetenzverteilung zwischen EU und Mitgliedstaaten zu entscheiden, darf nicht an die EU abgetreten werden. Desgleichen muss dasjenige Organ der EU, in dem die Mitgliedstaaten vertreten sind, also der Rat, die zentrale Institution der nichtstaatlichen EU bleiben und darf nicht den anderen Organen nachgeordnet werden. Überdies muss der Bundesrepublik und ihrem Parlament auch als Mitgliedstaat der EU genug Politiksubstanz erhalten bleiben, damit das demokratische Wahlrecht nicht zu einer bloßen Formalie entleert wird und das Wahlergebnis für die Entscheidungen, welche die Bürger betreffen, nicht folgenlos bleibt.

Weiterhin stellt das Bundesverfassungsgericht ein Junktim zwischen dem Umfang der EU-Kompetenzen und dem Grad der Verselbständigung der europäischen Entscheidungsverfahren vom Willen der Mitgliedstaaten einerseits und der europäischen Demokratie andererseits her. Je mehr Kompetenzen die EU erhält und je unabhängiger sie in der Wahrnehmung dieser Kompetenzen ist, desto höher werden die verfassungsrechtlichen Anforderungen an die europäische Demokratie. Demokratische Eigenlegitimation fließt der EU über das Europäische Parlament zu. Dessen Befugnisse bleiben aber schmal. Die Europawahlen sind addierte nationale Wahlen. Entsprechend schwach ist die europäische Eigenlegitimation. Das Bundesverfassungsgericht konnte sich daher nur zu der Aussage durchringen, bei der vom Lissabon-Vertrag geschaffenen Lage reiche das demokratische Legitimationsniveau «noch» aus.

Vertragsänderungen sind freilich nicht die einzige Gefahrenquelle für die vom Grundgesetz gezogenen Grenzen. Es ist vielmehr auch nicht auszuschließen, dass die Verträge durch die Organe der EU, namentlich durch den Europäischen Gerichtshof, in einer Weise interpretiert werden, die einer Vertragsänderung gleichkommt. Aus diesem Grund bekräftigt das Gericht seine Befugnis zu prüfen, ob ein Rechtsakt der EU auf einer von den Mitgliedstaaten übertragenen Kompetenz beruht. Fehlt es daran, erlangt er auf dem Territorium der Bundesrepublik keine Wirksamkeit. Aber selbst kompetenzkonformen europäischen

Rechtsakten soll die Anwendbarkeit in Deutschland versagt sein, wenn sie die Identität des Grundgesetzes angreifen. Auch diese steht nicht zur europäischen Disposition.

3.

Trotz der verfassungsrechtlich motivierten Besorgnisse über die Entwicklung der europäischen Integration ist bisher aber noch keine Ratifikation eines europäischen Vertrages am Bundesverfassungsgericht gescheitert und auch noch keinem europäischen Rechtsakt die Anwendung in Deutschland versagt worden. Stattdessen hat sich das Gericht damit beholfen, die innerstaatlichen Anforderungen an die deutsche Zustimmung zu Vertragsänderungen zu erhöhen. Kompetenzverschiebungen von den Mitgliedstaaten zur EU und ähnlich grundlegende Integrationsschritte müssen auch dort, wo die europäischen Verträge keine Ratifikation in den Mitgliedstaaten verlangen, vom Bundestag mit verfassungsändernder Mehrheit gebilligt werden. Er hat die «Integrationsverantwortung» und darf sich ihrer nicht durch Passivität entledigen.

Dieser Ja-aber-Weg des Gerichts, die europäischen Vertragsschlüsse passieren zu lassen und die gleichwohl bestehenden Bedenken durch Erhöhung der Schwelle für die deutsche Zustimmung zu überwinden, scheint nun aber an seine Grenzen zu stoßen. Es ist nicht ersichtlich, wie die parlamentarische Mitwirkung an der Übertragung von Hoheitsrechten noch weiter gestärkt werden könnte. Das nationale «aber» entfällt also bei neuen Kompetenzverlagerungen oder institutionellen Reformen. Bleibt dann das europäische «ja» allein übrig? In diesem Fall könnte das Gericht nur noch prüfen, ob ein Vertrag die verfassungsrechtliche Grenze zur Verstaatlichung der EU überschreitet, und müsste sich im Übrigen mit der Ermittlung begnügen, ob das nationale Ratifikationsverfahren korrekt abgelaufen ist.

Einen Vertrag, der die Verstaatlichung der EU zum Gegenstand hat, wird es freilich so schnell nicht geben. Weitere Kompetenzverschiebungen sind dagegen so gut wie sicher, und auch mit Auslegungen der Verträge, welche die Kompetenzen der EU dehnen und vielleicht überdehnen, muss gerechnet werden. An Verfassungsklagen wird es unter diesen Umständen nicht fehlen. Was dann? Es ist schwer vorstellbar, dass sich das Gericht aus seiner Integrationsverantwortung zurückzieht und so die Voraussetzungen, welche Artikel 23 des Grundgesetzes für die weitere Teilnahme Deutschlands an der europäischen Integration aufstellt, sowie die Integrationsgrenzen, die es aus den Artikeln 20, 38 und 79 abgeleitet hat, zur Bedeutungslosigkeit verurteilt.

Wenn schon der Lissabon-Vertrag lediglich für «noch» vereinbar mit dem Grundgesetz gehalten wurde, muss man sogar annehmen, dass die verfassungsrechtlichen Grenzen weiterer Integrationsschritte nicht mehr fern sind. Dann kommt die Bewährungsprobe für die Kriterien, welche das Gericht zur Ermittlung von Grenzüberschreitungen aufgestellt hat, und zwar weniger im Sinn ihrer Richtigkeit als ihrer Handhabbarkeit. Der vertraglich vereinbarte Übergang zum europäischen Staat mag noch relativ eindeutig feststellbar sein. Aber wo liegt die Schwelle, hinter der erst das demokratische Legitimationsniveau der EU erhöht worden sein muss, ehe Deutschland ihr weitere Kompetenzen übertragen darf? Und wie kann man es erhöhen, ohne die EU zugleich «staatsanalog» auszugestalten? Wann ist der Punkt erreicht, an dem die Befugnisse des Bundestages derart ausgehöhlt sind, dass die nationale Wahl bedeutungslos wird?

Das Gericht wird, wenn es diese Fragen entscheiden muss, nicht nur vor der Schwierigkeit stehen, den Eindruck des Dezisionismus zu vermeiden. Es wird sich überhaupt in einer misslichen Lage befinden, denn dem Haltesignal für den einen oder anderen Integrationsschritt wird stets etwas Übertriebenes anhaften, weil er für sich genommen nicht diejenige Veränderung bewirkt, die das Halt gerade jetzt plausibel erscheinen lässt. Die Summe der Einzelschritte, die zu einer schleichenden Verstaatlichung führen, steht dagegen gerichtlich nie zur Diskussion. Deswegen gerät auch das Verfassungsgericht in den Sog der eingangs geschilder-

ten Eigenart der Europapolitik, unter Vermeidung der Grund-
satzfragen Entscheidungen zu treffen, deren Konsequenzen im
Dunkeln bleiben, wenn sie eintreten aber nicht mehr umkehrbar
sind.

Fehlt es dem Gericht jedoch an Gelegenheiten, seine grund-
sätzlichen Positionen in konkrete Entscheidungen umzusetzen,
wird sich das «noch hinnehmbar» wohl perpetuieren. Was ihm
unter diesen Umständen bliebe, wären die kleineren Korrekturen
im Bereich der Anwendung der Verträge, also das Halt bei eindeutigen Kompetenzverletzungen oder gravierenden Grund-
rechtsdivergenzen. Das erste würde eine Revision der Mangold-
Entscheidung voraussetzen, wonach selbst in eindeutigen Fällen
von fehlender EU-Kompetenz ein europäischer Rechtsakt nur
dann unanwendbar sein soll, wenn er zu einer Gewichtsverschiebung im Machtgefüge von EU und Mitgliedstaaten führt. Das
zweite würde eine Aktivierung der Solange-Rechtsprechung verlangen, derzufolge das Bundesverfassungsgericht europäische
Rechtsakte am Maßstab der nationalen Grundrechte messen darf,
wenn die EU es an einem adäquaten Grundrechtsschutz fehlen
lässt.

Gegenwärtig ruht diese Kompetenz, weil das Bundesverfassungsgericht 1986 erklärt hat, dass der europäische Grundrechtsschutz dem deutschen im Wesentlichen entspricht. Mit fortschreitender Integration treten aber vermehrt Divergenzen zutage.
Tendenziell prüft der EuGH nationales Recht streng, europäisches dagegen großzügig. Tendenziell wiegen in seiner Rechtsprechung die wirtschaftlichen Freiheiten stärker als die personalen
und kommunikativen. In der Rechtsprechung des Bundesverfassungsgerichts ist es umgekehrt. Ob sich daran durch die nunmehr
in Kraft befindliche Grundrechtecharta der EU und den bevor-
stehenden Beitritt zur Europäischen Menschenrechtskonvention
etwas ändert, muss sich zeigen. Vorerst bleibt es ein Feld, auf dem
das Bundesverfassungsgericht noch eine Wächterrolle zu spielen
hat.

Anhang

Anmerkungen

III.
Souveränität in der Europäischen Union

1 *Dieter Grimm*, Souveränität, Berlin (2009), S. 29 f, 54 ff.; *ders.*, War das Deutsche Kaiserreich ein souveräner Staat?, in: Sven Oliver Müller/Cornelius Torp (Hrsg.), Das Deutsche Kaiserreich in der Kontroverse, Göttingen (2009), S. 86.

2 *Neil MacCormick*, Questioning Sovereignty, Oxford (1999).

3 BVerfGE 123, 267 (2009).

4 Siehe zum Beispiel Neil Walker (Hrsg.), Sovereignty in Transition, Oxford (2003).

5 Siehe zum Beispiel *Jan Klabbers u. a.* (Hrsg.), The Constitutionalization of International Law, Oxford (2009).

6 *Paul Laband*, Das Staatsrecht des Deutschen Reiches I, 4. Aufl. Tübingen (1901), S. 68.

7 Zur Diskussion siehe zum Beispiel *Neil Walker*, Late Sovereignty in the European Union, in: ders. (Hrsg.), Sovereignty in Transition, Oxford (2003), S. 10, und *Grainne de Burca*, Sovereignty and the Supremacy Doctrine of the European Court of Justice, ebd., S. 449.

8 BVerfGE 123, 267 (347). Siehe auch *Dieter Grimm*, Defending Sovereign Staatehood against Transforming the Europäischen Union into a State, European Constitutional Law Review 5 (2009), S. 353 (deutsch in diesem Band Nr. XI).

9 BVerfGE 123, 267 (343 ff.).

10 *Georg Jellinek*, Allgemeine Staatslehre, 1914, 7. Aufl., Berlin (1960), S. 495.

11 BVerfGE 123, 267 (349).

12 *Jürgen Habermas*, Zur Verfassung Europas, Berlin (2011), S. 48–82.

13 *Ebd.*, S. 66–70. Habermas beruft sich hier auf *Armin von Bogdandy,* Grundprinzipien, in: Armin von Bogdandy/Jürgen Bast, Europäisches Verfassungsrecht, Berlin (2009), S. 64; *Christian Callies*, Die neue Europäische Union nach dem Vertrag von Lissabon, Tübingen (2010), S. 71; *Claudio Franzius*, Europäisches Verfassungsrechts-

denken, Tübingen (2010), S. 57. Siehe auch *Alexandra Kemmerer*, Legitimationssubjekte: Staatsbürger und Unionsbürger, in: Claudio Franzius u. a. (Hrsg.), Strukturfragen der Europäischen Union, Baden-Baden (2010), S. 204; *Anne Peters*, Elemente einer Theorie der Verfassung Europas, Berlin (2011), S. 390 ff., 556 ff.

14 *Habermas*, Verfassung Europas (Fn. 12), S. 39 f., 48.

15 *Carl Schmitt*, Verfassungslehre, Berlin (1928), S. 361 ff.

16 BVerfGE 123, 267 (357 ff.).

17 BVerfGE 126, 286 (2010).

18 *Habermas*, Verfassung Europas (Fn. 12), S. 70.

IV.
Zum Stand der demokratischen Legitimation der Europäischen Union nach Lissabon

1 Präambel, 7. Erwägungsgrund.

2 BVerfGE 123, 267 (379).

3 Ebenda, 372.

4 Ebenda, 377 ff.

5 Ebenda, 376.

6 Ebenda, 370.

7 Was aber das Bundesverfassungsgericht bezweifelt, vgl. BVerfGE 123, 267.

8 Urteil in der Rechtssache RS C-370/12 vom 27. 11. 2012; EuGRZ 2012, S. 732, dort S. 717 auch die Stellungnahme der Generalanwältin Kokott.

9 Ebenda, 349.

10 Das wird im Lissabon-Urteil gleich mehrfach hervorgehoben, vgl. BVerfGE 123, 267 (347 f., 363 ff.).

11 *Habermas*, Zur Verfassung Europas, 2011, S. 62–74. Näher dazu meine Auseinandersetzung mit Habermas' Thesen in *Dieter Grimm*, Die Zukunft der Verfassung II, 2012, S. 275 (285 ff.).

12 BVerfGE 123, 267 (351, 356, 433).

13 BVerfGE 123, 267 (353).

14 BVerfGE 123, 267 (354), konkretisiert in BVerfGE 126, 286. Vgl. dazu *Dieter Grimm*, Zukunft II (Fn. 11), S. 178 ff.

15 Vgl. *Dieter Grimm*, Zur Rolle der nationalen Verfassungsgerichte in der europäischen Demokratie, in: ders., Zukunft II (Fn. 11), S. 128 (in diesem Band Nr. X).

16 Vgl. *Ernst-Wolfgang Böckenförde*, Demokratie als Verfassungsprinzip,

in: Josef Isensee/Paul Kirchhof, Handbuch des Staatsrechts, Band II, 3. Aufl. 2004, S. 429.

17 BVerfGE 123, 267 (344: nicht an den konkreten Ausprägungen des Demokratieprinzips im Staat messen; 347: Abweichungen von den Organisationsprinzipien staatlicher Demokratie erlaubt; 365: keine strukturelle Kongruenz nötig; 366: nicht in der gleichen Weise zu verwirklichen wie im Grundgesetz).

18 Ebenda, 364.

19 Ebenda, 359 (Liste), 357 (kein Übertragungsverbot).

20 Vgl. *Ulrich Haltern,* Europarecht, 2. Aufl., 2007, S. 657–798; *Rudolf Streinz,* Die Rolle des EuGH im Prozess der europäischen Integration. Archiv des öffentlichen Rechts 135 (2010), S. 1.

21 Auf diese Asymmetrie hat vor allem aufmerksam gemacht *Fritz Scharpf,* Governing in Europe, 1999, S. 43–83.

22 Vgl. *Martin Höpner/Armin Schäfer,* Eine neue Phase der europäischen Integration, in: dies. (Hrsg.), Die politische Ökonomie der europäischen Integration, 2008, S. 129, bes. 135 ff.; *Fritz Scharpf,* The European Social Model, Journal of Common Market Studies 40 (2002), S. 645; *Christian Joerges/Florian Rödl,* Informal Politics, Formalized Law and the «Social Deficit» of European Integration, European Law Journal 15 (2009), S. 1.

23 Vgl. Van Gend & Loos, Slg. 1963, 1; Costa/ENEL, Slg. 1964, 1253; *Joseph H. H. Weiler,* The Constitution of Europe, 1999; *Karen J. Alter,* The Supremacy of EU Law, 2001; *Alec Stone Sweet,* The Judicial Construction of Europe, 2004.

24 Vgl. *Fritz Scharpf,* Das Bundesverfassungsgericht als Hüter der demokratischen Selbstgestaltungsfähigkeit, in: Michael Stolleis (Hrsg.), Herzkammern der Republik, 2011, S. 186.

25 BVerfGE 123, 267 (371).

26 Ebenda, 372.

27 Ebenda, 371.

28 Ebenda, 372.

29 Ebenda, 372.

30 Ebenda, 368 f.

31 Ebenda, 364.

32 Ebenda, 370 f.

33 Ebenda, 371.

34 Ebenda.

35 Vgl. *Dieter Grimm,* Integration durch Verfassung? Leviathan 32 (2004), S. 448.

36 BVerfGE 123, 267 (358).

37 Vgl. *Helge Rossen-Stadtfeld*, Demokratische Staatlichkeit in Europa: ein verblassendes Bild, Jahrbuch des öffentlichen Rechts, N. F. 53 (2005), S. 45; *Maurizio Bach*, Jenseits der Souveränitätsfiktion: Der Nationalstaat in der Europäischen Union, in: Der entmachtete Leviathan, Zeitschrift für Politik, Sonderband 5 (2013), S. 105.

V.
Die demokratischen Kosten der Konstitutionalisierung
Der Fall Europa

1 Vgl. aus der reichhaltigen Literatur *Bernard Baylin*, The Ideological Origins of the American Revolution, Cambridge (Mass.) (1967); *Bernhard Groethuysen*, Philosophie de la Révolution française, Paris (1956); *Wolfgang Kersting*, Die politische Philosophie des Gesellschaftsvertrags, Darmstadt (1994); *Diethelm Klippel*, Politische Freiheit und Freiheitsrechte im deutschen Naturrecht des 18. Jahrhunderts, Paderborn (1970); *John W. Gough*, The Social Contract, 2. Aufl., Oxford (1957); *Ian Shapiro*, The Evolution of Rights in Liberal Theory, Cambridge (Mass.) (1986).

2 *Emer de Vattel*, Le droit des gens ou principes de la loi naturelle, Leiden (1758), § 27. Cf. *Heinz Mohnhaupt/Dieter Grimm*, Verfassung. Zur Geschichte des Begriffs von der Antike bis zur Gegenwart, 2. Aufl., Berlin (2002), S. 91 ff., 105.

3 Zuerst formuliert von *Emmanuel Joseph Sieyes*, Qu'est-ce que le Tiers État?, Paris (1789), (Moderne Ausgabe von Roberto Zapperi, Genève (1970)). Vgl. *Pasquale Pasquino*, Sieyes et l'invention de la constitution française, Paris (1998).

4 Siehe *Dieter Grimm*, Types of Constitutions, in: Michel Rosenfeld/András Sajó (Hrsg.), The Oxford Handbook of Comparative Constitutional Law, Oxford (2012), S. 98.

5 Siehe *Dieter Grimm*, The Achievement of Constitutionalism and its Prospects in a Changed World, in: Petra Dobner/Martin Loughlin (Hrsg.), The Twilight of Constitutionalism?, Oxford (2010), S. 3.

6 *Jürgen Habermas*, Über den internen Zusammenhang von Rechtsstaat und Demokratie, in: ders., Die Einbeziehung des Anderen, Frankfurt (1996), S. 293.

7 *Carl Schmitt*, Verfassungslehre, München und Leipzig (1928), S. 125, 200; *Carl Schmitt*, Legalität und Legitimität, München und Leipzig (1932).

8 *Bruce Ackerman*, We the People. Foundations, Cambridge (Mass.) (1991), S. 10.

9 Dieses Merkmal unterscheidet einen Vertrag von einer Verfassung, siehe *Dieter Grimm*, Treaty or Constitution? in: *Erik Oddvar Erikson u. a.* (Hrsg.), Developing a Constitution for Europe, London (2004), S. 69; *ders.,* Verfassung–Verfassungsvertrag–Vertrag über eine Verfassung, in: *Olivier Beaud u. a.* (Hrsg.), L'Europe en voie de constitution, Brüssel (2004), S. 279.

10 *Joseph H. H. Weiler*, The Transformation of Europe, Yale Law Journal 100 (1991), S. 2403.

11 *Van Gend & Loos v. Netherlands* (1963), ECR 1.

12 *Costa v.* ENEL (1964), ECR 585.

13 *Stephan Grundmann*, Die Auslegung des Gemeinschaftsrechts durch den Europäischen Gerichtshof: Zugleich eine rechtsvergleichende Studie zur Auslegung im Völkerrecht und im Gemeinschaftsrecht, Konstanz (1997); *Jochen Anweiler*, Die Auslegungsmethoden des Gerichtshofs der Europäischen Gemeinschaften, Frankfurt (1997); *Carsten Buck*, Über die Auslegungsmethoden des Gerichtshofs der Europäischen Gemeinschaft, Frankfurt (1998). Generell *Richard Gardiner*, Treaty Interpretation, 2. Aufl., Oxford (2015).

14 *Karen Alter*, Establishing the Supremacy of European Law, Oxford (2001); siehe auch *Alec Stone Sweet*, The Judicial Construction of Europe, Oxford (2004).

15 *Rainer Wahl*, Das Recht der Integrationsgemeinschaft Europäische Union, in: Beharren–Bewegen, Festschrift für Michael Kloepfer, Berlin (2013), S. 233 (248).

16 Ein detaillierter Überblick bei *Anna Katharina Mangold*, Gemeinschaftsrecht und deutsches Recht, Tübingen (2011).

17 Siehe die Entscheidungen *Dassonville* (1974), ECR 837, und *Cassis de Dijon* (1978), ECR 649. Generell hierzu *Martin Höppner/Armin Schäfer* (Hrsg.), Die Politische Ökonomie der europäischen Integration, Frankfurt (2008).

18 Siehe *Åkerberg Fransson* (2013), EC-617/10. Andere Entscheidungen zeigen indes, dass sich eine gefestigte Rechtsprechung in dieser Frage noch nicht entwickelt hat, vgl. etwa *Gabriele Britz*, Grundrechtsschutz durch das Bundesverfassungsgericht und den Europäischen Gerichtshof, EuGRZ 2015, S. 275; *Claudio Franzius*, Strategien der Grundrechtsoptimierung in Europa, EuGRZ 2015, S. 139.

19 *Mangold*, Gemeinschaftsrecht (Fn. 17).

20 *Domenici Majone*, Dilemmas of European Integration, Oxford (2005).

21 *Fritz Scharpf*, Governing in Europe: Effective and Democratic? Frankfurt (1999), S. 43 ff.

22 Vgl. *Vivien Schmidt/Mark Thatcher* (Hrsg.), Resilient Liberalism in Europe's Economy, Cambridge (2013).

23 Siehe *Fritz Scharpf,* Community and Autonomy, Frankfurt (2010), S. 221 ff., 353 ff.; *Fritz Scharpf/Vivien A. Schmidt* (Hrsg.), Welfare and Work in the Open Economy, 2 Bände, Oxford (2000); *Christian Joerges/Florian Rödl*, Informal Politics, Formalised Law and the ‹Social Deficit› of European Integration: Reflections after the Judgments of the ECJ in Viking and Laval, European Law Journal 15 (2009), S. 1–19.

24 Siehe *BVerfGE* 123, 267 (2009); *Dieter Grimm*, Das Grundgesetz als Riegel vor einer Verstaatlichung der Europäischen Union, in diesem Band Nr. XI.

25 Siehe *Richard Rose*, Representing Europeans, Oxford (2013); ferner *Dieter Grimm*, Die Notwendigkeit europäisierter Wahlen und Parteien, Nr. VII in diesem Band.

VIII.
Zur Bedeutung nationaler Verfassungen
in einem vereinten Europa

1 Siehe dazu *Dieter Grimm*, Die Zukunft der Verfassung, 3. Aufl. 2002, bes. S. 31 ff.; *ders.*, Deutsche Verfassungsgeschichte, 3. Aufl. 1995, S. 10 ff.; *ders.*, Ursprung und Wandel der Verfassung, in: Isensee/Kirchhof (Hrsg.), Handbuch des Staatsrechts, Bd. I, 3. Aufl. 2003, S. 3.

2 Vgl. zu älteren Verfassungsbegriffen *Heinz Mohnhaupt/Dieter Grimm*, Verfassung, 2. Aufl. 2002.

3 Vgl. zu den Merkmalen, die die moderne Verfassung charakterisieren, *Dieter Grimm*, Die Verfassung im Prozess der Entstaatlichung, in: Michael Brenner u. a. (Hrsg.), Festschrift für Peter Badura, 2004, S. 145 ff.

4 Der Bundesstaat ist ein Sonderfall, in dem die Staatsgewalt nicht nur horizontal, sondern auch vertikal aufgeteilt ist, konkurrierende Herrschaftsansprüche durch eine klare Aufgabentrennung und Hierarchisierung (Gesamtrecht bricht Partikularrecht, Kompetenz-Kompetenz) aber vermieden werden.

5 Für die gegenteilige Behauptung (etwa bei *Pernice*, Multilevel Constitutionalism and the Treaty of Amsterdam, CMLR 36 [1999], S. 710) ist der Beweis schwerlich zu führen.

6 Die Literatur dazu ist mittlerweile erheblich angeschwollen, vgl. etwa *Anne Peters*, Elemente einer Theorie der Verfassung Europas, 2001; *Armin von Bogdandy* (Hrsg.), Europäisches Verfassungsrecht 2003 (darin insb. den Beitrag von *Christoph Möllers*, S. 1 ff.); *Thomas Giegerich*,

Europäische Verfassung und deutsche Verfassung im transnationalen Konstitutionalisierungsprozess, 2003. Die Position des Autors ist erläutert in *Dieter Grimm*, Braucht Europa eine Verfassung? 1995, und zuletzt *ders.*, Entwicklung und Funktion des Verfassungsbegriffs, in: Thomas Cottier/Walter Kälin (Hrsg.), Die Öffnung des Verfassungsstaats, Symposium für Jörg Paul Müller, in: recht, Sonderheft, 2005, S. 7 ff.; *ders.*, Verfassung – Verfassungsvertrag – Vertrag über eine Verfassung, in: Olivier Beaud u. a. (Hrsg.), L' Europe en voie de constitution, Brüssel 2004, S. 279 ff.

7 Eine Aufzählung von Versuchen bei *Vivien A. Schmidt*, Democracy in Europe, Oxford, 2006, S. 8 ff.; dazu der nicht übersetzbare Begriff «Staatenverbund» in *BVerfGE 89, 155* (181 und öfter) sowie *Schmidts* eigener Vorschlag «regional state» (S. 8 f.).

8 BVerfGE 58, 1 (36) – Eurocontrol – 1981.

9 Supreme Court of Ireland, E. v. 9. 4. 1987, Raymond Crotty ./. An Taoiseach [Premierminister] u. a., IR (Ireland Judgement Records) 1987, S. 713 ff.

10 *BVerfGE 89*, 155–1993.

11 *Højesteret*, E. v. 6. 4. 1998, Carlsen u. a. ./. Rasmussen, I 361/1997, UfR 1998, S. 800, I 361/1997, deutsch in: EuGRZ 1999, S. 49.

12 *Conseil Constitutionnel*, E. v. 9. 4. 1992, Rec. S. 55; v. 2. 9. 1992, Rec. S. 76; v. 23. 9. 1992, Rec. S. 94; v. 31. 12. 1997, Rec. S. 344.

13 Vgl. *Dieter Grimm*, Vom Rat zur Staatenkammer, in: *ders.*, Die Verfassung und die Politik. Einsprüche in Störfällen, 2001, S. 264 ff.

14 *BVerfGE 92*, 203 – EG-Fernseh-Richtlinie – 1995.

15 *BVerfGE 80*, 74–1989.

16 Vgl. *Armin von Bogdandy*, Gubernative Rechtsetzung, 1999; *Hartmut A. Grams*, Zur Gesetzgebung der Europäischen Union, 1998; *Stefan Kadelbach/Christian Tietje*, Autonomie und Bindung der Rechtsetzung in gestuften Rechtsordnungen, in: VVDStRL 66 (2008), S. 7 und 45.

17 Ähnlich schon *BVerfGE 4*, 157 (168 f.) – Saarabkommen.

18 Vgl. *Karen J. Alter*, Establishing the Supremacy of European Law, Oxford 2001; *Weiler*, The Transformation of Europe, in: Yale Law Journal 100 (1991), S. 2403 ff.; *Alec Stone Sweet*, The Judicial Construction of Europe, Oxford 2004.

19 EuGH, Urt. v. 5. 2. 1963, Rs. 26/62 (N. V. Algemene Transport- en Expeditie Onderneming van Gend und Loos ./. Niederländische Finanzverwaltung). Slg. 1963, 1.

20 EuGH, Urt. v. 15. 7. 1964, Rs. 6/64 (Flaminio Costa ./. E. N. E. L.), Slg. 1964, 1251.

21 EuGH, Urt. v. 17. 12. 1970, Rs. 11/70 (Internationale Handelsgesellschaft mbH ./. Einfuhr- und Vorratsstelle für Getreide- und Futtermittel), Slg. 1970, 1125; prononciert dann EuGH, Urt. v. 9. 3. 1978, Rs. 106/77 (Staatliche Finanzverwaltung ./. S.p.A. Simmenthal), Slg. 1978, 629.

22 EuGH, Urt. V. 22. 10. 1998, Rs. C-10/97 (Ministero delle Finanze ./. IN.CO.GE 90 Srl u. a.), Slg. 1998, I-6307.

23 EuGH, Urt. v. 7. 2. 1984, Rs. 273/82 (Jongeneel Kaas ./. Niederlande), Slg. 1984, 483.

24 EuGH, Urt. v. 20. 2. 1979, Rs. 120/78 (Rewe Zentral AG ./. Bundesmonopolverwaltung für Branntwein), Slg. 1979, 649.

25 Vgl. *Martin Höpner/Armin Schäfer,* Eine neue Phase der europäischen Integration, in: dies. (Hrsg.), Die politische Ökonomie der europäischen Integration, 2008, S. 129 (bes. 135 ff.).

26 Vgl. *Fritz Scharpf,* Governing in Europe, 1999, S. 43–83.

27 Vgl. *Fritz Scharpf,* The European Social Model, Journal of Common Market Studies 40 (2002), S. 645 ff.; *Christian Joerges/Florian Rödl,* Von der Entformalisierung europäischer Politik und dem Formalismus im Umgang mit dem «sozialen Defizit» des Integrationsprojekts, ZERP-Diskussionspapier 2/2008.

28 EuGH, Urt. v. 22. 10. 1987, Rs. 314/85 (Foto-Frost ./. Hauptzollamt Lübeck-Ost), Slg. 1987, 4199.

29 Artikel 29 lautet: «Keine Bestimmung dieser Verfassung macht staatliche Gesetze, Handlungen oder Maßnahmen ungültig, die in Erfüllung der Mitgliedschaftspflichten der Europäischen Union oder der Europäischen Gemeinschaften notwendig sind, oder hindert Gesetze, Handlungen oder Maßnahmen, die von der Europäischen Union oder den Europäischen Gemeinschaften oder deren Institutionen oder von Körperschaften, die nach den Gemeinschaftsverträgen eingerichtet werden, erlassen oder vorgenommen werden, daran, im Staate Rechtskraft zu erlangen.»

30 *Corte costituzionale,* E. v. 5. 2. 1964, Nr. 14/64, Costa ./. ENEL e soc. Edisonvolta, in: Foro Italiano 1964, I, S. 465.

31 Siehe Fn. 20.

32 *Corte costituzionale,* E. v. 27. 12. 1973, Nr. 183/73, Frontini ./. Ministro delle Finanze, in: Foro Italiano 1974, I, S. 314.

33 Siehe Fn. 21.

34 *Corte costituzionale,* E. v. 31. 3. 1994, Nr. 117/94, Fabrizio Zerini, in: Raccolta ufficiale delle sentenze e ordinanze delle Corte costituzionale 1994, S. 785, sowie in: Foro Italiano 1995, I, S. 1077.

35 Vgl. vor allem *Conseil d'Etat,* E. v. 22. 12. 1978, Ministre de l'Intérieur ./. Sieur Cohn-Bendit, Rec. 1978, S. 524 (deutsch in EuR 1979, S. 293).

36 BVerfGE 22, 293.

37 BVerfGE 37, 271 – Solange I – 1974.

38 Vgl. *Ehlers*, Europäische Grundrechte (LitVerz.).

39 *BVerfGE 73*, 339 (1987) – Solange II.

40 *BVerfGE 89*, 155 – Maastricht – 1993.

41 Ausführliche Darstellung bei *Franz C. Mayer*, Kompetenzüberschreitung und Letztentscheidung, 2000, S. 140–257, Zusammenfassung S. 260 ff. Vgl. auch *Monica Claes,* The National Courts' Mandate in the European Constitution, Oxford 2006, S. 385 ff., insb. 452 ff. (betitelt «La Guerre des Juges?»); *dies.,* The European Constitution and the Role of National Constitutional Courts, in: *Anneli Albi/Jacques Ziller* (Hrsg.), The European Constitution and National Constitutions, 2007, S. 235; *Anne-Marie Slaughter/Alec Stone Sweet/Joseph H. H. Weiler* (Hrsg.), The European Court and National Courts, Oxford 1998.

42 S. Fn. 41. Der Ausdruck zuerst bei dem Commissaire du gouvernement Genevois in seinen Schlussfolgerungen im *Cohn-Bendit*-Fall: «Ni gouvernement des juges, ni guerre des juges. Il doit y avoir place pour le dialogue des juges», s. *Mayer*, Kompetenzüberschreitung (Fn. 41), S. 154.

43 *BVerfGE 73*, 339 (366 ff.) – 1986. Allerdings wirkt der Hebel nur gegenüber den letztinstanzlich entscheidenden Gerichten, denn nur sie sind gemäß Art. 234 Abs. 3 EGV zur Vorlage verpflichtet. Ein Vorlageboykott unterer Gerichte, der den EuGH empfindlich trifft, lässt sich auf diese Weise nicht verhindern. Solche Verweigerungen in Reaktion auf bestimmte EuGH-Entscheidungen hat es gegeben, vgl. *Ulrich Haltern*, Europarecht, 2. Aufl. 2007, S. 337 ff.

44 Vgl. *Claes,* National Courts' Mandate (Fn. 41); *Ingolf Pernice,* Das Verhältnis europäischer zu nationalen Gerichten im europäischen Verfassungsverbund, 2006; *Stefan Oeter/Franz Merli*, Rechtsprechungskonkurrenz zwischen nationalen Verfassungsgerichten, Europäischem Gerichtshof und Europäischem Gerichtshof für Menschenrechte, in: VVDStRL 66 (2007), S. 361 und 392.

45 *BVerfGE 111*, 307 – Görgülü – 2004.

46 Einerseits BVerfGE 101, 36 –1999 –, andererseits EGMR, Urt. v. 24. 6. 2004, v. Hannover ./. Deutschland, Beschwerde Nr. 59320/00, ECHR 2004-VI, sowie EuGRZ 2004, S. 404.

47 Vgl. *Christoph Schönberger*, Der Rahmenbeschluss. Unionsrecht zwischen Völkerrecht und Gemeinschaftsrecht, ZaöRV 67 (2007), S. 1107 ff.

48 *BVerfGE 113*, 273 – 2005.

49 *BVerfGE 118*, 79 (95 ff.).

50 EuGH, Urt. v. 10. 4. 1984, Rs. 14/83 (Sabine von Colson und Elisabeth Kamann ./. Land Nordrhein-Westfalen), Slg. 1984, 1891.

51 So aber eine verbreitete Ansicht, s. *J. Temple Lang*, The Duties of National Courts under Community Constitutional Law, ELR 3 (1997), S. 3 ff.; *Pernice*, Multilevel Constitutionalism (Fn. 5), S. 710, 718, 724 ff.

52 Beides wird nicht genügend auseinandergehalten bei *Pernice*, Multilevel Constitutionalism (Fn. 5), S. 710.

53 Fn. 21.

54 EuGH, Urt. V. 19. 6. 1990, Rs. C-213/89 (The Queen ./. Secretary of State for Transport, ex parte Factortame Ltd. u. a.), Slg. 1990, I-2433.

55 EuGH, Urt. v. 19. 11. 1991, verb. Rs. C-6/90 u. C-9/90 (Francovich u. Bonifaci ./. Italienische Republik), Slg. 1991, I-5357 und 5405.

56 Vgl. *Joseph H. H. Weiler*, The Constitution of Europe, 1999, S. 19 und passim.

57 Vgl. dazu *Grimm*, Lässt sich die Verhandlungsdemokratie konstitutionalisieren? in: Claus Offe (Hrsg.), Demokratisierung der Demokratie, 2003, S. 193 ff.

58 Diese Differenzen werden eingeebnet bei *Pernice*, Multilevel Constitutionalism (Fn. 5), dem es genügt, dass am Ursprung der europäischen Integration ein Willensakt demokratischer Staaten stand, um jede weitere Entscheidung der Gemeinschaftsorgane, z. B. die Entscheidung des EuGH zum Vorrang des Gemeinschaftsrechts vor den nationalen Verfassungen, als unmittelbar volksgewollt auszugeben (s. vor allem S. 715 bis 719). Ein Legitimationsproblem kann es auf diese Weise von vornherein nicht geben. S. demgegenüber etwa *Helge Rossen-Stadtfeld*, Demokratische Staatlichkeit in Europa: ein verblassendes Bild, JöR NF 53 (2005), S. 45 ff.

59 Vgl. *Grimm*, Europas Verfassung, in: Gunnar Folke Schuppert/Ingolf Pernice/Ulrich Haltern (Hrsg.), Europawissenschaft, 2005, S. 177 ff.

60 S. *Grimm*, Zukunft der Verfassung (Fn. 1), S. 37 f.; *ders.*, Ursprung und Wandel (Fn. 1), S. 4 ff.

61 Vgl. *Grimm*, Integration durch Verfassung, Leviathan 2004, S. 448 ff.; *Ulrich Haltern*, Europa – Verfassung – Identität, in: Christian Calliess (Hrsg.), Verfassungswandel im europäischen Staaten- und Verfassungsverbund, 2007, S. 21.

62 Vgl. *Fritz Scharpf*, Reflections on Multilevel Legitimacy, MPIfG Working Paper 07/3.

63 Vgl. *Ingolf Pernice/Peter M. Huber/Gertrude Lübbe-Wolff/Christoph Grabenwarter*, Europäisches und nationales Verfassungsrecht, VVDStRL 60 (2001), S. 148–415.

64 Vgl. *Pernice*, in: VVDStRL 60, S. 163 (Fn. 63) und öfter. Dazu *Matthias Jestaedt*, Der Europäische Verfassungsverbund. Verfassungstheoretischer Charme und rechtstheoretische Insuffizienz und Unschärferelation, in: Calliess, Verfassungswandel (Fn. 61), S. 93.

65 *Joerges*, Rethinking European Law's Supremacy, EUI Working Papers, Law 2005, S. 17.

X.
Die Rolle der nationalen Verfassungsgerichte in der europäischen Demokratie

1 Vgl. *Dieter Grimm*, Zur Bedeutung nationaler Verfassungen in einem vereinten Europa, in: D. Merten/H.-J. Papier (Hrsg.), Handbuch der Grundrechte Band VI/2, 2009, S. 3–32 (in diesem Band Nr. VIII).

2 BVerfGE 123, 267 (347 ff., Zitat 348).

3 *Jürgen Habermas,* Zur Verfassung Europas, 2011, S. 60.

4 BVerfGE 123, 267 (358 f.).

5 BVerfGE 123, 267 (357).

6 BVerfGE 123, 267 (364).

7 EuGH, Costa v. ENEL, Slg. 1964, 1125.

8 Vgl. zum einen *Joseph H. H. Weiler,* The Constitution of Europe, 1999, S. 322, sowie *Roman Herzog/Lüder Gerken,* Stoppt den Europäischen Gerichtshof, FAZ vom 8. 9. 2008, S. 8; zum anderen *Fritz Scharpf,* Legitimacy in the Multi-level European Polity, European Political Science Review 2009, S. 173 (198 ff.). Diskussion bei *Juliane Kokott*, Der EuGH – eine neoliberale Institution? In: Festschrift für Renate Jaeger, 2010, S. 115 (132 ff.) Die *override clause* lautet: «Parliament or the legislature of a province may expressly declare in an Act of Parliament or of the legislature, as the case may be, that the Act or a provision thereof shall operate notwithstanding a provision included in section 2 or sections 7 to 15 of this Charter» (Canadian Charter of Rights and Freedoms, 1982, section 33.1).

9 Vgl. BVerfGE 37, 211 (279 f.); 73, 339 (375 f.); 89, 155 (184); 123 (343 ff., 353 ff.).

10 Vgl. *Franz C. Mayer*, Verfassungsgerichtsbarkeit, in: Armin von Bogdandy/Jürgen Bast (Hrsg.), Europäisches Verfassungsrecht, 2. Aufl. 2009, S. 589.

11 BVerfGE 126, 286 (2010). Dazu *Dieter Grimm*, Von Lissabon zu Mangold, in: ders., Die Zukunft der Verfassung II, 2012, S. 178.

12 BVerfGE 73, 339 (378 ff., 387).

13 Vgl. *Fritz Scharpf,* Das Bundesverfassungsgericht als Hüter demokratischer Selbstgestaltungsfähigkeit, in: Michael Stolleis (Hrsg.), Herzkammern der Republik, 2011, S. 131.

14 EuGH, Slg. 1963, 1; 1964; 1970, 1125; 1978, 629.

15 Vgl. *Dieter Grimm,* Methode als Machtfaktor, in: ders., Recht und Staat der bürgerlichen Gesellschaft, 1987, S. 347.

16 Vgl. *Joseph H. H. Weiler,* The Transformation of Europe, Yale Law Journal 100 (1991), S. 2403; *ders.,* A Quiet Revolution, Comparative Political Studies 26 (1994), S. 510; EuGH, Les Verts, Slg. 1986, S. 1339 (1365).

17 EuGH, Dassonville, Slg. 1974, 837.

18 EuGH, Cassis de Dijon, Slg. 1979, 649.

19 Vgl. *Fritz Scharpf,* Governing in Europe, 1999, S. 42–83; *Susanne K. Schmidt,* Europäische Integration zwischen judikativer und legislativer Politik, in: Martin Höpner/Armin Schäfer (Hrsg.), Die Politische Ökonomie der europäischen Integration, 2008, S. 101.

20 Zur nicht grundlegend geänderten Situation nach dem Übergang zu Mehrheitsentscheidungen vgl. *Gerda Falkner* (Hrsg.), The EU's Decision Traps (2011).

21 Vgl. *Fritz Scharpf,* Community and Autonomy, 2010, bes. S. 221 ff., 353 ff.; *Christian Joerges/Florian Rödl,* Informal Politics, Formalized Law and the «Social Deficit» of European Integration, European Law Journal 15 (2009), 1.

22 Vgl. *Christian Calliess,* Europäische Gesetzgebung und nationale Grundrechte, JZ 2009, S. 113.

23 Vgl. *Scharpf,* Bundesverfassungsgericht (Fn. 13).

24 Vgl. *Dieter Grimm,* Braucht Europa eine Verfassung? 1995; *Rainer Wahl,* Die Rolle staatlicher Verfassungen angesichts der Europäisierung und Internationalisierung, in: Thomas Vesting/Stefan Korioth (Hrsg.), Der Eigenwert des Verfassungsrechts, 2011, S. 355.

25 Vgl. *Fritz Scharpf,* Individualrechte gegen nationale Solidarität, in: Höpner/Schäfer, Politische Ökonomie (Fn. 19), S. 96 f.

26 *Habermas,* Verfassung Europas (Fn. 3), S. 62 ff.; s. dazu *Dieter Grimm,* Wer ist souverän in der Europäischen Union?, in: ders., Die Zukunft der Verfassung II, 2012, S. 275.

27 Vgl. *Fritz Scharpf,* Reflections on Multilevel Legitimacy, EUSA Review 20 (2007), S. 2.

28 Vgl. *Rudolf Streinz,* Die Rolle des EuGH im Prozess der Europäischen Integration, AöR 135 (2010), S. 1.

29 *Scharpf,* Individualrechte (Fn. 25), S. 97.

XI.
Das Grundgesetz als Riegel vor einer Verstaatlichung der Europäischen Union
Zum Lissabon-Urteil des Bundesverfassungsgerichts

1 Urteil vom 30. Juni 2009 (2 BvE 2/08, 5/08, 2 BvR 1010/08, 1022/08, 1259/08, 182/09).

2 BVerfGE 22, 293 (295 f.) – 1967; 37, 271 (278) – 1974 (Solange I); 75, 223 (242) – 1987; 89, 155 (181, 188) – 1993 (Maastricht).

3 BVerfGE 89, 155 (181, 186, 189, 190).

4 BVerfGE 22, 293 (296); 37, 271 (279 f.); 73, 339 (375) – 1986 (Solange II); 89, 155 (183). Im Maastricht-Urteil kann man die Wendung finden, die Mitgliedstaaten hätten die EU gegründet, um einen Teil ihrer Aufgaben gemeinsam wahrzunehmen und insoweit ihre Souveränität gemeinsam auszuüben (S. 188 f.). Auf die EU ist sie damit aber nicht übergegangen, vgl. BVerfGE 75, 223 (242).

5 BVerfGE 75, 223 (242); 89, 155 (189 ff., 192–198).

6 BVerfGE 75, 223 (242); 89, 155 (190).

7 BVerfGE 22, 293 (296); 31, 145 (173 f.) – 1971; 37, 271 (277 f., 280).

8 BVerfGE 73, 339 (375); 89, 155 (190).

9 BVerfGE 37, 271 (280); 52, 187 (199) – 1979; 73, 339 (374).

10 In seinem ersten Fall zum Gemeinschaftsrecht, in dem sich die Frage der Vereinbarkeit von Art. 189 Abs. 2 EWGV mit dem GG stellte, war das Bundesverfassungsgericht der Entscheidung ausgewichen, BVerfGE 22, 134 (1967), zu einem Zeitpunkt also, als der EuGH diese Frage in Van Gend & Loos (Rs. 26/62, Slg. 1963, 1) aus der Sicht des Gemeinschaftsrechts schon entschieden hatte. Seit BVerfGE 22, 293 (295 f.) ist die unmittelbare Geltung von Verordnungen auch in Deutschland anerkannt.

11 Costa v. ENEL, Rs. 6/64, Slg. 1964, 1253.

12 BVerfGE 37, 271 (278 f.); 73, 339 (374 f.).

13 BVerfGE 73, 339 (375); 89, 155 (190).

14 BVerfGE 37, 211 (279 f.); 73, 339 (375 f.); 89, 155 (184).

15 BVerfGE 89, 155 (186).

16 BVerfGE 89, 155 (187 f.); s. auch 58, 1 (37).

17 Ebenda.

18 BVerfGE 89, 155 (184).

19 BVerfGE 89, 155 (187).

20 BVerfGE 58, 1 (37); 89, 155 (187 f.).

21 BVerfGE 58, 1 (30 f.); 75, 223 (235, 242); 89, 155 (188).

22 BVerfGE 73, 339 (376); 75, 223 (240 ff.); 89, 155 (187 f., 199, 209 f.).

23 BVerfGE 37, 271 (282); 75, 223 (243); 89, 155 (188).

24 BVerfGE 22, 293 (298).

25 BVerfGE 22, 293 (298 f.).

26 BVerfGE 37, 271 (280); bestätigt in 73, 339 (375 f.).

27 BVerfGE 37, 271 (285).

28 BVerfGE 52, 187 (202 f.) – 1979.

29 BVerfGE 73, 339 (387).

30 BVerfGE 102, 147 (163) – 2000 (Bananenmarktverordnung).

31 BVerfGE 89, 155 (188). Die Formulierung vom ausbrechenden Rechts-
    akt findet sich bereits in BVerfGE 75, 223 (242).

32 BVerfGE 58, 1 (36); 89, 155 (183).

33 BVerfGE 75, 223 (1987).

34 Lissabon-Urteil Nr. 216. Alle folgenden Angaben, bei denen nur eine
    Nummer genannt ist, beziehen sich auf dieses Urteil.

35 Nr. 210.

36 Nr. 225.

37 Nr. 226.

38 Nr. 229.

39 Nr. 236, 245.

40 Nr. 236.

41 Nr. 237.

42 Nr. 239.

43 Nr. 240.

44 Nr. 262.

45 Nr. 249, im Einzelnen erläutert in einer Liste von Gesetzgebungs-
    materien, die nach Ansicht des Gerichts «besonders sensibel für die
    demokratische Selbstgestaltungsfähigkeit eines Verfassungsstaates»
    sind, Nr. 252.

46 Nr. 287.

47 Nr. 288.

48 Nr. 295.

49 Nr. 301.

50 Nr. 334.

51 Nr. 349.

52 Vgl. *Carl Otto Lenz*, Frankfurter Allgemeine Zeitung vom 8. August
    2009, S. 7.

53 Vgl. dazu *Dieter Grimm*, Souveränität. Herkunft und Zukunft eines
    Schlüsselbegriffs, Berlin 2009.

54 Nr. 223.

55 Vgl. etwa die Beiträge im German Law Journal 10 (2009), No. 8.

56 Nr. 216.

57 Nr. 248.

58 *Christoph Möllers*, Was ein Parlament ist, entscheiden die Richter, Frankfurter Allgemeine Zeitung vom 16. Juli 2009.

59 So der Titel einer Urteilskritik von *Christian Calliess* in der Frankfurter Allgemeinen Zeitung vom 27. August 2009, S. 8.

60 Vgl. etwa *Monica Claes*, The National Courts' Mandate in the European Constitution, Oxford 2006; *Neil Walker*, The Idea of Constitutional Pluralism, Modern Law Review 65 (2002), S. 317; *ders.*, Late Sovereignty in the European Union, in: ders. (Hrsg.), Sovereignty in Transition, Oxford 2003, S. 11; *Miguel Poires Maduro*, Contrapunctual Law, ebenda, S. 502; *Stefan Oeter/Franz Merli*, Rechtsprechungskonkurrenz zwischen nationalen Verfassungsgerichten, Europäischem Gerichtshof und Europäischem Gerichtshof für Menschenrechte, VVDStRL 66 (2007), S. 361 und 392. Das Bundesverfassungsgericht mochte es sich auch nicht versagen, darauf hinzuweisen, dass der EuGH gegenüber Entscheidungen der UN mittlerweile zu demselben Mittel greift (Nr. 340).

61 Vgl. *Fritz Scharpf*, Governing in Europe, Oxford 1999, S. 43 ff.

62 Vgl. *Fritz Scharpf*, The European Social Model, JCMS 40 (2002), S. 645.

63 Vgl. zum Ersteren etwa die Entscheidungen des EuGH in den Rechtssachen Viking, Rs. C-438/05, und Laval, Rs. C-341/05 vom Dezember 2007. Ein eklatantes Beispiel für den zweiten Fall bildet die Entscheidung zur Vorratsdatenspeicherung, Rs. C-301/06, die während der mündlichen Verhandlung des Bundesverfassungsgerichts zum Lissabon-Vertrag am 10. Februar 2009 bekannt gegeben wurde. Einen ähnlichen Effekt hat die Auslegung und Anwendung der Wettbewerbsregelungen des Art. 81 ff. EGV für die öffentlich-rechtlichen Einrichtungen (service public) der Mitgliedstaaten.

64 Vgl. *Dieter Grimm*, Zur Bedeutung nationaler Verfassungen in einem vereinten Europa, in: Merten/Papier (Hrsg.), Handbuch der Grundrechte VI/2, Heidelberg 2009, S. 3 (in diesem Band Nr. VIII); *Christian Calliess*, Europäische Gesetzgebung und nationale Grundrechte, JZ 2009, S. 113.

65 Vgl. etwa *Karen J. Alter*, Establishing the Supremacy of European Law, Oxford 2001.

Drucknachweise

1. Europa ja – aber welches?
   in: Merkur Heft 12 (2014), S. 1045–1058
2. Auf der Suche nach Akzeptanz – Über Legitimationsdefizite und Legitimationsressourcen der Europäischen Union
   in: Leviathan 43 (2015), S. 325–338
3. Sovereignty in the European Union
   in: J. van der Walt/J. Ellsworth (Hrsg.), Constitutional Sovereignty and Social Solidarity in Europe, Luxembourg Legal Studies 1, Nomos, Baden-Baden 2015, S. 39–54 (eigene Übersetzung)
4. Zum Stand der demokratischen Legitimation der Europäischen Union nach Lissabon
   in: H. M. Heinig/J. P. Terhechte (Hrsg.), Postnationale Demokratie, Postdemokratie, Neoetatismus, Mohr, Tübingen 2013, S. 105–122
5. The Democratic Costs of Constitutionalisation: The European Case, European Law Journal Vol. 21 (2015), S. 460–473 (erweiterte Fassung, eigene Übersetzung)
6. Die Stärke der EU liegt in einer klugen Begrenzung, Frankfurter Allgemeine Zeitung vom 11. August 2014, S. 11
7. Die Parteien als Akteure einer europäischen Öffentlichkeit
   in: J. Krüper u. a. (Hrsg.), Parteienwissenschaften, Schriften zum Parteienrecht und zur Parteienforschung 50, Nomos, Baden-Baden 2015, S. 303–314
8. Zur Bedeutung nationaler Verfassungen in einem vereinten Europa
   in: D. Merten/H.-J. Papier (Hrsg.), Handbuch der Grundrechte Band VI/2, C. F. Müller, Heidelberg 2009, S. 3–32
9. Die nationalen Parlamente in der Europäischen Union
   Unveröffentlichter Vortrag am 12. Mai 2015 in Rom
10. Die Rolle der nationalen Verfassungsgerichte in der europäischen Demokratie
    in: C. Franzius/F. C. Mayer/J. Neyer (Hrsg.), Grenzen der europäischen Integration, Nomos, Baden-Baden 2014, S. 27–47
11. Das Grundgesetz als Riegel vor einer Verstaatlichung der Europäischen Union

in: Der Staat 48 (2009) S. 475–495

12. Es geht ums Prinzip, Frankfurter Allgemeine Zeitung vom 6. Februar 2013, S. 28
(ursprüngliche Fassung des in der FAZ leicht gekürzten Texts)

Register

285